아름답게
늙어가는 지혜

아름답게
늙어가는 지혜

아들에게 남기는 두 번째 이야기

최혜자 지음

운주사

머리말

1984년에 나는 태국에서 살고 있었다.

이미 큰 병이 들어 앓고 있었고, 항상 죽음을 앞에 바라보면서 아직 제대로 자라지도 못한 아들과 힘들게 살고 있었다.

다만 주어진 오늘에 감사하고 열심히 살고자 버둥거리는 중이었는데, 태국 왕실로부터 왕세녀 마하짜끄린시린톤 공주의 책 『불교 격언에 따른 시』를 번역 출판하라는 국왕의 허가서가 내 이름 앞으로 내려왔다.

그때 나는 태국영화 「아리랑」의 원본을 같이 쓰고 번역하여 태국 영화가에서 크게 인기를 얻은 후 — 단지 간단한 기사를 태국어로 내놓는 실력뿐이었으나 — 정식으로 태국작가협회의 회원으로 등록되어 있었다. 그런 나를 태국왕실에 추천해 주었던 그곳의 원로작가들 세 사람은, 군 수팟 사와디락과 군 나와랏 퐁파이분과 군 니콤 시수랏이다. 태국에 살고 있는 사람으로서 국왕의 허가서를 받는다는 것은 상상을 넘어서는 대단한 일이었는데, 내게 특히 중요했던 것은 이 세 사람이 바로 나를 부처님 앞에 떡하니 세워주었다는 점이다. 그들은 내게 불교에 대해서, 그리고 부처님에 대해서 한마디도 말한 적이 없었으나, 나로 하여금 부처님 공부를 하지 않을 수 없게 만들어준 것이다. 그때까지의 내 삶은 성경공부에만 매달려 약간은 배타적인 고집불통이의 삶이었다.

그때 나의 불교에 대한 지식은 부처님의 이름이 석가모니라는 것과 그가 인도의 어느 조그마한 나라의 왕자 출신이라는 것이 전부였다.

그렇지만 양심상 비록 내 종교가 아니라고 하더라도 함부로 글을 옮기는 무례한 작업은 할 수 없었고, 며칠간 고민을 하다가 열린 마음으로 불교교리 공부를 시작하였다.

그리고 1985년 2월에 『법구경』을 풀이한 『불교격언에 따른 시』가 세상에 나오게 되자 나는 태국에서 매일같이 방송에 출연하게 되면서 졸지에 유명인사가 되었다. 훨씬 훗날에 파리에서 법정 큰스님께서 그 책을 보시고 "법구경 풀이를 잘했어."라고 칭찬해주셨다.

1988년 9월, 아들의 대학 진학을 위해서 우리 모자는 파리로 이사를 하게 되었다. 낯설고 물선 새 나라로 이사하여 앓고 누워 지내면서도 나에게 주어진 불교 공부를 계속 이어갔는데, 정신을 놓을 정도로 앓고 지내던 그때 나는 진심으로 온 마음을 다 기울여서 공부를 했고, 꿈을 꾸어도 부처님의 꿈만 꾸었다. 이렇게 나와 불교의 인연이 맺어졌고 그때부터 나는 부처님의 학생이 되었다.

20여 년이 지난 후, 내 옆에서 쭉 나를 지켜보아온 아들이 말했다.

"어머니가 하는 그 공부가 꽤 괜찮은 공부인 것 같아요."

"왜 그리 생각이 들었어?"

"서서히 그러나 분명하게 변해가는 어머니의 모습을 보면서, 어쩌면 저도 나이가 더 들면 그 공부를 해볼지도 모르겠다는 생각이

들어요. 그런데 저는 도저히 어머니처럼 이 많은 책을 다 읽어볼 수는 없을 것 같은데, 어머니가 저를 위해 매일 조금씩 쉽게 풀어서 적어 주었으면 하는데⋯⋯. 그럼 훗날 어머니가 떠나가신 다음에라도 저는 어머니와 함께 있는 것 같고, 어머니 생각을 하면서 더 공부가 잘되지 않을까요? 그렇게 해주어요, 어머니. 나를 위해서, 어머니의 그 공부를 설명해 주세요. 내 수준에 맞게요!"

그것이 2002년이 다 지나가는 11월이었고, 아들은 즉시 컴퓨터를 사주면서 그 사용법을 가르쳐 주었다. 이 새로운 기계 때문에 내가 얼마나 고생을 했던지⋯⋯.

아들의 부탁을 받고서 정식으로 글을 써보려고 하니 아는 것이 어쩌면 그리도 없는지, 어디서부터 무엇부터 쓸 수 있을지 캄캄하고 암담했다. 이건 보통일이 아니었다. 그러나 '아들이 스스로 마음이 일어서 내게 부탁을 한 것이다. 내가 아니면 할 수 없는 일이고, 그리되면 아마도 내 아들은 평생 부처님의 가르침을 접할 기회를 잃게 될 것이다. 아들을 위해서 반드시 내가 해야 하는 의무'라는 생각이 들었다.

글을 쓴다는 짐을 싹 벗어던지고, 나는 다시 처음부터 순수한 공부인으로 들어섰다.

그보다 조금 앞서서 나는 마음에서 우러나오는 대로 2002년 여름부터 부처님을 그리기 시작했는데, 2011년에는 10년 동안 오로지 한마음으로 그려온 그림들을 모아서 「마음의 평온을 찾아서」라는 이름의 불화 화보집을 펴내기도 했다.

그렇게 처음부터 새로 불교공부를 시작한 지 12년째로 접어들던

2014년 봄에 『아들에게 남기는 어머니의 마음공부』라는 꽤 두꺼운 책을 출판하였다. 나도 아들에게 떳떳하고 당당한 유산을 하나 남겨주게 된 것이다.

그런데 여기에 뜻밖의 상이 하나 더 주어졌으니, 바로 대한불교 조계종 총무원이 주최하고 불교출판문화협회에서 주관하는 '올해의 불서 10'에 내 책이 선정된 것이다. 유명한 스님들과 전문 학자들의 작품 가운데 이 늙고 병든 할머니의 작품도 같이 자리를 하게 되었다니 마치 잠자다가 뒤통수를 맞은 것 같았다.

출판 후 파리로 되돌아온 나는 일을 다 끝낸 후의 기분 좋은 피곤을 느끼면서 이제부터는 부처님 그림만 계속 그리면서 내 공부를 이어가자고 생각을 했었는데, 그 다음날이 되니 습관처럼 컴퓨터 앞에 가 앉았다. 먼저 책의 원고를 넘겨주면서 빠져 나온 나머지 원고들을 정리해 가다 보니 그것이 생각보다 많았고, 저절로 이것들을 차곡차곡 정리했는데 거의 책 한 권의 분량이 되었다.

그 원고들을 다듬고 보태고 하면서 문득 '이 세상에 병을 앓고 있는 사람이 나 하나만은 아니다. 육체가 병든 사람, 마음이 병든 사람, 정신이 병든 사람, 그냥 가슴이 먹먹하고 꽉 막힌 듯 숨쉬기조차 어려운 사람, 이렇게 아픔을 갖고 살아가는 사람들이 많다. 오늘날의 이 세상살이가 그러하고 그들은 나의 가슴 아픈 환우들이다.'라고 생각하게 되었다.

그들에게 나의 진심어린 위로와 용기의 말을 전해주고 싶은 충동에 책 한 권을 더 만들기로 하고, 그 제목을 『아픔을 다스리는 마음공부』라 하였다. 그리고 2015년 가을에 출판되어 세상에 나왔다.

이 책은 오랜 시간 병상에서 앓고 누워 있을 환우들이 그 아픔을 디디고 벌떡 일어서라는 응원의 마음을 담아서 낸 것이다. 여기에서 더 고마운 점은 이 책이 '세종우수도서 교양부문'에 선정되어 전국의 도서관에 보급되었다는 점이다. 굼벵이도 꿈틀거리는 재주가 있다고, 이 늙은 병자도 재주가 있었나 보다.

그 책이 부디 마음이 아픈 분들에게 좋은 위로의 몫을 충분히 해 준다면 고마울 따름이다.

부처님의 가르침을 공부하느라고 나는 세상사를 거의 잊어버리고 내가 중병환자라는 것조차도 잊어버리고, 오직 공부에만 폭 빠져서 지내온 날들이 많았다. 내 육체가 병이 들어서 앓고 있다는 것, 그것조차도 잊은 듯하게 된 것이다.

그냥 편안한 마음으로 매일 부처님을 그리고, 부처님의 말씀을 공부하고 글을 쓰고, 그렇게 지내고 있으니 나 자신도 내가 환자인지 아닌지를 잊고 지낼 때가 있다. 나에게 인연이 묶여 있는 여섯 분 의사들의 걱정이지 나와 상관이 있는 것인지조차도 잊고 지내니 참으로 염치없는 환자다. 병도 나를 가끔씩은 잊고 지냈을 것 같다.

나는 매일같이 할 일에 싸여 있다. 눈뜨면 부처님을 그리고 공부해 가는 글을 써야 하고, 지치면 누워서 한잠 자고, 깨어나면 또 공부하고, 오는 사람도 가는 사람도 없지만 나는 외롭다고 아프다고 징징거릴 새가 없는 듯이 지내다보니까, 어느새 이만큼이나 살게 된 것이 아닐까라고 생각한다.

앓고 지내면서 감히 내가 환갑을 맞이하리라고는 상상도 못했었는데, 나는 지금 팔십이 되었다. 아직도 내가 살아간다는 것은 '공부하는 이 정신'이 있어서인 것이 분명하다.

나에게 부처님 공부를 안겨주었던 이방인 세 친구, 군 수팟 사와 디락, 군 나와랏 퐁파이분, 군 니콤 시수랏, 진심으로 우러나오는 감사의 마음으로 당신들께 이 책을 바칩니다.

파리에서 죽림형 최혜자

마음과 깨달음 • 177

불교의 가르침 • 202

살아간다는 것은
아름다운 일이다

나는 어느새 나이가 팔십이 되었다. 인간의 나이가 팔십이라면 이젠 '참으로 늙은 것'이다.

그렇지만 분명 늙어서 젊은이보다 더 아름다운 점도 있기는 하다. 그것은 마음이다.

욕심이 많이 빠져 있기도 하고, 매사를 예쁘게 봐줄 수 있는 마음의 여유이다.

공자시대에 왕태라는 사람이 있었다. 그는 형벌을 받아 발 하나가 잘린 사람이다.

그 왕태를 따르는 사람의 수가 공자를 따르는 사람의 수와 거의 같았다. 서서 가르치는 일이 없었고 앉아서 가르치는 일도 없었고 사람들과 토론을 하는 일도 없었다. 그런데 사람들은 '텅 빈 채로 찾아가서 가득 얻어 가지고 돌아온다'고 했다.

"그 사람은 도대체 누구입니까?"라고 묻는 제자에게 공자는 답하였다.

"그는 성인이다. 앞으로 나도 그를 스승으로 모시려고 한다. 나는 온 세상 사람들을 이끌고 그를 따르련다."

참으로 대단한 말이다.

공자는 자신이 이 세상에서 해야 할 의무와 앞으로 해야 할 자신의 몫을 분명하게 말해 준 것이다. 그는 모든 일의 한계를 분명하게 말했고, 또한 하늘이 자신에게 주어진 의무의 몫을 분명하게 밝히고, 자기 몫의 의무를 완수한 후에 그 다음 단계를 담담하게 그러나 분명하게 밝힌 것이다. 대체로 사람들은 자신이 어느 정도에 다다르면 자기 위주로 하는 데 빠져서 분명함이 흐려진다. 오히려 실지의 자기 범위보다 더 앞에 내세우고자 한다. 그러나 공자는 주저 없이 "…… 온 세상 사람을 이끌고 그를 따르련다." 이 한마디로 이미 훌륭한 성인이 될 수 있었다. 그때 이미 공자는 분명한 자기 위치를 확보하고 거기에 맞는 대접을 사회로부터 받고 있는 상태에 있었다. 그럼에도 이렇게 말할 수 있는 훈훈한 인품을 그 후에 노자와 장자에게서는 찾아보기가 어렵다.

"외발인 그분이 선생님보다 훌륭하다니, 그 사람의 마음은 어떤 것인가요?"

놀라서 묻는 제자에게 공자가 답하였다.

"죽고 사는 것이 큰일이지만, 그런 것으로 이랬다저랬다 하지를 않는다. 비록 하늘이 무너지고 땅이 꺼지는 일이 있어도 꼼짝하지를 않는다. 거짓이 없는 경지를 꿰뚫어보고, 사물의 변천에 요동하지 않는다. 사물의 변화를 운명으로 여기고 그 근본을 지킨다."

"그것은 도대체 무엇입니까?"

"덕에서 나오는 평화의 경지에서 마음을 노닐 수 있게 한다. 사물에서 하나가 됨을 보고, 그 잃음을 보지 않는다. 그러니 발 하나가 떨어져 나간 것쯤은 흙덩어리 하나가 떨어져 나간 것에 지나지 않는다."

제자 상계가 다시 물었다.

"그는 앎으로써 그 마음을 터득하고, 그 마음으로 영원한 마음을 터득하는 등 자기 수양에만 전념했는데, 어떻게 사람들이 모여듭니까?"

이에 대해 공자는 다음과 같이 대답했다.

"사람들은 흐르는 물에 자기 모습을 비춰 볼 수 없고, 고요한 물에서만 비춰 볼 수 있다. 고요함만이 고요함을 찾는 뭇사람들의 발길을 멈추게 할 수가 있는 것이다. 하늘과 땅을 다스리고, 만물을 감싸 안고, 육체를 일시적인 처소로 생각하고, 귀나 눈의 작용을 허망한 것으로 여기고, 자기가 아는 바를 하나로 삼고, 그 마음이 죽지 않는 이런 사람이야 말할 필요가 있겠는가? 그런 사람이 어찌 사람들이 자기를 따르는 것 같은 일에 괘념을 하겠는가?"

육체적으로 온전하지 않지만 그 속에 있는 천부의 잠재력을 최대한 발휘해 진실로 의연하고 풍성하게 삶을 살아갈 수 있음을 말한다. 특히 이렇게 자랑스러운 삶을 살아갈 수 있음에도 그것을 일부러 드러내려 하지 않을 때 더 밖으로 드러남을 강조하고 있다.

궁극적으로 우리에게 닥친 그 어떤 어려운 조건에도 구애되지 않고 떳떳하게 헤쳐 나올 수 있을 때 거기에 인간의 참다운 승리가 있음을 말하는 것이다.

나는 여기서 공자의 사상을 읽는다.

공자는 그가 사람들에게 가르치려고 하는 정도와, 그리고 그가 알아차린 깊은 도의 능력과 한계성을 분명하게 알고 있었다고 본다. 노장老莊이 말한 무, 무한, 무위 등을 그들보다 몇 백 년을 앞서서 태어난 공자도 이미 짐작은 하고 있었던 것으로 보인다. 그러나 그는 한계와 순서를 알고 있었기에 자기에게 허용된 수준과 당장의 필요함을 알고 있었고, 그 다음 순서도 역시 알고 있었다고 본다. 그래서 이미 알고 있어도 자기의 선을 넘지 않는 진실로 성인다운 길을 걸었던 것이다.

공자는 왕태가 성인의 경지로 있는 이유를 세 가지로 들었다.

첫째, 그는 생사에 초연한 사람이며,

둘째, 사물의 본성을 있는 그대로 꿰뚫어보아 설령 천지개벽 같은 상황이 다가온다 해도 꼼짝하지 않는 의연하고 의젓한 사람이며,

셋째, 운명을 운명으로 받아들이는 사람이다.

공자는 왕태의 마음이 명경지수와 같다고 했다. 남의 눈치나 칭찬을 의식해서가 아니라 '오로지 자기실현만을 위해' 차분하고 조용히 정진했을 뿐인데도 사람들이 모여드는 것은 거울 같은 맑은 마음에 자기들의 참모습을 비추어 보기 위해서라는 것이다.

우리가 본바탕을 완전하게 지킨다는 것은, 우리가 처해 있는 외부조건을 의연하게 받아들일 뿐 그것 때문에 안달하거나 초조해하지 않는 것이다. 이렇게 상황에 따라서 이리저리 까불대지 않는 마음, 거울 같은 마음으로 마음의 조화와 평정을 유지하여 트인 마음, 즐거운 마음, 봄날처럼 안온하고 느긋한 마음을 지키는 것이 우리의 본바탕을 온전하게 지켜가는 일이라 했다. 굳이 덕을 밖으로 나타내지 않는 맑은 마음을 유지해가는 것이다. 그 어떤 표현이나 예보다도 공자와 왕태가 바로 그런 사람이다.

훌륭한 덕을 갖춘 사람은 일을 억지로 하지 않는다. 훌륭한 덕을 갖춘 사람은 자기의 덕을 의식하지 않기 때문에 밖으로 드러나는 것이 있는지도 모르면서 그저 묵묵히 살아갈 뿐인데 사람들이 모여드는 것이다.

공자는 이미 이러한 모든 것을 충분하게 알아차린 사람이다. 자기에게 주어진 몫을 분명하게 알고 있었고, 자기분수를 조용하게 진심으로 이행해 나아간 것으로 보인다.

『장자』에 나오는 외발이 된 우사의 이야기에서 발이 잘린 것이 벌이거나 자유를 외친 징표이거나 간에, 발이 잘린 것을 사람의 탓으로 보지 않고 하늘이 한 일로 받아들이는 아량까지 갖춘 사람, 계속하여 남을 탓하거나 자기 속을 태우지 않고, 이렇게 된 것을 운명으로 받아들여 개의지 않는 것, 이것이 바로 생명을 북돋아주는 도가의 '양생의 길'이 아니냐는 것이다. 다른 쪽으로는 자신의 천성대로 살지 않고 지나치게 성공하려고 발버둥을 치다가 받은 일종의 천벌로, 이야말로 양생을 제대로 하지 못한 인물이라고 보는 것이다.

어느 쪽이 더 그럴 듯한 해석인지는 각자가 판단할 일이지만, 어느 쪽을 받아들여도 '자연의 순리'에 따라야 한다는, 운명을 운명대로 받아들인다는 기본적 가르침을 전해준다는 점에서 양쪽이 그리 다르지 않다.

어쩌다가 이 세상에 태어난 것도 때를 만났기 때문이고, 이 세상을 떠나는 것도 순리이기 때문이다. 편안한 마음으로 때를 기다려 받아들이고 순리를 따른다면, 슬프고 기쁠 틈이 없다. 따라서 특별하게 기뻐하고 슬퍼할 이유가 없는 것이다.

장자는 이것이 바로 양생의 도를 따르는 의연하고 늠름한 삶의 뜻이라고 하였다.

외발이 우사의 이야기나 왕태 이야기에 이어, 지리소라는 꼽추의 이야기를 읽으면서 느낀 바가 더 크다. 지리소란 아무렇게나 뒤죽박죽으로 생긴 이상한 사람이라는 뜻이다. 노트르담의 꼽추 카지모도와 어슷비슷하게 생긴 사람이다. 아무튼 사회에서는 병신이라는 취급을 받고 사는 이 사람은 바느질, 빨래, 키질 등의 일을 하면서 먹고 살 뿐만 아니라 전쟁이 나도 군대나 부역에 끌려갈 위험이 없는 데다 나라에서 주는 후생비까지 타면서 살 수 있다는 것이다. 세상에서 쓸모없다고 하는 데에 쓸모가 있는 것이다. 바꾸어 말하면, 처한 환경에서 그것을 조용히 받아들여 거기서부터 성실하고 근면함으로써 그렇게 활기차고 마음 편히 살 수 있다.

여기에 등장하는 불구자들은 인간으로서 실존적 한계성과 결함을 지니고 살아야 하는 우리 모두를 상징한 것이라 하겠다. 이 사람들이 발휘하는 비보통적 능력은 모든 인간이 발휘할 수 있는 인간 승리의 증거인 것이다.

인간이 이 지구에서 살아온 역사가 짧은 것은 아니지만, 그동안 지구는 인간에게 여러 가지로 많은 배움을 주면서 고맙고 고마운 보금자리가 되어 주었다.

그런데 지금은 지구 면적에 비해 인구가 너무 많아졌다. 특히나 노인들이 너무 많다. 땅덩어리는 계속하여 줄어 간다는데 이렇게 가다가는 '고려장' 소리가 안 나올 수가 없을 것이다. 어쩌면 생각보다 더 가까운 시일 내에 나올지도 모른다. 그러한 예로 우리나라 뉴스에서 본 것인데, '노인이 노인을 학대한다'는 기사다. 육십 대의 아들이 구십 대의 부모를 학대하는 비율이 높다는 것을 보면서, 대단히 고약한 노릇이지만, 그렇게 하는 입장을 이해하지 못하는 것도 아니니 세상이 정말로 망조다.

백세인생이라고 하지만 그것은 무언가 잘못된 계산인 것 같다. 생명이 길어지는 것만이 장수가 아니다. 살아 있다는 것은 살아 있는 몫을 해갈 수 있어야 한다는 의무도 함께한다. 살아 있는 몫을 할 수 있어야 살아 있는 것이다. 멍하게 세월을 보내고 있으면서 찾아오지 않는 자식들만을 기다리는 삶을 보면서도 살아 있는 것이 즐겁다고 할 수는 없을 것이다. 모아둔 돈을 쓰고 다니는 맛에 산다는 것도 진실로 사는 것은 아니다. 그들에게 직접 물어보면 사는 것이 지루하다거나, 아니면 별 의미 없이 그냥 흘러가는 대로라고 말할지도 모른다. 서글프고 서글프다. 그래도 이 정도는 양반이다. 자기 몸 하나를 제대로 가눌 수가 없어서 남의 손을 빌려야 하는 삶을 본인들이 정말로 원하는 것일까? 그런 것을 보면서도 백세인생이라고 좋아만 할 수는 없다.

존경받을 만한 노인들이라도 그 수가 너무 많으면 걱정인데, 더구나 어른답지 않은 노인들이 또한 적지 않다. 인간이 정말로 살아간다는 것은 스스로 일어서고 어떠한 여건에서도 도전해 나아갈 수 있는 정신과 용기와 기개가 있을 때라고 본다.

그런 것이 정말로 살아 있다는 증표인 것이다.

나는 오늘 내가 들이마신 산소의 값을 치룰 만큼 인간의 몫은 해냈는가?

비록 몸은 늙고 얼굴은 주름으로 가득하지만, 왜 더 인자해 보이는 얼굴도 있지 않은가? 오히려 가까이 다가서서 그 노인이 하는 말을 듣고 싶어지는 그런 대상이 되도록 스스로를 가꾸어가고, 한 걸음 더 나아가서 사회에서의 경쟁에서 지치고 피곤한 젊은이들에게 한마디의 말이라도 위로와 용기를 갖게 하는 따뜻한 조언을 해줄 수 있는 그런 능력을 갖춘 인생의 늙은 선배가 되어야 한다. 이제까지는 일에 쫓겨 바쁘고 피곤도 하고 시간도 없고 해서 미루어온 좋은 책들을 읽어보면 어떨까? 눈이 침침하다고 밀어놓지 말기 바란다. 나는 당뇨병을 앓은 지 만 사십 년이 지났으니 그동안 눈 치다꺼리를 얼마나 했는지 기억도 안 나지만 수술도 여러 번 했고, 의사들이 하라는 대로 쫓아다니는 형편이지만, 그래도 책만큼 좋은 친구가 없다고 느낀다.

책을 읽으려면 졸음부터 온다고 말하는 친구들도 있는데 그건 나도 그렇다. 시험 준비를 하는 것도 아닌데 졸리면 자는 거다. 그리고 깨어나면 또 책을 읽으면 되고. 그렇게 하면서 책 읽는 습관을 들여가는 것이다. 편안한 마음으로 많은 배움을 얻어 갖게 되니 아주 좋은 친구다. 늙어서 기억력은 형편없게 되었다 해도 이해력은 오히려 빠르고 폭이 넓어진 듯하다.

아들이 매일 전화를 해주는데, 나는 거의 매일 오늘은 무슨 요일이냐고 묻는다. 날짜 가는 것을 영 모르겠다. 그랬더니 그 일이 소문나서 미국에 있는 사촌동생이 내 팔순에 파리로 오려고 전화로 나와 스케줄을 이야기하던 중에, "누나, 그건 조카하고 말해둘게요. 하여간 나는 갈 것이고, 누나는 기다리기만 해요." 그러면서 누나가 그 어려운 내용의 글은 어떻게 쓰는지 모르겠다고 한다.

무언가 집중을 하는 것에서는 기억력이 맑고 넓게 살아나고, 그냥 관심 없이 집어던지는 사항에서는 흐리멍덩해지면서 점점 멀어져 가는 것 같다. 그러니까 늙었다고 관심 없이 물러앉으면, 다 잊어버리게 된다.

나를 똑바로 세워 벌떡 일어서는 용기로 죽는 날까지 꼿꼿하게 살아야 한다. 나는 근 오십 년 가까이 중병을 앓으면서 몸에는 기계를 달고 살아가는 형편이라 제대로 사람구실을 못하고 지내는 형편인데, 이렇게 앓고 누워 지내지만 나 자신이 내 삶 자체를 그냥 팽개쳐 버린 것은 아니다. 바깥출입을 자유로이 못하고 사는 형편일 뿐 머릿속은 제대로 움직이고 있으니 그것마저 접어둘 수는 없어서 계속하여 공부했고 현재까지도 이어가고 있다.

이제는 저절로 욕심이 많이 줄어들 수밖에 없고, 희망이란 것도 가질 수 없게 되니 오히려 마음은 고요하지 않은가?

그러니 책을 들어보자.

좋은 책은 절대로 배반을 모르고, 용기를 주고 위로를 주고 항상 같은 모습으로 나를 벗해 준다. 그러면서 깊은 데서 우러나오는 새로운 기쁨을 안겨주기도 한다.

굳이 열자를 부러워해서 하늘을 날려 하지도 말고, 바다 위를 걷는 요술을 부러워하지도 말고, 그저 땅에서 걸어다닐 수 있다는 것에 감사를 해야 한다. 혼자서 일어설 수 있고, 좋아하는 사람들과 웃으며 이야기를 나눌 수 있고, 함께 식사를 하고, 함께 산책을 하고, 그런 사소한 일이 바로 기적이고 행복이다.

일본경찰의 눈을 피해 만주벌판을 뛰어다니며 숨어서 활동을 하고 있던 부모에게서 태어난 나는 사실 내 생일도 정확하지가 않다. 뛰고 숨고 하던 도중에 나왔으니 이 날인가 저 날인가 하는 형편이다. 그러니 내 팔자는 이미 그 순간부터 절대 평탄치 못한 삶을 가져야 했고, 학교에 다닐 때에는 아버지의 사상문제로 내놓고 살 수가 없는 그런 삶이어서 비록 법과대학엘 다니고 있었어도 고등고시 준비는커녕 일반 공무원도 되기가 어려운 형편이었다. 거기다가 삼십 대부터 병치레를 하면서 사느라고 제대로 활발하게 사회 생활은 못해 왔다.

그런 중에서도 고마운 것이, 병 들었다고 울거나 포기함이 없이 항상 냉정함을 유지한 채로 고개를 당당히 들고 반듯하게 내 자신을 꾸준히 이끌어 왔다는 점이다. 이것은 스스로 기특하게 여기는 점이지만, 내게는 홀어미로서 어린 아들을 키우고 가르쳐야 한다는 커다란 의무가 코앞에 놓여 있어서 뒤로 물러선 채 누워만 있을 형편이 안 되었기에 더욱 정신을 바짝 다잡고 살아야 했던 것이다.

그러면서 늘 아들에게 일러온 말이 있다.

"내가 머리가 좋고 똑똑하다는 소리를 들으면서 살아왔고, 너 역시 머리가 좋고 똑똑한 게 분명한데, 단지 아버지가 없다고 아버지 있는 애들보다 뒤질 이유가 없다. 아버지가 있는 애들보다 우리가 조금만 더 노력을 해보자. 그리고 아버지가 있는 그 어떤 애들보다 앞서 가자. 더욱 반듯하고 더욱 빛나게 사는 것을 너와 내가 만들어 나가자. 어쩌면 그것이 우리처럼 가난하고, 또 아버지가 없이 살아가야 하는 다른 아이들에게 용기를 주고 힘을 줄 수 있는 그런 역할도 함께 해가는 몫이 될 것이다. 너와 나, 우리 둘이서는 그렇게 마음먹고 그처럼 살아가자."

우리 두 모자는 정말로 조심조심하면서 노력을 기울였고, 아들은 어린 나이부터 어디서나 칭찬을 듣고 부러워하는 그런 학생이었다. 내 아들을 칭찬하는 소리나 부러워하는 소리는 저절로 주위에서 퍼져 나갔고, "최 여사님은 어떻게 아들교육을 그렇게도 잘하세요? 우리는 둘이서 해도 잘 되질 않는데, 여사님은 혼자서 하셔도 아이를 어떻게 저렇게 반듯하게 기르실 수가 있지요?" 한다.

네가 방콕에서 살고 있던 때(1973~1988)만 해도 한국의 경제는 가난에서 제대로 벗어나지 못하고 있을 때였지만, 외교관 또는 국영기업체의 직원으로 나와서 사는 사람들의 생활은 우리같은 교포들에 비하면 대단히 안정되고 넉넉한 생활을 하고 있는 축이었다.

그렇게 좋은 환경과 넉넉한 형편에서 하는 공부인데, 우리 모자의 처지에서는 공부를 안 하는 아이들을 이해하기가 정말로 어려웠다. 학교에서 배움을 이어갈 수 있다는 것이 얼마나 선택된 행운인지를 모르는 것이다. 나는 내 아들을 교육해 주는 학교가 무조건 고맙고 고마웠다.

우리 모자는 제대로 외출도 외식도 할 수 없이 쪼들리는 생활이었지만, 둘이서는 항상 생각하기를 넉넉하고 그리고 감사하다고 여겼다. 일주일에 한 번씩 슈퍼마켓엘 가는데, 그곳이 백화점 안에 자리하고 있었다. 슈퍼마켓은 1층 뒤쪽에 있었고, 2층에는 레코드판을 파는 가게가 있었다. 마침 아들이 피아노를 아주 열심히 배우고 치고 하던 때이다. 음악을 공부하니 좋은 음악을 들어야 하는데 사는 곳이 방콕이라 클래식 음악의 좋은 레코드판을 구하기가 쉽지도 않았고, 가끔 나타나는 좋은 판의 값은 대단히 비쌌다. 슈퍼마켓에 가는 길에 우리는 꼭 2층의 레코드가게엘 들러서 어떤 판이 나왔는지 습관처럼 둘러보곤 했다. 그러다가 혹시 고대하고 기대하던 판이 나온 걸 만나게 되면, 어쩌겠는가, 그것을 사고 대신 슈퍼마켓에서는 소스 정도나 사들고 집에 왔다. 일주일간 우리 모자는 간장에 밥을 비벼서 먹고 지내야 하지만, 듣고 싶던 그 음악을 매일 들으면서 둘이서는 아주아주 행복했었다. 바깥세상에서는 난리가 났는지도 모르고 그냥 방안에 묻혀 음악에 취해 지냈었다. 그렇게 모은 판이 거의 이백여 장이나 되었는데, 파리로 이사를 오고 나니 시대가 턴테이블에서 시디(CD)로 변해가는 것이었다. 태국에서부터 이삿짐에 잘 모셔온 이 귀한 클래식 레코드판들을, 아들은 이제 별 값어치가 없어졌고, 집은 좁은데 자리만 차지하고 있으니 버리자고 했다.

"오, 노! 그게 어떤 것인데! 그걸 우리가 어떻게 사 모은 것인데." 하면서 펄쩍 뛰는 내게 "그래도 엄마, 이제는 더 좋은 시디가 있어서 아무도 레코드판은 쳐다보지도 않아요." 한다. 아무리 무어라 해도 나는 맨 정신으로는 그것들을 버릴 수가 없었다. 그렇게 집집마다 턴테이블과 레코드판들은 천덕꾸러기 축에도 끼지를 못하다가 그로부터 이십여 년이 더 지나간 후 어느 땐가부터 슬그머니 레코드판이 되돌아오기 시작하더니, 홍콩에서 살고 있는 아들이 내게 그 레코드판들을 달라고 했다.

"왜? 버리라더니? 이제 이건 모두가 정말로 내 것이다. 네 것은 벌써 다 버려졌어." 하였는데, 눈치를 살펴가면서 슬금슬금 가져가더니 이제는 남블란서에 있는 제집으로 다 옮겨갔다. 골동품의 품격까지 달고 의젓하게 그놈들이 제자리를 찾아 그 좋은 음률을 은은하게 펼쳐 주고 있다. 그것들은 우리 모자의 역사의 한 페이지이기도 하다.

고생은 했었지만 돌아보면 우리 모자가 진실로 한마음이었던 그리운 시절이다.

나는 이미 그전부터 중병환자라, 언제 죽음이 내게 다가올지를 가늠할 수가 없었고, 돈이 없으니 병원출입을 제대로 할 수도 없는 형편이었다. 이역만리 남의 땅에서 우리 모자 둘이서만 살아가는 살림이라 내가 죽으면 어린 아들은 고아가 되어야 하는 그런 환경에서였지만, 우리 모자는 그런 대로 그 주어지고 허락된 범위에서 매 순간 정말로 한마음 한뜻이 되어서 조용히, 그러나 아주 성실하게 살아왔다.

그날, 내가 죽을 날이 언제일지는 모르지만 나는 불란서 학교 바로 앞, 불란서 사람들이 주로 모여 사는 쪽에 내 형편에는 많이 비싼 아파트를 구해서 살고 있었다. 외국에서 살아가는 살림은 집세 줄이기가 제일이다는 보통의 생각과는 달리, 특히 불란서 사람들이 모여서 사는 아파트에 자리를 잡았던 것이다. 비록 집세는 몇 달씩 밀려서 못 낼 때도 자주 있었지만, 땅에 떨어진 나뭇가지라도 볼품이 있으면 잘 다듬어 집안 장식을 하고, 내 손으로 만지고 그려서라도 아들 친구들이 우리 집에 와서 놀 때 그 아이들의 집보다 떨어지는 분위기를 만들지는 않으려고 다듬어 잡아주었다. 그렇게 하면서, 집세를 밀려가며 사는 살림의 모습은 전혀 보이지 않았다.

아늑하고 고요하고 스스로 책을 볼 수 있는 분위기가 항상 되어 있는 그런 집에서 우리 모자는 살고 있었다.

이 아파트 주인은 은퇴한 장군 출신으로 좀 인색하고 까다로운 사람으로 소문이 나 있었는데, 혼자 어린 아들을 데리고 살면서 항상 앓고 있는 내 상황을 알고 있었을 것이다.

병자인 내가 어떤 때는 며칠씩 일어나지도 못하고 앓고 있으면, 아들이 아파트 사무실에 집 열쇠를 맡기고 학교엘 가면서 "엄마가 무척 아프니, 가끔씩 들여다보아 달라."고 부탁을 하곤 했다. 그러면 워낙에 인심이 후한 태국사람들이라 아파트 직원들이 가끔씩 들여다보면서 필요한 것을 살펴주었다. 어떤 때는 죽도 쑤어다 주었다. 송장 치우게 될까 봐 걱정이었을 것이다. 집세가 서너 달씩

밀리면 나는 슬그머니 집주인의 눈을 피해 다녔는데, 내 보기에는 집주인도 역시 나를 슬그머니 피해 주는 것 같았다. 그러면서 내게는 싫은 소리나 싫은 표정이 없이 항시 같은 거리로 정중하게 대해 주었다. 한국사람들이 가끔 우리 집엘 오면 "누가 이 집이 몇 달씩 집세를 못 내고 산다고 믿겠어."라고 했다.

그때 고려대학교 법과대학 1년 선배가 대사관 공보관으로 와 있었고, 또 법과대학 1년 후배가 중정에서 나온 참사관으로 와 있었다. 나는 부탁을 하거나 찾아가고 하는 짓을 제일 싫어한다. 그러나 그들이 내 아이를 보면 마치 정말로 친삼촌처럼 대해 주려고 하는 그 마음을 읽을 수는 있었다. 우리 고려대학교는 오나가나 동창회는 아주 잘한다. 큰누이의 대접만 받는 것 같아서 어느 날 내가 우리 집으로 초대하여 저녁을 대접했는데, 모두 와서 좋다고 하는데 정작 내 아래위로 있는 법대 출신 두 사람이 빠져서 계속 전화하여 겨우 최 선배만 늦게 들어오다가

"아니, 이 집 왜 이래? 너무 예쁘게 해 놓고 사는데……. 공보관인 우리 집보다 더 예쁘게 하고 사는데……."

하면서 체면도 없이 온 아파트를 구석구석 다 휘젓고 다니면서,

"우리는 이 집에 오면 눈물이 날까 봐 피했어." 한다.

환자에다 과부로 혼자 가난하게 살아가는 내 집을 보는 게 가슴이 아플 것 같아서 피했나는 것이다.

우리가 파리로 이사를 올 때 아파트 주인을 찾아가서 그동안 여러모로 고마웠다고 하면서 밀린 집세를 다 계산해서 내놓으니까 오히려 그는 당황해 하면서 이렇게 다 내놓아도 괜찮겠느냐고 묻

는다.

하. 하. 하.

여보시오, 노인 양반! 내가 아직 정신은 멀쩡한 사람이랍니다.

내가 아들에게 "공부해라, 숙제해라, 책가방을 미리 싸라."는 등의 말을 한 번도 해본 적이 없었다고 말하면 아마 아무도 믿어주기가 어렵겠지만, 초등학교에 입학하면서부터 그것이 나와 내 아들의 생활이었는데, 그렇게 자라난 아들인데도 정작 아들의 아이들은 그렇지가 못한 것 같다.

거기엔 며느리의 몫이 강하게 섞여서 그 식의 교육이 들어가고, 그 아이들의 환경은 우리 시절과는 달리 넉넉하고 모든 것을 누리고 살아가는 생활이니 아들의 방식이 음양으로 잘 섞여들지 않는 것 같다. 한 다리 건너에 있는 그 세계에 나는 절대 끼어들 수도 없고, 끼어들지도 않는다. 그것은 이미 내 울타리 밖의 것이다.

안타까운 마음으로 아들을 보지만, 내게 맡겨진 일도 아니고 또 내가 끼어들면 안 되는 범위라 별 수가 없는 것이다. 오히려 그것이 아들을 돕는 것이라는 아들의 말을 따를 뿐이다.

'아들아, 네가 내 아들이어서 나는 참말로 행운이었었는데, 너는 좀 힘들어 보이는구나.'

우리 모자는 교민회 명부에도 올라 있지를 않다. 있는 듯 없는 듯 살아가는 것이다.

나는 다만 재불고려대학교동창회에만 얼굴을 내밀 뿐이다. 내가

57학번이니 손주 같은 후배들도 많이 있다. 그들은 내게서 옛날이야기를 듣는 듯이 둘러앉는다. 낮에도 외출을 잘 못하는 나를 밤에 불러내리니, 서로 번갈아가며 데려가고 데려다준다. 그리고 우리 집으로 가끔씩 저녁 초대를 하는데, 내가 직접 만든 음식으로, 엄마가 만든 음식을 먹어본 지가 오래되었을 내 후배들을 초청한다. 초청 조건은 "우리 집에 초청되는 사람은 나이가 사십오 세는 넘어야 해." "왜 사십오 센가요?" "사십오 세쯤 되었으면 처자식으로 인해 마음고생도 해보았겠고, 직장에서 눈치 보는 고생들도 어지간히 해보았을 테니, 인생의 철이 적당히 들은 나이라 대화가 이어질 수 있을 테지만, 그 아래야……." 하면 저쪽에서 "선배님, 저는 사십사 세 반인데요." 하는 소리도 들린다. "그럼 사사오입해." 하고 대답을 해준다. 그렇게 모여서 실컷 떠들다 돌아갈 때는 커다란 남자들이 부엌에 들어와 설거지도 말끔하게 잘 해주고 간다.

내가 서울에 올 때면, 그때 파리의 우리 집을 거쳐 간 후배들이 모여서 "선배님이 오셔서 우리들도 이렇게 모일 수가 있네." 하면서 또 한바탕 떠들면서 파리의 이야기로 꽃을 피우다 헤어진다.

이 세상에서는 완전히 버림받으면서 살아왔고, 그렇게 살아가는 내가 모처럼 훈훈한 인간의 냄새를 맡아보는 유일한 시간이다.

항상 죽음을 옆에 느끼면서 살아온 살림이라 욕심이나 다른 희망이 끼어들 새가 없었는데, 앓고 있는 나도 먹고살아야 하고 자식을 가르치고 키워야 했다. 그때 나만이 할 수 있는 일을 하기 위해서는 경쟁자가 있을 수 없는 영역이어야만 했다.

전화가 온다. "최 여사님, 좀 도와주셔야겠습니다. 자동차를 보냈으니 타고 오세요." "어떤 일인데요?" 하고 물으면 "자동차 안에 팸플릿을 넣어 두었습니다." 한다. 이것이 그때 한국 관공서에서 일을 맡기는 스타일이다. 당장 코앞에 닥쳐야 일이 떨어진다. 그러면 나는 보내준 차 속에서 팸플릿을 보면서 어떤 종류의 회의인지를 알고 지정된 장소에 도착하자마자 즉시 마치 이미 그 회의 준비를 하고 온 것처럼 또랑또랑하게 내게 맡긴 일을 진행해 나가야 한다. 그러니 그런 일에는 경쟁자가 붙을 수가 없다. 어느 때 어떤 일에 불려나가도 당당하게 전문가처럼 일해 나갈 수 있기 위해서 나는 정말로 열심히 공부를 하면서 살아왔고, 옆에서 그런 어미를 지켜보면서 아들은 어미를 사랑하는 마음으로 이 어미에게 뒤질세라 또 열심히 공부를 하면서 제 앞길을 잘 다져왔던 것이다. 그러니까 우리 두 모자는 공부의 동료이다. 전공도 다르고, 서로 과목도 같지 않고, 수준도 같지 않지만 옆에서 서로를 느끼면서 그렇게 공부를 했었다.

우리가 불란서로 이사를 올 때엔 아들이 다니던 불란서 학교(태국 소재)의 초등학교 선생님부터 고등학교 선생님까지 모두가 힘을 합해서, 방콕의 불란서 학교가 생긴 이래 처음으로 본국 그랑드 에꼴(일종의 영재교육제도)의 정규코스로 가게 된 이 가난한 학생이 마음 놓고 공부할 수 있게, 주태국 불란서대사를 설득하여 새로운 장학시스템을 만들어 정부 장학금을 받을 수 있도록 해주었다. 불란서에는 정부가 각 나라에서 불란서로 유학을 오는 우수학생들에게 주는 장학금제도가 있다. 그러나 내 아들은 태국인이 아니어서 태국에 배당되는 장학금을 받을 수가 없었고, 한국으로 가는 장학금은 '4년제 대학 졸업과 군대를 필한 자격' 미달자라 받을 수가 없었다. 그래서 어렵게 새로운 시스템을 만들어서 받은 그 장학금으로, 유난히도 학벌의 힘이 대단한 사회적 구성을 이루고 있는 불란서 상류사회에서, 아무런 연줄이 없었던 우리 모자이지만 순전히 그 공부 덕분에 아들은 오늘에 이르게 된 것이다.

주위에 아무도 없는 나, 병이 들어 언제 쓰러질지도 모르는 나를 위해 아들은 초등학교 시절부터, 내게 일이 있는 날에는 학교에서 수업이 끝나는 즉시 내 일터로 와서 나를 도와주었다. 1970, 80년대에, 특히 외국어 능력이 부족해서 국제적인 모임에 참석해서도 주뼛거리는 한국사람들은 내 어린 아들이 학교에서 돌아오는 것을 나보다 더 기다리고 있었다. 초등학교에 다닐 때부터 아들은 이미 네 나라의 말을 모국어처럼 유창하게 구사해서 어린 내 아들에게 통역의 도움을 받기도 했었다. 물론 태국에 한국사람들이 그리 많지 않았을 때의 이야기다.

아들은 키가 크고 의젓해서 중학교 때부터는 모든 행사에서 아주 떳떳하게 나의 비서노릇을 해주었다. 국제마사회, 아시아영화제, 아시아축구대회, 세계불교협회 등등. 그러면서 일찍부터 국제적인 모임에서 자라나다시피 했으니 언어나 처세나 분위기가 어떤 회의, 어느 모임에 가서도 전혀 당황함이 없이 세련되어 정작 그 아이가 교육을 끝마치고 사회인이 되었을 때는 이과를 전공한 사람이라기보다는 정치외교학을 전공하고 경험이 몇 해 정도 쌓은 사람처럼 되어 있었다.

그때 주태국 불란서 대사인 Mr. Ivan Bastouil은 아들에게 특별한 장학금을 마련해주면서 부모를 만나보고 싶다고 했다. 나는 약속을 정하고 그와 만나기로 했는데, 하필 그날 나는 일어설 수도 앉을 수도 없이 몸이 아팠다. 오후 두 시 반, 집이 바로 학교 건너편이라 아이가 학교에서 오는 대로 택시를 타고 대사관으로 가면 되는데, 나는 열 시가 되어서도 눈조차 뜰 수가 없었다. 그래도 가다듬고 또 가다듬으며 우선 목욕을 하고 늘어져 있다가, 또 정신 차려서 옷을 챙겨 입고 누워서 아들을 기다렸다. 학교에서 돌아온 아들이 "엄마 안 되겠어. 오늘은 약속 취소하고 다음으로……" 하기에 "아니야, 안 돼. 상대는 일국의 대사야. 그럴 수는 없다. 내가 일어선다. 나가자." 하고 부축을 받으며 나와서 택시에 올라탔다. 그리고는 더 늘어져 있는데 "엄마, 다 왔어. 대사관 앞이야." 아들의 염려 섞인 목소리가 들려왔다.

대사관 안으로 들어가서 비서실에 연락을 하고 비서가 우리를 데리러 내려온다는 소리를 듣고 나는 벌떡 일어나 정신을 가다듬고 똑바로 섰다. 그리고 대사의 방으로 안내되었다. 오십 중반은 훌쩍 넘어 보이는 대사가 점잖게 웃으면서 우리를 대했다. 아들하고 여러 말을 하던 대사가 "불란서가 너를 잡은 것에 나는 대단히 만족한다."고 하는 것이 아닌가!

한 나라의 대사가 열여덟 살의 소년에게 해준 말이다. 그리고 대사는 나를 향해 여기서 어떤 일을 하느냐고 물었다.

"대사님. 대단히 미안하지만 저는 원래 중병을 앓고 있는 사람인데, 오늘은 유난히도 더 아파서 말을 이어가기가 힘듭니다. 여기에 책을 하나 갖고 왔는데, 이것이 제가 번역하고 출판을 한 것입니다. 저는 이곳에서 이와 비슷한 일을 하고 있습니다."

그는 아주 정중하게 그 책 『불교격언에 따른 시』를 받아서 표지를 읽더니 자기 책상 위에 반듯하고 정중하게 놓고서는, 잘 알겠다고 하면서 부디 건강에 주의를 하라고 하며 문밖까지 배웅해 주었다.

불치의 병이 들어 있으면서 모든 욕심은 꿈도 못 꾸게 되니, 원치 않더라도 욕심의 주머니를 비우게 되었다. 이것이 실은 마음공부를 하도록 일종의 강제된 상태인데, 사람들은 그것을 인정하지 못하고 한탄하고 울고 원망하는 것이 보통이다. 이것은 세속적인 생각에만 싸여 있기 때문이다. 물론 나도 그랬었다.

그러나 아무리 억울하고 분해도, 인간에게는 날고뛰는 재간이 없음을 알아차리고 빨리 내게 주어진 현실을 눈 딱 감고 그냥 받아들이면 된다. 그리고 마음을 안으로 잡아들이면서 눈을 크게, 다시 더 크게 뜨고 주위를 둘러보면 마음이 고요히 가라앉고 차분해진다. 내가 받아들인 이 현실이 힘들고 억울해도 견딜 만하다고 느끼게 된다. 그리되면 누워서 앓기만 하는 삶이 답답하고 심심해서라도 무언가 하고 싶어진다.

그러면서 이것저것 생각을 뒤집어 가다보면, 지난날이 반성도 되고 그토록 억울하고 분했던 것들도 이해하게 된다. 그렇게 하면서 눈과 마음과 정신이 살아 있으니, 여기서 그냥 주저앉을 수 없다는 생각도 들고, 아프다는 소리만 할 것이 아니라, 이처럼 아프고 긴

시간을 흘려보내기 위해서라도 할 수 있는 것을 찾게 된다. 나의 경우는 그 대상이 책이었는데, 가능하면 안정을 주는 책을 골라 읽다 보니 저절로 심리학이나 철학 계통, 그러다가 결국에는 종교 계통의 책을 붙잡게 되었다. 그렇게 성경책에서 시작하여 결국에는 부처님의 가르침을 만나게 되고, 거기에서 내 길을 찾아내어 거의 오십 년이 되어가는 나의 긴 병들과 함께 멀쩡하게 이역異域에서 잘 살아가고 있다. 그 삶이 언제까지가 될지는 모르지만……

돌아보면, 나는 참으로 온 힘을 쏟아 내게 주어진 능력 그 이상을 최대한으로 발휘하면서 모질고도 모질게 주어진 나의 불행들과 정면으로 맞부딪치고 제쳐가면서 살아왔다. (그 내용들은 앞서 출판된 나의 두 권의 책에 이미 쓰여 있으므로 여기에서는 생략한다.) 그리고 또 돌아보면, 나라는 인간은 대단히 오만한 인간이라고 스스로도 느끼고 있다. 그러나 세상이 주는 불행에 움츠러들어 이 눈치 저 눈치 보고 살아가는 것보다는 훨씬 시원했다는 생각도 한다.

금방 쓰러질 것 같은 나이 여든에, 언제 넘어질지 모르는 여러 십 년을 거쳐온 병마와 경제적으로 무능력자로서 아들에게 전적으로 얹혀서 살아가는 병든 노인이지만, 이렇게 글을 써가는 오만함마저도 잃을 수는 없다.

나는 말하고 싶다!

나와 같은 불행에 움츠러들어 앞이 잘 보이지 않는 삶에 짓눌려 살고 있을, 가슴으로 느껴오는 나의 친구들에게 그 지독한 불행과 역경을 어떻게 이겨내고 오늘에 올 수 있었는가를, 그리고 내 이야기가 그들이 꿋꿋하게 일어서는 계단의 하나가 되기를 바라는 간절한 마음에서다.

당장 앞에 다가온 삶이 아무리 힘들고 억울해도 내게 주어진 이 몫을 헤쳐 나아갈 사람은 나 자신이고, 나 자신밖에는 기댈 곳도 없다는 것을 알아야 한다. 여기저기 기대려 해보았자 그만큼의 섭섭함과 실망만 더 늘어날 뿐이다. 그냥 스스로 참아내고 스스로 알아내고 또한 스스로 벌떡 일어설 수 있어야 한다. 스스로 일어서는 것뿐이다. 그래야 당당하고, 그래서 어디에 가서도 반듯할 수가 있는 것이다. 그러기 위해서는 무엇보다도 자기 자신을 굳게 믿어야 한다. 자기를 믿지 못하면 쓰러진다.

내가 나를 믿지 못하면, 어떻게 이 세상을 살아갈 것인가?

내가 나를 버리면 세상도 나를 버린다. 가지고 놀 뿐이다. 아차 잘못하면 약자의 수렁으로 사정없이 굴러 떨어지게 된다.

스스로 일어서야 하고 스스로를 믿어야 산다.

그 누구에게도 기대려 들지 말아야 하고 의지하려 들지 말고 바라지도 말고, 몇 번이고 거듭해서 떨어지고 뒹굴고 피를 흘리면서라도 끝까지 노력하고 노력하여 갖고 있는 모든 것을 다 바쳐서 '아, 이제는 더 이상 아무것도 내게는 없구나. 그러나 나는 나의 모든 것을 기울여 왔기에 후회도 없고 미련도 없다.' 하고서 다소곳하게 마지막을 받아들일 각오가 되어 있을 때, 어디선가 신기하게도 도움이 오게 된다. 소리 없이 흔적 없이 무엇인지 나를 돕는 것을 느끼게 된다.

이러한 도움은 정신적인 면뿐만이 아니라 현실의 생활 가운데서도 여러 가지 형태로 나타나 주었다. 방콕에서의 생활도 그러했었고, 파리에서의 초창기 생활도 그러했었다. 우선 내가, 나 스스로 일어설 수 있는 노력을 피나게 해야 하고, 아낌없이 나를 다 쏟아 부어야 한다. 모든 힘을 다 기울여 이제는 손가락 하나도 들 수 없어 '아! 이제는 정말로 끝이구나.' 할 때, 그때에 어디선가 살그머니 도움의 손길이 다가온다. 이것은 나의 팔십 평생에서 나 스스로 찾아낸 믿음이다. 단 그동안 내가 쏟아 부은 노력과 실천의 길이 반듯하고 당당할 때, 나의 모든 것을 정말로 남김없이 다 쏟아 부었을 때, 남에게 기대는 마음이 전혀 없었을 때, 그런 때에만 바라볼 수 있는 희망이다. 그러니 나 자신을 진실로 믿고 사랑하라.

나 자신을 사랑한다는 데에는 그만한 각오가 있어야 한다. 진정으로 사랑하라.

진정으로 사랑하려면 그만한 책임감이 있어야 한다.

나 자신을 진심으로 사랑하는 사람은 악행을 저지를 수가 없다.

나 자신을 진심으로 사랑하는 사람은 미래가 있고, 희망이 있고, 용기가 있다.

나 자신을 진심으로 사랑하는 사람은 항상 노력하고, 도전하고, 점검하는 삶을 이루어간다.

스스로 자기 자신을 정확하게 안다는 것은,

첫째, 스스로에게 거짓말을 안 한다.

둘째, 스스로에게 항상 정신을 똑바로 차리고 있으라고 한다.

셋째, 스스로에게 항상 반성을 하라고 한다.

넷째, 남에게 의지하려 들거나 바라는 마음을 송두리째 빼버리라고 한다.

다섯째, 스스로 할 수 있음을 굳게 믿어야 한다.

여섯째, 스스로 책임을 질 수 있는 인간임을 자랑스럽게 외칠 수 있어야 한다.

이는 스스로 판단하고 자신의 행동에 끝까지 책임지는 사람이 되는 것이다.

나는 이제까지 비밀이 많은 사람으로 되어 있었다. 결국은 내가 치러야 할 고생의 길을 굳이 남에게 말할 필요를 느끼지 않았기 때문에 입을 꼭 다물고 혼자서 이겨왔기 때문이다. 책을 쓰느라고 내 비밀이 거의 다 벗겨졌지만, 내게 닥친 일은 내가 한다는 생각에 철저하다 보니 아직도 못한 이야기가 있는 것 같다.

이러한 삶을 살아가는 방법이 혹은 철학이 현대인들, 기계에 매달려 살아야 하는 현대인들에게는 답답하고 한심하게 들릴지도 모르지만, 나는 기계보다는 나를 믿는다. 기계는 정말로 인간의 관계를, 인간의 정신세계를 얼마나 도와줄 수가 있을까?

전적으로 기계에만 의지하고 살아가는 삶에서는 삶을 대하는 진정한 자세나 올바른 정신 내지는 단단한 각오가 존재하기는 어려울 것이 아닌가라고 본다.

나는 병자가 되어서 몸에 기계를 달고 산다. 그러나 그것은 나를 보조할 뿐이지 나의 생활이나 시간을 제 마음대로 갖고 놀지는 못한다.

사실 보통사람들이 푹 빠져 있는 그런 기계에 대해서 나는 아주 깜깜이다. 혹시나 아직까지도 핸드폰이 없는 사람이 나 말고 또 있을지 모르겠다. 서울에 가면 조카딸이 한국에서만 사용되는 핸드

폰을 인천공항에 내리면서부터 떠날 때까지 내 손에 쥐어 준다. 그것은 여행 중이라는 한정된 시간 안에서 주어진 일을 현대 시간에 맞추어 해내야 하기 때문이다. 내가 실지로 살고 있는 곳은 세계적인 도시 파리, 그 한복판에서 살고 있지만 내게는 그런 전화가 없다. 요즈음에는 관공서에서 사용하는 서류에도 집 전화번호도 적고 핸드폰 번호도 적는데, 내가 그런 전화가 없다고 하면 나를 한 번 더 쳐다본다. 백발인 내 머리를 보고서 아무 말도 안 하지만, 속으로는 별난 괴짜라고 할 것이다.

꾸준한 노력과 실천이 쌓여가는 재산이고, 새로운 사고는 인간의 활력이 아닐까 한다. 즉 인간은 끊임없이 반성하고 노력하면서 개척하고 전진하는 존재인 것이다.

그래서 인생은 살 만한 가치가 있다고 보는 것이다.

그런데 신들의 삶이란 그냥 사는 것으로 걱정 없이 평안을 유지해가는 것일 뿐이니, 이런 삶은 편안하기보다는 무척 심심할 것이라는 생각이 든다. 심심하면 장난치고 싶은 의욕이 일어나기도 한다. 그래서 신들의 장난치는 이야기가 가끔은 있는 듯하다. 그러나 이러한 신들의 삶이 값어치가 있어 보이지는 않는다. 그냥 편안하다. 그러나 우리 인간들의 삶은 무섭고 아프고 고달픈 생이라 노력이 있어야 하고, 거기에 따라서 창조해 내는 것이 있다. 가슴치고 울어야 할 때도 종종 일어난다. 대단한 굴곡이 있는 삶이지만 그 가운데는 분명 표현할 수 없는 기쁨이란 것이 있다. 고생의 피땀을 미처 씻을 새도 없이 벅차오르는 감격과 기쁨을 맞이하는 그런 순간도 있다. 그것은 신들로서는 상상도 못할 그런 굴곡의 멋이고 행복이다.

그리스 신화 가운데, 시시포스Sisyphus는 제우스에게 처벌을 받아 바위를 산꼭대기까지 밀어 올린다. 땀을 줄줄 흘리면서 바위를 산꼭대기까지 거의 다 밀고 올라가면 그 바위는 꼭대기에 도달하기 바로 직전에 저절로 아래로 다시 떨어진다. 그러면 시시포스는 그것을 다시 밀어서 올린다. 계속하여 끝없이 그렇게 밀어 올린다. 그런데도 시시포스는 끝이 없는 그 노동에 절대 굴복하지 않고 그의 징벌을 묵묵히, 그러나 당당하게 받아들인다. 아무런 항의도 없이 항복도 없이 다시 묵묵히 밀어 올리는 벌을 반복함으로써 제우스의 기대와 달리 그 고역을 꾸준하게 밀고 나간다. 사실 제우스의 숨은 의도는 시시포스의 인내력이 바닥을 드러내면서 그가 항복하기를 기대한 것이다. 하지만 시시포스는 아마도 정신적인 수양상태가 대단히 높은 경지에 도달한 것 같다.

인생이란 것도 시시포스의 경우와 같다. 오르고 내리고를 거듭해 가면서 살아가는 것이 인생역정이다. 고역이라 생각하면 더 힘들고 빛이 안 보인다. 그냥 같이 가야 하는 것쯤으로 바라보고 함께 가노라면 천연해진다.

여기의 시시포스는 제우스의 통제를 받지만, 우리 인생은 나 자신이 통제자이다. 분명히 시시포스보다 더 좋은 조건에 처해 있다.

온몸으로서 답하는 시시포스의 행위는, 그 죽을 것 같은 자신의 삶 속에서도 그의 정신은 기어코 살려는 불굴의 의지이고, 그것은 바로 인간이 신(운명)에게 내보일 수 있는 유일한 무기이기도 하다.

현재를 충실하게 산다는 것은 그만큼 중요한 무기다.

항상 노력하는 힘.

항상 실천하는 힘.

이러한 용기는 죽음조차도 죽인다.

그때 '용기'는 이렇게 말할 것이다.

"이것이 삶인가? 그렇다면 다시 한 번!"

6·25 전쟁 당시 피난길에, 모든 것을 다 버리고 각자가 보따리를 어깨에 둘러메고 달아나는 형편인데, 열세 살의 소녀는 백과사전 하나를 싸안고 피난을 가서, 다른 책이 없으니 그 추운 겨울 피난살이에서 백과사전 한 권을 다 외우고 서울로 돌아왔었다. 손에 책이 없으면 영 허전한 버릇 때문에 나이가 들어 이번에는 『도덕경』과 『장자』를 들여다보기 시작했다.

현대를 살고 있는 사람으로서 적당하게 지식도 갖추고 있고 인생의 철도 날 만한 나이가 되었으니, 스승님들의 사상을 정식으로 냉정하게 알고 싶어서다.

동양의 스승님들

이 지구상에 인류가 살게 된 이후로 오늘날에 이르기까지 존경할 만한 지혜로운 스승님들을 제일 많이 배출한 인도는 무엇보다도 정신적인 부를 넘치도록 갖고 있는 나라이다. 그런데 나는 아직도 그곳엘 다녀오지 못했다.

1973년과 1974년에 이미 지구를 정식으로 두 바퀴나 돌았고 그 후에도 여러 번 여행을 해왔지만, 인도에 갈 기회는 없었다. 지금 부처님의 학생이 되어 있는 입상에서는 간절하게 가고 싶은 곳인데도 나의 육체적인 조건(병)으로는 아들이 절대로 안 된다고 한다. 그곳의 기후나 일반적인 여건이 중병환자에게는 안심이 안 되고, 더욱이 교통사정이 내가 부처님의 유적지를 찾아다니는 여행을 갈 수 있는 사정이 아니라면서, 여행 중에 거기서 무슨 일이라도 생기면 어쩔 것이냐고 한다. "아, 나야 좋지. 부처님의 고향에서 죽을 수 있는 영광이니. 그냥 그 자리에서 화장을 해서 뿌리면 돼."라고 했더니, "엄마야 좋겠지만, 저는 무슨 죄예요. 그곳에 가서 상을 치러야 하니…" 한다. 듣고 보니 그렇다. 맞는 소리다.

그래서 인도 여행은 접어 두었다. 또한 의사들도 진정하라고 타이른다.

언제 어디에서 누가 말했는지는 기억이 안 나지만, 정말로 하나님의 결정으로 지구멸망의 때가 온다면 하나님은 이 지구상의 인간들을 모두 없애버리려 해도 두 민족만은 없앨 수가 없을 거라고 했다. 그 하나는 이집트민족이라고 한다. 왜냐하면 어린 모세를 지키느라고 죄 없고 순진한 이집트의 어린 사내아이들을 너무도 많이 죽였기에 하나님은 이집트민족에게 씻을 수 없는 많은 빚을 지고 있기 때문이라 하고, 또 다른 민족은 인도인이라고 한다. 에베레스트 산 근처로 가면 역사적으로 그 많은 성인들의 성실하고도 고귀한 정신들과 기가 산 주위를 꽉 두르고 있어서 아무리 하나님이라도 그걸 뚫고 들어갈 수 없다는 것이다. 그럴 듯한 말이라고 생각해서인지 잊지 않고 아직도 기억을 한다.

개인적으로는 부처님의 학생인 내가 현실적으로 지금 할 수 있는 것은 일종의 마음집중의 방법으로, 부처님의 모습을 그리면서 하는 마음공부와 그렇게 이어지는 느낌을 글로 적는 것뿐이다.

외출도 자유롭지 못하고 찾아오는 사람도 없으니 혼자 사는 내가 할 수 있는 나의 일이다. 아무런 의무가 없으니 바쁠 것은 없지만, 하루도 거르지 않고 아침에 눈뜨면 커피에 우유를 듬뿍 넣어서 마시고는 그림 앞에 앉아서 물감을 칠하고, 그 다음에는 컴퓨터 앞에 앉아서 생각나는 대로 타닥타닥 하면서 글을 쓰고, 책을 읽는다. 어깨가 아파오면 그건 벌써 저녁이다.

더불어 대화를 나눌 상대가 없는 오로지 혼자인 삶이라 가끔씩은 혼자서도 잘 놀 수 있는 방법으로, 나는 나 자신을 하나씩 하나씩 분리 분석해보는 것을 좋아한다. 보통 우리가 반성한다는 것에서 조금 더 구체적으로 들어가 파헤쳐 가면서 분석해보는 것이다. 그러다 보면 내 속에는 내가 알 수 없는 여러 성질이 함께 살아가고 있다는 것을 정말로 느끼게 된다. 어떤 성질은 내가 기억하는 조상 중의 누구를 닮았다고 느껴지는 것도 있지만, 전혀 내가 알 수 없는 성질들도 있다. 이렇게 파헤쳐보는 습관도 여러 십 년이 지나게 되니 하나의 과정이 되어 버렸을 뿐만 아니라 나름대로 일종의 체계 같은 것이 잡혀간다.

그러면서 나는 마음공부를 이어가고 있다.

사도 바울은 자기 속의 자기, 즉 하나님을 따르고자 하는 순수하고 착한 자기와 옆으로 살짝 빠져나가 죄의 길을 탐하는 자기가 있음을 탄식한다.

"내가 원하는 바 선은 하지 아니하고, 도리어 원치 아니하는 악을 행하도다. 만일 내가 원치 않는 그것을 하면 이를 행하는 자가 내가 아니요 내 속에 거하는 죄이니라. 그러므로 내가 하나의 법을 알아냈으니, 곧 선을 행하길 원하는 나에게 악이 함께 있는 것이로다.

내 속 사람으로는 하나님의 빛을 즐거워하되 내 지체 속에서 한 다른 법이 내 마음의 법과 싸워서 내 지체 속에 있는 죄의 법 아래로 나를 사로잡아 오는 것을 보도다.

오호라, 나는 곤고한 사람이로다. 이 사망의 몸에서 누가 나를 건져내리.

우리 주 예수그리스도로 말미암아 하나님께 감사하리로다. 그런즉 내 자신이 마음으로는 하나님의 법을, 육신으로는 죄의 법을 섬기노라."(로마서7:19~25)

이러한 사도 바울의 독백은 그만의 문제가 아니다. 우리 모두가 갖고 있는, 여러 생에서 이루어 온 훈습된 버릇에서 빠져 나오기가 어렵기 때문이다. 선을 원하는 자는 바로 나의 불성이요, 악을 행하는 자는 나의 오래된 삶의 훈습되어 있는 업으로 이루어 온 아상이다. 현실의 내 속에는 진리를 탐구하는 본래의 불성과 아집과 훈습되어 있는 중생인 내가 함께 살고 있지만, 우리에게 불성이 있는 한 몇 겁을 다시 태어나서라도 진실에 눈을 뜨고 본래의 불성을 찾아 결국엔 깨우침을 이루게 될 것이다. 이것은 불교의 가르침이다.

내가 알지 못하는 나, 내가 그렇게 하고자 한 것도 아닌데 불쑥 나타나는 보호 반응의 나, 뜻밖에 나타나는 전혀 예상도 못해본 꾀, 내가 일찍이 닦아본 적도 없었던 특수한 재간이 불현듯이 나타나서 나 자신도 놀라게 될 때가 종종 있다.

도대체 이것은 무엇인가? 또한 내가 갖고 있는 재질 중에서도 조정가능성의 멀고 가까운 것이 있음을 느끼게 된다. 조정가능이 더 잘되는 것은 가장 먼 거리의 것으로 거의 잊혀가는 먼 전생의 것일 것 같고, 조정가능이 잘 안 되는 것은 가장 가까운 고집 센 전생의 것이 아닐까 한다. 그와는 반대일지도 모르지만…….

이런 것들을 가지고 나는 스스로의 자기 분석을 해보는 것이다. 그러면서 나의 장단점들을 들여다본다. 물론 단점이 훨씬 더 많다. 그런 단점들을 하나하나 짚어가며 추려내려고 노력하는 것도 나의 공부 가운데 하나이다. 남에게 보이는 것도 아니고, 혼자서 오늘은 잘되고 내일은 또 잘 안 되더라도 매일매일 그렇게 해 나가고 있다.

이 세상에 석가모니 부처님(B.C. 623~B.C. 544)이 탄생하시고, 그 비슷한 시대에 공자(B.C. 551~B.C. 479), 맹자(B.C. 372~B.C. 289), 노자(?~?), 장자(B.C. 365?~B.C. 270?), 열자(?~?)가, 서양에서는 소크라테스(B.C. 470?~B.C. 399)와 그의 제자 플라톤(B.C. 428?~B.C. 347?)이, 그리고 기독교의 예수가 태어나셨으니, 그때 그 시대는 마치 인류가 가장 축복받은 때인 것 같다.

공자의 윤리적이고 현실주의적인 사상이 양적인 외면세계에 영향을 주었다면, 노장(노자와 장자)의 형이상학적이고 신비주의적인 사상은 음적인 내면세계를 움직였다고 할 수 있겠다.

모든 사람에게는 각자에게 주어진 몫의 의무가 있고, 가능한 그릇의 크기가 있다. 각자가 자기에게 주어진 몫에 최선을 다하고 사는 것이 우리 몫인데, 그 주어진 능력 이상을 넘보아 욕심을 내서도 안 되겠고, 게을러서 자기에게 주어진 몫의 의무를 이행해내지 않음도 문제지만, 내 것만 옳다고 상대를 비평하고 깎아 내리려 함은 더더욱 바람직한 일은 아니다. 서로 자기 몫에 충실하게 최선을 기울이다보면 그 평가는 본인들이 하는 것이 아니라, 다른 사람들이 해주게 되어 있다. 원하지 않아도 후대의 사람들에 의해서 냉정하고 분명하게 평가를 받게 될 것이다.

어떤 종교든 종교가 가르치는 것은, 나를 줄여가는 것이다. 즉, 내 욕심을 비우는 것인데, 자기를 비우는 것, 자기를 잊는 것, 자기를 부정하는 경지에 도달하는 것이다.

종교란 자기중심적인 욕심 때문에 실제를 있는 그대로 볼 수 없는 상태에서 욕심을 줄여 실제를 있는 그대로 볼 수 있는 상태로 옮겨 가려는 노력이라 하겠다.

성 어거스틴도 "영혼이 자신을 생각하는 일을 그만둠으로써만 자신을 초월할 수 있다."고 했고, 에크하르트는 "만일 영혼이 신을 알려고 한다면 그것은 먼저 자기 스스로를 잊어버려야 한다."고 했다.

논쟁에 대한 석가모니 부처님과 공자·장자의 가르침을 보면, 석가모니 부처님은 논쟁을 금하셨다.

"어떤 경우에라도 논쟁은 절대 금물이다. 반드시 논쟁을 피하라."

"노여움은 마음의 평안을 휘젓는 가장 큰 독이니, 자기가 한 일에 오해가 생겼다 하더라도 절대 변명은 하지 말라. 상대적인 대립의식이 있기 때문에 자기변호가 나타나는 것이고, 자기변호는 자신의 마음을 손상시킬 뿐만 아니라 상대의 마음까지도 손상시키는 행위이다."라는 가르침을 늘 가슴에 새긴다.

논쟁이란 사물의 일면만을 보고 있는 사람들 사이에서 성립되는 것이다.

사물의 전체를 관조하는 사람은 논쟁을 하지 않는다. 상대방이 하는 말은 사물의 일부를 본 것이므로 틀리다고도 할 수 없고 전적으로 맞다고도 할 수 없기 때문에 입을 다물고 마는 것이다. 깨달은 자의 입이 무거운 것은 바로 이런 이유 때문이다.

논쟁은 마치 장님이 코끼리 만지기 식이라 하겠다.

논쟁은 수도 정진을 해가는 데도 전혀 도움이 되지 않는다. 논쟁을 계속하다 보면, 애초의 의도는 사라지고 상대를 이기는 것이 목적이 되고 만다. 수도의 관점에서 보면, 상대를 짓눌러 상대의 마음을 상하게 하는 것은 상대에게는 이겼을지 몰라도 자신에게는 진것이다. 결국 자신의 마음을 다스리지 못했기 때문이다. 불안과 진에(성냄)를 없애고자 하는 수도자가 오히려 그것을 일으키는 논쟁에 휘말리는 것은 진리를 버리고 삿된 감정에 집착한 꼴이 된다.

논쟁은 사람에게서 자비의 마음을 빼앗을 뿐만 아니라 악업을 짓게 한다.

공자가 점잖게 한 수를 친다.

"도를 듣고 진흙탕 싸움에서 말하는 것은 덕을 버리는 것이다." (『논어』)

『장자』의 제물론은 만물일체의 사상을 떨치고 있다.

『장자』의 제물론에서도 시비의 대립을 언어나 논쟁으로 해결하려 들면 대립이 대립을 낳아 투쟁이 끝없이 계속되고, 정신의 소모만 겪게 될 뿐이라 하였다. 인간이 시비를 그치고 영혼의 평안을 얻으려면 논리나 다툼에 의한 해결을 버리고 절대적 하나로서의 천예에 맡겨야 한다고 하였다. 천예는 절대적 하나를 뜻하는데, 바로 도道 그것이다. 장자는 이것과 저것, 나와 남이 서로 대립하는 일체를 탈각시킨 경지를 도추道樞라 불렀다. 도추는 대립과 모순을 넘어선 절대의 하나에 튼튼히 서서 천변만화하는 현상세계에 자유자재로 응하는 것이다. 거기에 서면 옳고 그름, 나와 남의 대립이 하나 속으로 돌아간다. 이렇게 만물제동인 실재의 참모습을 관조하는 예지를 제 것으로 한 곳에서 비로소 이상의 세계가 열린다고 장자는 생각했다.

장자의 사상서인 『장자』를 읽어나가다 보면 장자 자신이 주장해 온 사상과의 거리감을 느끼게 되는, 장자의 이론과는 같은 선상이라고 볼 수 없는 그런 것이 여기저기서 나타나는데, 아마도 그것은 훗날 장자의 열성팬들에 의해 가미되고 또 변경된 것으로 보인다. 이렇게 두 가지의 성격으로 나타나는 장자를, 비틀어지고 협소한 시야를 가진 인물로 잘못 표현하고 있는 점을 바르게 정리해야 하는 것이 그를 진정으로 존경하는 후진들의 몫일 것이다.

공자의 유학은 현실의 삶을 살아가는 방법을 옳고 바르게 가르치는 몫의 책임이 지워졌고, 또한 그것을 공자 스스로도 대단히 성실하게 이행하였다. 그럼으로써 그는 세상에서 가장 존경받을 자격을 이루어 놓은 스승으로서 조금도 손색이 없는 인물이 된 것이다.

유학의 사상과 교리를 요약하면 삼강오륜과 인仁, 의義, 예禮, 지智라 할 수 있다.

삼강三綱은 왕과 신하, 부모와 자식, 남편과 아내 사이의 도리를 가르친다. 오륜五倫은 인간관계의 질서를 다섯 가지로 정리하여, 즉 부자유친(父子有親: 아버지와 아들 사이의 사랑), 군신유의(君臣有義: 왕과 신하 사이의 의리), 부부유별(夫婦有別: 남편과 아내 사이의 분별), 장유유서(長幼有序: 어른과 어린 사람 사이의 차례와 질서), 붕우유신(朋友有信: 친구 사이의 신의)이며, 그리고 수신제가修身齊家 치국평천하治國平天下이다. 유가사상의 시조인 공자는 또한 법가사상의 시조이기도 하다.

공자가 어려운 시절을 지내온 것에 대해 이르기를 "앞뒤가 모두 막힌 듯 사방팔방으로 어려움이 막아 설 때에도 나는 하늘을 원망하려고도, 사람을 책망하려고도 하지 않았다. 다만 나 자신이 믿는 것을 따라 마치 높은 산에 오르듯이 낮은 데서부터 한 걸음 한 걸음 높은 곳으로, 그렇게 살아온 것이다. 이러한 나의 마음은 하늘이 알고 있다."라고 했다.

수행자가 수행해가는 깨끗하고도 조용한 모습이다

아무리 센스와 능력을 타고난 사람이라도 의욕이 없으면 아무런 소용이 없고 나타나는 것도 없다. 무엇을 하고 싶다는 마음에, 한번 꼭 이루어보겠다는 강한 의지가 보태지면 후퇴가 있을 수 없게 되고, 줄기차게 의욕을 가지고 살아간다면 그 살아가는 무대는 자연히 바뀌어 갈 것이다. 요는 나의 노력이 몇 %냐에 달려 있다는 점이다. 그냥 운명에 순종하기보다는 운명의 필연성은 긍정을 하되 적극적으로 받아들이고, 그러면서 또한 내 앞에 주어진 삶의 의무를 성실하게 실천해가는 마음으로 삶에 대처해 나갈 때, 새로운 창조력이 발휘되는 것이라고 본다.

사람의 삶이란 따지고 보면 극히 잠깐이다. 그런데 거의가 다 싸우고 터지면서 스스로 이루어가야 하는 것이 산다는 것의 중심이다. 절대 자기 자신을 깎아내리지 말아야 한다. 분수없이 자기를 치켜세우는 것도 문제지만 지나치게 스스로를 낮추는 것도 병폐가된다. 적극적으로 이루어가는 정신과 자세가 '나 자신의 힘'이 되어나의 삶을 만들어내는 것이다. 나 스스로 '가능한 사람'이 되려고 항상 노력하고, 그 실천력을 믿고 인생을 이루어가는 것이다.

"나는 단지 피를 쏟아서 쓴 것만 사랑한다." 니체는 이렇게 말했다.

이른바 '피'는 정신을 의미하나 그냥 정신이 아니라 땀과 눈물이 합쳐진 온몸으로 쓴 생명의 산물이어야 한다는 말이다.

조선시대에 성행했던 성리학은 남송의 주희(1130~1200)가 공자의 가르침을 바탕으로 하여 발전시킨 신학문이다. 공자가 떠난 지 1,600여 년이 지난 후의 일이다.

공자의 실천적 철학을 넘어 우주와 인간의 본성을 논하는 일종의 형이상학으로, 공자의 가르침과는 달라도 많이 다르다. 성리학을 집대성한 주자(주희를 높여 이름)의 이름을 따서 주자학이라 하고, 송나라 시대에 일어난 것이라 하여 송학이라고도 한다. 또 송나라 이전 시대의 유학과 다른 새로운 기풍의 유학이라는 뜻에서 신유학이라고도 한다. 그들은 주자의 사상을 제외한 그 어느 학풍도 인정하기를 거부했고, 유학 가운데서도 성리학을 제외한 학문은 절대로 용납하지 않았다.

성리학은 서민생활과는 동떨어진 학문으로 사대부 중심이었고, 자신들의 권위와 세를 보존하기 위한 것이 핵심이었다. 임금도 백성도 아닌 오직 사대부를 위한 사상이고, 따라서 그들의 정치란 백성의 안녕보다는 당파의 이익이 중심이 되었다.

고려 말 불교의 부패와 타락에 따라 그 불신과 반대의 기운이 높아져 갈 때에, 때마침 주자학이 그 당시 학자들의 환심을 사게 되고 자리를 잡게 된다. 그 뒤에 일어난 조선왕조는 정도전을 중심으로 하는 신진 유학자들의 협력으로 이루어진 것으로, 주자학의 확립은 유교주의 정치이념을 더욱 구체화시키고 현실화하기 위한 것이었다. 일단 주자학적인 유교국가로 출발한 조선왕조는 이후 줄곧 이 방향으로 모든 시책에 매진했다. 그렇게 되면서 세종대왕시대에 한글의 반포도 반대했고, 시대의 흐름에 따른 현대화의 기운이나 기계문명에 대한 관심들을 사대부 중심제가 무너질 것이 두려워 목숨을 내걸고 막아 나섰던 것이다.

한편 이황과 이이에 의해 한국의 전통적인 주자학이 확고하게 자리를 잡게 되었는데, 이황은 주자학의 철학적인 도학을 터득해서 주자학의 이기설, 인간학 수양법에 일생을 바쳤다. 사변적 도학의 정수를 수신으로 실현하고자 노력했던 것이다. 그는 벼슬을 마다하고 일생동안 수행자의 길을 지키며 자신의 뜻을 지킨 것이다. 한편, 이이는 정책론의 입상을 강조해서 사회현실을 비판, 개혁하여 현실 사회에 주자학적 세계를 실현하고자 노력했다. 여기에서 이황과 이이의 주자학에 대한 관점에 차이가 있다. 이념과 방향을 실현하는 도리는 같았다고 할 수 있었지만, 그 실현 방법에 차이가 있었던 것이다.

이 두 관점은 이후 한국의 주자학자 사이에서도 줄기차게 작용하게 되었는데, 주리적 이기설인 주자의 사변을 그대로 고수하는 이황의 학파와 주기적 이기설에 입각해서 주자의 설을 발전적으로 해석하고자 했던 이이의 학파이다. 이 이기설의 논쟁은 주자학을 이해하고 발전시키는 데 큰 역할을 했음은 두 말할 것도 없지만, 이러한 기운의 계속됨이 결국에는 나라의 운명을 기울게 하는 일을 초래하게 되었다.

논쟁은 연구와 사색과 논리적인 해석이 필수가 되겠지만, 그러나 불행하게도 이 이기설의 해석상의 차이는 후세 당파와도 관련을 맺게 되어서 도저히 타협할 수 없게 되고 말았다. 주리파, 주기파라 부르는 것이 그것이다. 그 후 주자학은 더 이상의 발전을 보지 못하고 침체를 초래하게 된 것이다. 어찌되었거나 주자학으로 인하여 우리나라는 당파가 생겨나고 당론의 경쟁이 지나치게 치열하여 국운이 기울게 되는 한 원인이 되었다.

그러나 주자학이 곧 공자의 가르침은 아니다. 공자의 가르침이 오늘의 시대에 맞지 않는 점도 있으나, 인간과 인간 사이의 예의와 법도와 사회질서를 가르친 점에서 인류의 영원한 스승이라고 생각되고도 남는다. 주자에 의해서 공자의 사상이 교조화되어 형식적인 종교(성리학, 주자학)의 형태가 됨으로써 폐해가 따른 것도 사실이지만, 이것은 분명히 공자의 것이 아니라 주자의 것이다. 특히 조선왕조에 와서는 유교적 이념을 더 구체적으로 체계화하고 본고장인 중국보다도 더 극을 따르기에 이르렀다. 그런데 지금 돌이켜보면, 그것이 주자학의 잘못만은 아닌 것 같다.

이 모든 것을 떠나서 나는 그냥 순수한 마음으로 공자의 뜻을 직접 접해보는 기쁨을 갖게 되었다. 공자 자신은 오로지 도를 향한, 어느 누구에게도 뒤지지 않는 대단한 수행자이고, 후학들에게 진심으로 모범을 보여준 큰 스승이다. 자신에게 주어진 능력의 범위를 잘 인식하고 끝까지 개인적인 욕심이 하나도 없이 성실하게 그 모범을 보여준 것이다. 진실한 군자의 모델일 뿐, 그 이상을 나가지는 않았다. 그것이 아마도 본인에게 허락된 한계라고 생각했던 것 같다. 사람이 한평생 자기 분수를 지켜가면서 살아가기는 참으로 드물고 어려운 노릇이다.

오늘날 서양문물의 우수성을 아는 사람들은 주자학을 공자의 가르침과 동일시하고 마치 공자가 동양의 문명을 망친 것으로 오해하는 사람들이 있으나, 이는 공자의 가르침과 주자학의 차이를 모르고 하는 말이다. 공자는 학문의 중요성과 인간의 예의 중요성을 가르친 점에서 위대한 사람이다. 그에게 주자학의 잘못을 지우는 것은 무식하고도 큰 잘못이다.

지난 세기의 중국이 노자의 방식에 따라 살다가 서양강대국들의 힘에 자연스럽게 손든 것이라면, 거기에 우리나라는 성리학의 본고장인 중국보다도 더한 극성으로 다투다가 나라를 송두리째 잃었던 것이다.

공자의 가르침은 종교적인 것이라기보다는 인간의 일상생활과 관련된 실질적인 생활교훈으로서, 유교사상은 오랫동안 중국·한국·일본·베트남·홍콩·대만 등의 여러 나라에서 큰 문화적인 영향력을 미쳐왔다. 나라와 지역에 따라 유교사상이 많이 다름에도 불구하고, 유교는 오늘날까지도 동아시아 사람들의 정신을 하나로 묶는 역할을 하고 있다. 즉 유교문화의 전통 및 가치가 동아시아 사람들에게 강력한 영향을 끼쳐, 사람들의 전체적인 사고방식에 대해 윤리적이면서 도덕적인 기반을 제공해 왔던 것이다.

한때 중국인들은 유교주의가 중국의 근대화를 가로막는 하나의 장벽이라고 간주하여 반세기 가까이 비난을 해왔다. 그러나 1980년대에 유교주의가 이념적 관심의 핵심으로 다시 등장하게 되었다. 1982년 싱가포르의 학교에서는 유교주의 교육과정이 시작되었고, 싱가포르·대만·홍콩의 상류사회는 유교주의를 연구하는 데 막대한 지원을 하였다.

중국으로부터 들어온 유교주의는 조선시대 사람들에게 병적인 형식주의와 의식주의로 국가의 상실을 초래했다는 비난을 받아 왔었다. 그러나 근대 한국사회에서는 유교적 가치관이 사회적 상류층 또는 정치적 지도층에서 여전히 비공식적인 권력을 유지하고 있다. 나라에 충성, 부모에 효도, 전통과 현대 등등으로 유교적인 가르침의 말들이 정계나 재계나 일반 사회에 그대로 적용되어 유지되고 있다. 그것도 서양의 전통과도 잘 섞여가면서.

한국 사람들의 정신 속에는 '근면성실'이라는 유교주의적인 뿌리가 아주 단단히 자리 잡고 있는 것이다. 그 정신으로 우리는 세계의 여러 나라로부터 구호품을 받아서 살아오던 국민에서 다른 나라에 구호품을 내어주는 나라로 그리도 빨리 탈바꿈할 수 있었다.

동서양의 문화가 마구 섞여서 살아가는 오늘날의 자유가 넘쳐나는 세상에서 우리 문화의 자취를 뒤돌아볼 때, 공자의 가르침은 인간이 인간답게 살아가야 할 세상에서 진실로 필요로 하는 가르침이라 생각된다.

노자는 유가의 학풍을 기꺼이 배우지는 않았다 하더라도, 공자보다 삼사백여 년 후에 태어났으니 자연히 유학에 대해 듣고 알게 되었을 것이다. 그러면서 그 가운데서 자신의 사상을 찾게 된 것이라 본다. 노자는 현실에 대한 의욕도 (정치면에) 있었지만, 그에게 주어진 사상의 몫은 현실에 있는 것이 아니었지 않았나 싶다. 그냥 그 주어진 몫에 충실하면 되었을 것을, 그의 표현에서 끝없이 앞서 태어나 있었던 유학에 매달려 그 틈을 비집고 들어가 파헤쳐 가면서 비판하고 할퀴는 것을 보면서 큰 사람의 그릇에 대한 의심을 갖게 한다. 그렇게 하느라고 그의 우주적인, 보다 더 클 수 있었던 사상의 발전에 한계를 맺어버린 듯싶기도 하다. 순수하게 자기의 뜻이나 사상을 말하면 될 것을 왜 그렇게도 주어진 의무가 서로 다른 공자에 매달렸었는지, 그것은 또한 그 사람의 능력의 한계인 듯하다.

공자에게서는 누구를 비판하고 헐뜯고 하는 것은 상상할 수도 없을 뿐만 아니라 오히려 자기가 아닌 다른 파 스승들의 가르침도 필요에 따라서는 제자들에게 자세하게, 예의를 다해서 설명을 하는 모습을 볼 수 있다.

말 한마디라도 진실로 예의를 다해서 설명을 했다.

그런데 노장의 말에서는 수시로 공자나 유가를 비판하고 헐뜯는, 아니 헐뜯는 정도를 넘어선 어조를 보게 되면서 제삼자의 입장에서도 편치가 않다. 오히려 그들이 옳다고 말하는 그 설에서 가시만 보이고 말하는 것이 너무 돋쳐 있다. 전혀 도를 논하는 큰사람의 포근함이란 것이 없다. 그러면 그들이 말하는 사상은 다 옳은가? 글쎄다.

공자가 '현실에서만'이라는 한계성을 가졌다면, 노장은 현실의 것이 아닌 세상, 인간의 내면 깊숙이 파고 들어가서 알아내고 캐어내야 하는 것, 무한의 세계를 논하고 우주를 설명해주는 것이 그들의 몫일 텐데, 내가 보기에는 그 설명이 산만하면서도 복잡하고 끊고 맺음이 똑 떨어지지가 않는다. 질서가 전혀 잡혀 있지를 못하다. 그런데도 자기 몫의 고랑을 살피지 않고 남의 뒷다리만 물어뜯고 할퀴는 형상을 보게 되는 것 같아 안타깝다.

그들보다 수백 년 전에 인도에서 태어나신 석가모니 부처님의 진여에 대한 설명을 들어보면, 그 설명하는 방법도 간단명료하고, 전해주는 방법도 솔직 겸손하고 분명하고도 또렷할 뿐만 아니라 듣기에도 무척 편안함을 느끼게 하는 세련됨이 있다.

그렇다. 부처님의 설명은 무척 세련되어 있다.

그뿐인가. 그 깊이와 폭이 이천오백 년도 더 지난 지금까지 한마디라도 다른 의견을 내세울 수 있는 여지가 보이지 않고, 오히려 최고로 발전되었다는 현대의 모든 학문과 사상의 뿌리가 되고 미래를 향한 안내자가 되어 주는 데 충분하다.

인류의 앞날에서도 석존의 가르침은 절대적인 안내자가 되어줄 것이라 믿어 의심치 않는다. 아니 모르긴 해도 우주시대에는 더욱 그러할 것이라 믿는다.

동양의 사상이 피어나다

세대가 바뀔 때마다 동서양을 막론하고 거의 변함없이 새로운 사상운동이 일어난다. 중국의 역사상 가장 커다란 변혁의 시대라고 하는 춘추전국시대의 경우도 그렇다.

제자백가라 알려진 그 시대의 학인들에 의해서 전개된 운동은 그저 있을 수 있는 변화가 아닌, 중국 최초로 본격적인 지적知的 운동이었다는 점에서 그 의미가 대단히 크다.

이들은 중국 최초로 제대로 된 '학學을 성립'시켰고, 중국사상의 기본적인 내용과 골격을 제시했다.

제자백가는 춘추전국시대(B.C. 8세기~B.C. 3세기)에 활약한 학자와 학파의 총칭으로, 제자는 여러 선생이란 뜻이고, 백가는 수많은 파벌을 의미하는 말이다. 그 파벌은 유가, 도가, 음양가, 법가, 명가, 묵가, 병가, 종횡가, 잡가, 농가 등 모두 190여개나 되었다고 하는데, 이 중에서 공자의 유가가 가장 먼저 일어나서 인仁의 교의를 수립했고, 그 다음으로 묵자가 겸애를 주창하여 묵가를 일으켰으며, 법가가 나타나고, 이윽고 노자·장자 등의 도가와 기타 여러 파가 나타나서 사상계는 제자백가의 활발한 상황이 도래하였다. 이 중 집단을 이루어서 계속하여 이어오며 현재까지도 분명하게 유지되어 오는 것은 유가의 집안뿐이다. 그 외에는 그때그때의 개별적인 자유사상가라 하겠다.

춘추시대 말기부터 전국시대에 걸쳐 독창적인 사상을 지닌 많은 학자들이 출현했다. 그 이전까지는 사상가라 할 수 있는 이가 거의 없었고, 개인적인 저서 또한 별로 없었다고 한다. 그러다가 춘추전국시대에 이르러 기존의 봉건적 사회질서가 무너지면서 그때까지 관료들이나 귀족들이 독점하고 있던 학문과 지식이 일반 서민들에게까지 확대되었다. 이러한 사상의 자유와 지식의 확대로 인해, 자신의 능력에 따라 습득한 지식을 이용하여 신분 상승을 실현코자 하는 강력한 사회적 욕구가 나오게 되었고, 따라서 능력 있는 학자들을 우대하는 풍조가 팽배하게 되었으니, 이때의 정치적 혼란이 도리어 사상의 자유를 보장하는 결과를 낳았다고 할 수 있다. 그러한 시대의 조류에 따라 제자백가의 사상은 정치, 윤리 등의 현실적 문제에 관심이 집중되어 있었다. 즉, 그 당시의 사상은 구체적인 정치기술이라는 면에 상당히 집중되어 있었기 때문에 인간에 대한 이해도 지배 내지 통치에 응용하기 위한 실용적인 성격을 갖고 있었다. 더욱이 관료제의 정비에 따른 관리의 필요에 따라 학문이 철학보다는 정치기술로서 발전했던 것이다. 예로서 공자나 묵자의 경우, 그들의 학문에 대한 관심 자체가 관리가 되는 데에 있었음을 지적할 수 있다. 신에게만 의존적이었던 그때까지의 입장에서 인간 중심적인 사상으로 전환되면서 인간 중심의 합리성을 추구하게 된 것이다.

이들의 사상은 전쟁이 난무하는 상황에서 천하를 통일하여 안정을 찾으려는 것이었으나, 이들이 주장했던 통일이란 대립의 조화보다는 하나만 남기고 나머지는 없애자는 획일적 통일론의 성격을 갖고 있었다. 이러한 천하통일을 위해서는 강력한 왕의 출현이 필요했고, 이에 따라 무한한 권력을 군주에게 부여하라는 입장이 대두했다. 그러나 이러한 통일의 이면에는 그들이 추구하는 이상적인 사회, 즉 천하를 공유하는 '공천하'의 이상이 내재해 있었던 것이다. 현명하고 덕이 있는 군주의 통치 아래 재상을 중심으로 하는 관료제를 통해서 이러한 정치형태가 가능하다고 여겼다. 정치의 요체를 위민, 민본으로 파악하여 '공천하'의 실현을 강조했던 것이다.

공자

유가사상의 시조인 공자(B.C. 551~B.C. 479)는 춘추시대의 중기와 후기에 활동했으며, 그 조상은 송宋의 귀족출신으로 내란을 피하여 노나라에 이주했다고 한다. 3살 때 무인이었던 아버지를 잃고 창고지기, 축사지기를 하면서도 학문에 힘썼는데 특별히 정해진 스승은 없었다.

공자는 배우는 것을 즐거움으로 알았고, 항상 배우기를 게을리하지 않았다. 그는 30대부터 고전의 정리와 교육에 힘쓴 중국 '최초의 스승'으로 알려져 있다.

공자사상의 중심은 무엇보다도 인仁과 예禮라는 덕목에서 찾을 수 있는데, 인이란 질서의 회복을 위한 전제로서 계층 상호 간의 직분을 강조하는 데서 시작된다. 따라서 사회는 계층 간의 인을 바탕으로 하는 상호 간의 질서를 유지해 갈 수 있어야 한다. 또한 이 근거가 외면적으로 표출된 형식, 규범을 예라 한다. 즉, 각 개인은 극기복례克己復禮해야 하는데, 이때의 예는 단순히 의례형식을 따르는 것이 아니라 그 실천 속에서 군자의 정신을 찾으려는 것이다. 특히 공자는 예의 중심정신으로서 효와 충을 들었다.

즉 종적인 관계인 효와 횡적인 관계인 충이 도덕국가를 이룬다고 보았다. 나아가 충은 효의 외연적인 확대로 파악하여 군신 관계를 의합의 관계로 보고, 만약 군주에게 의가 없을 때에는 신하가 그 군주를 떠날 수도 있다고 했다.

이처럼 효를 충보다 중시했는데, 이는 유가사상이 이후 가족질서의 옹호, 혈연관계의 중시 등의 입장을 통하여 지속적인 발전을 할 수 있었던 근거가 되었다. 이 사상은 거의 모든 아시아 국가의 정신 세계에 들어가, 우리나라도 그중의 하나이고, 내가 자라날 때에도 그러한 정신 교육을 받으며 자랐다.

인은 질서의 회복을 위한 전제로서, 계층 상호 간의 직분을 강조 했지만 그 벽이 꽉 막혀 있었던 것도 아니다. 인간 상호 간의 질서 를 유지시켜 가면서도, 배우고 닦고 연마하여 출신을 바꿀 수 있는 길을 열어 두었다는 것은, 계층 간의 벽을 두었던 것이라고 보기보 다는 배우고 닦고 연마하고 노력하는 사람들, 즉 인재들을 키워내 고자 하는 의지가 더 돋보인다.

인의예지신仁義禮智信

유학에서는 인간의 본성을 원래가 착한 것으로 보고 있기에 이를 천성이라 한다. 본래의 성품이 지극히 착하고 순수한 것이라면 순 수한 그대로 나타나게 하는 것이 수양이요, 그것을 한결같이 간직 한 사람이 군자이다. 즉, 인의예지신 이 다섯 가지를 지니는 것은 천성을 유지하는 것이요, 이 다섯 가지를 실현시키는 것이 인생의 이상인 것이다.

인은 사랑하는 마음이요, 의는 올바른 것을 찾는 마음이요, 예는 남을 앞세우고 사양하는 미움이요, 지는 옳고 그른 것을 판단하여 옳은 것을 실천하는 마음이다. 여기에 신은 신용이다. 즉, 인의예 지신은 개인과 가정과 사회와 국가를 세우는 근본으로 오늘날에도 변함없이 중요한 가치가 된다.

또한 유학에서는 자기 자신을 이겨내려고 하는 방법으로 극기를 강조한다.

자기 자신이란 바로 사사로운 욕심과 그칠 줄 모르고 일어나는 감정이다. 자기 자신만을 생각하는 욕심과 자기중심적인 감정을 이기는 것은, 인간 전체의 보편적인 본성으로 돌아가는 것이기도 하다. 자기를 이긴다는 것은 참된 자기, 본래의 자기로 돌아가는 것으로 이겨야 할 대상은 그릇된 자기이고, 이긴 후에 나타나는 것은 참되고 올바른 자기이다.

유학에서는 조용한 것을 좋아한다. 생각도 언행도 조용히 다스려 가는 것이다. 즉, 자기 욕망 조절을 위한 수행이다.

맑고 고요한 마음을 한결같이 지니고 있으며, '자기 자신의 수양에 힘쓰고, 천하를 이상적으로 다스리는 것'을 목표로 삼는 학문이며, 그것을 향한 실천이라고 할 수 있다. 도덕을 신뢰하여 그것을 정직하게 신장하려고 노력하는 일이다.

맹자의 성선설은 그것을 잘 나타내고 있다.

자기의 도덕성의 완성을 목표로 하는 사람이 군자라 하여 존중되었다.

유가는 덕의 양성을 위해 배우는 일과 아는 일을 중시했으며, 따라서 유가는 전통에 대하여 급격한 파괴를 시도하지 않았다. 전통적 형식을 보수하면서 거기에 새로운 의미를 덧붙여 나가려고 하였다.

『논어』 첫머리에 "배우고 때때로 익히면 또한 기쁘지 않겠는가 (學而時習之 不亦說乎)?"라는 공자의 유명한 말이 있다.

학學은 배운다는 뜻이고, 습習은 되풀이하여 익힌다는 해석이 정설이다. 이 습은 실습이라고도 해석한다. 예악은 쓰여 있는 문장을 읽는 것만으로는 불충분하다. 아무래도 실습을 해야 하는 것이다. 즉, 실생활 가운데서의 실천의 행을 통해서 알아지고 얻어지는 것에 그 값어치를 둔 것이다.

공자는 인간생활에서 절대로 필요한 '고대 중국에 있어서' 예악의 전문가로, '예악은 곧 예절과 음악으로, 예절은 언행을 삼가게 하고, 음악은 인심을 감화시키는 것'이라 하여 중국에서는 예로부터 사회의 질서유지를 위해 매우 중요시하였다. 어느덧 공자의 제자들이 사회적으로 발언권이 있는 강력한 집단이 되어 있었다.

유가의 가르침이 학문이 된 것은 맹자 이후로, 그 이전에는 학문이 아닌 예였다는 설도 있다. 즉, 종교적 색채가 강했다는 것이다.

공자가 위대했던 점은 그와 같은 '예'에 귀신의 참가를 거부하고 인간중심의 것으로 규정했다는 점이다. 『대학』에서 말하는 것과 같이 '몸을 닦는 일(修身)로부터 시작하여, 집안을 편안케 하고(齊家), 나라를 잘 다스리고(治國), 천하를 편안케(平天下) 하는 데'에 도달하지 않으면 안 된다. 그런 의미에서 유학은 치자治者를 위한 학學이다. 치자라 함은 황제로부터 아래로 일반 관료를 포함한다. 어떻게 하면 백성들이 편안할 수 있을까 궁리하는 학문이다. 중시되는 것은 법률에 의하여 백성을 엄하게 통치하기보다는, 교화에 의하여 저절로 백성을 의도하는 바로 인도한다고 하는 방식이다. 그러한 교화의 측면을 구비한 학설을 지칭할 때는 유학이라는 말보다는 유교라는 말을 쓴다. 이와 같은 성격을 갖고 있는 유가사상은 제자백가의 전국시대 상황 속에서 당연히 타 학파들의 맹렬한 비판을 받게 되었다.

예컨대, 혈연관계를 중시하는 예악 등의 의례를 중시하는 학설은 겸애와 상현尚賢, 절장節葬 등을 주장하는 묵가에 의하여 비판되고, 인간의 도덕성의 신뢰에 기초를 두는 학설은 군주 권력의 일원적 강화를 지향하는 법가에 의하여 배격되었다. 또 치자의 일원이 되어 이상적 정치실현에 집중하는 태도는 인위적인 노력의 한계나 허무함을 깨닫는 도가로부터 조소를 받았다. 유가학파는 타 학파의 비판 공격에 대하여 그들의 학설에서 좋은 점을 취하는 일도 서슴지 않았다.

공맹孔孟의 가르침인 유가는 이해하기 쉬우면서도 질서를 중하게 여겼다. 이것이 유가에 생명력을 부가한 것이고, 그것은 현실에서도 절대 필요로 하는 것이다.

노장의 도는 유교적인 지식이나 제도, 즉 위정자들의 번거로운 간섭을 일체 배제하고, 모든 사람으로 하여금 천지만물의 생성자인 도의 뜻을 체득하여 유약하고 비천하고 겸손하면서도 또 강인하고 무위하는 능력으로서 이 세상을 자치해 나가자는 것이다. 유교와 도교, 이 두 사상의 결과는 대조적으로 나타난다.

그런데 중요한 점은, 유교에서는 무지한 백성들을 가르치고 이끌어 가고자 하는 점이 있었으나, 노장에게서는 백성에 대한 관심이 그렇게까지 미치지는 못하고 있다. 그냥 던져주듯이 하는 가르침을 스스로 알아서 따라오라는 것인지 따뜻하게 잡아서 끌어주는 가르침은 아닌 듯하다. 그것은 인위적 행위이기 때문이기도 하겠지만, 그보다는 노장의 사상에서는 도무지 책임감이란 것을 느낄 수가 없다. 그러니 도교는 불로장생에만 매달리는 반半미신적이고 반半종교적인 것으로 자리 잡게 된 것이다.

반면에 공자는 네 가지 일로써 교화했다. 즉, 문(글을 배움), 행(행동을 조심함), 충(자기 자신을 다 바쳐야 함), 신(말에 진실이 있음)이다.

공자의 인격은 거의 완전하여 이 네 가지의 일에 잘 어울려 있었다. 공자의 가르침이 오늘의 시대에 잘 맞지 않는 점도 있으나, 인간과 인간 사이의 예절과 법도를 가르친 점에서 인류의 영원한 스승임에는 틀림이 없다. 그는 결코 사심이 없었고, 반드시 이러이러하게 하라고 억지하는 일이 없었으며, 고집을 세우는 일이 없었고, 나를 내세움이 없었다. 그야말로 군자의 모델이고 참 교육자의 모델이다. 비록 공자가 인간의 정신세계까지 생각을 펼치지는 않았지만, 현세를 살아가는 인간으로서 동서고금을 막론하고 꼭 필요한 가르침을 준 훌륭하고도 영원한 스승이라고 생각한다. 더욱 중요한 것은 스스로 앞장 서서 후진들에게 모범을 직접 보여주었다는 점이다. 공자의 사상이 후에 교조화되어 형식적인 종교(성리학, 주자학)의 형태가 됨으로써 폐해가 따른 것은 사실이나 이것은 절대 공자의 잘못도 아니고 공자의 것도 아니었다.

공자는 배우는 것을 즐거움으로 알았고, 항상 배우는 것을 게을리 하지 말라 가르쳤으며, 항상 지혜와 실천을 같이 하라고 일렀다.

＊배우고 때때로 익히면 또한 기쁜 일이다.

＊옛것을 알고 새로운 지식을 터득하면 능히 스승이 될 수 있다.

＊아는 것을 안다고 하고, 모르는 것을 모른다고 하는 것이 참으

로 아는 것이다.

＊ 옳은 일을 보고도 나서서 행동하지 않는 것은 용기가 없기 때문이다.

＊ 아침에 도를 들으면 저녁에 죽어도 좋다.

＊ 아랫사람에게도 묻기를 부끄러워하지 않는다.

＊ 배움은 도달할 수 없는 것 같이 하고, 배운 것은 잃어버릴까 두려운 듯이 해야 한다.

공자 만년의 제자였던 자하의 제자인 이회(李悝)는 『법경』이라는 책을 써내어 법을 체계화했다. 이회의 법학설은 법가의 중심이 되었으며, 결과적으로 공자는 법가의 시조도 되는 셈이다.

공자의 제자들은 크게 두 부류로 나눈다. 그 하나는 인간의 덕을 인의 기초로 생각하여 내성을 제일로 하는 부류로 공자의 제자인 증자, 증자의 제자이며 공자의 손자인 자사, 자사의 제자가 된 맹자로 전해졌다.

또 다른 쪽은 인을 실현하기 위하여 예(의례가 아닌 사회제도를 의미)를 중시하고 그 제도의 연구를 중요시했던 부류이다. 자하는 이 부류의 인물로 예를 지켜야 할 필요에서 법에 주의하게 되었던 것으로 보인다. 예는 공자에 의해서도 중요시되었던 것인데, 공자의 제자인 자하와 이회에 의하여 법의 중점이 제도로 옮겨지고 정치에 채용되었다.

맹자

맹자(B.C. 372~B.C. 289)와 관련하여 잘 알려진 이야기로 '맹모삼천지교孟母三遷之敎'의 가르침이 있다.

이 이야기의 주인공인 맹자의 어머니는 오랫동안 중국인들에게 전형적인 현모의 상으로 숭배되어 왔다. 맹모삼천지교는 우리나라에서도 많은 사람이 따르려고 노력해 왔고, 앞으로도 그럴 것이라 추측한다. 그때 맹자 어머니의 뜻이 전혀 틀린 말은 아니다. 교육에서는 밖이든 집안이든 환경이 주는 영향이 절대로 작은 것이 아니기 때문이다.

공자의 '인의사상'을 보다 구체화시킨 이가 맹자다. 맹자는 대략 전국시대 중기에 살았던 인물로, 공자보다 급박한 현실 상황을 더 체험했으며, 이에 따라 사상적 원칙들을 보다 구체화하고 규범화하게 된다. 그의 사상은 공자의 사상을 충실히 계승한 측면도 있지만 민본사상, 민의존중론, 역성혁명론 등 독자적인 정치사상을 발전시켰다.

맹자는 공자의 정통유학을 발전시켰으며, 유가에서는 공자 다음의 큰스승으로 불린다. 맹자는 학교를 세워 천하의 재능 있는 인재를 가르쳐야 한다고 인재교육의 필요성을 강조했으며, 그가 내세운 기본원칙의 핵심은 백성에 대한 '통치자의 의무'였다.

맹자가 제창한 정전법은 토지제도의 이념으로서 오랫동안 존속되어 왔으며, 이 정전법은 현대에서 사용해도 제도상으로나 실행의 측면에서 그리 빠지는 것이 없을 정도라고 본다. 맹자의 성선설에 의하면, 인간은 태어날 때부터 '인의예지'리는 네 가지의 덕을 가지고 있으며, 이는 측은(가엾이 여김), 수오(자신의 잘못을 부끄러워하고 남의 옳지 못함을 미워함), 사양(양보하거나 남에게 내어 줌), 시비(잘잘못) 등의 마음씨로 나타난다. 사람은 이러한 마음들을 확대하여 마음의 착한 면을 발휘하지 않으면 안 된다는 것이다. 특히 천하의 화평을 위하여 군주가 '인정'을 행하여 백성에게 '은혜'를 베풀어야 함을 강조하는 '왕도정치론'을 주장했다.

맹자의 인재교육의 필요성, 정전법과 통치자의 의무 등은, 내가 보기에는 노자의 구름 잡는 무위의 정치나 집시 같은 백성놀이보다 실질적이고 건설적이며 사람다운 주장이다. 인정을 행하고 은혜를 베풀어야 한다는 '왕도정치론'은 그 당시의 어느 설, 어느 학파보다도 백성을 생각했다고 보겠다.

맹자의 성선설은 그로부터 약 50여 년 후배인 순자의 성악설과 함께 오랫동안 '인성설의 두 전형'이 되어 왔다.

맹자 사상의 의의로는, 전국시대에 걸맞은 전투적인 유가로 새로운 사상전파에 큰 성공을 거두었다는 점을 들 수 있다. 또한 맹자의 주관주의, 이상주의가 이후 송대宋代에 이르러 높이 평가되어 신유학의 근원이 되었다는 점이다.

유가는 윤리학에서 인의예지신이라고 하는 오상(불변하는 다섯 가지의 덕)을 강조하며, 정치학에서 인간관계의 중요성을 역설한다. 그리고 덕만이 인간의 궁극적 목표라고 주장한다. 이러한 유가의 원리와 가치에서 우리는 아직도 고갈되지 않는 지혜와 올바른 생활을 위한 통치방법을 발견할 수 있다. 유학의 뜻하는 바는 관대함과 조화의 종합에 있다.

유학은 무엇보다도 이상론(idealism)과 현실론(realism)의 종합이 자, 동시에 대단히 윤리적인 체계인 것이다.

『대학』에서 말하기를 "머무를 데를 안 다음에야 정함이 있고, 정 함이 있은 뒤에야 능히 고요함이 있고, 고요함이 있은 뒤에야 능히 생각함이 있고, 생각함이 있은 뒤에야 능히 얻음이 있다."라고 하였 다. 특히 유학의 의미는 관대함과 조화의 종합에 있다.

유가사상은 자기 자신의 수양에 힘쓰고 천하를 이상적으로 다스 리는 것을 목표로 삼는 학문이며, 그것을 향한 실천이라고 하겠다. 그러므로 유가에서는 자기의 도덕성의 완성을 목표로 하는 '군자' 를 존중하고, 그렇지 못한 사람은 소인이라 하여 배척한다.

'교화의 학'으로서의 유교는 결코 개인의 정신적 구제를 목적으 로 삼는 종교가 아니며, 이 세상을 올바르게 살아가는 인품을 길러 주는 데 큰 몫을 담당해주었고 그 책임감을 일러주었다.

노장에서는 볼 수 없는, 인간이 인간답게 이 현실을 살아가는 정 신을 성심껏 가르쳐준 것이다.

순자

순자(B.C. 298?~B.C. 238?)는 일반적으로 전국시대 말기의 유가계통을 잇는 사상가로 분류되고 있다. 그는 맹자와 반대로 인간의 성악설을 제창했는데, 인간을 악으로부터 구제하기 위하여 이전의 선왕들이 예를 정했다고 생각했다. 따라서 그는 예를 가장 중시했는데, 예는 인간사회에서 적용될 뿐만 아니라 자연계에도 통하는 법으로 생각했다. 그리고 예와 법(자연법)을 동일시함으로써 법가사상을 체계화하는 데 성공하였다.

그 당시 활약하던 법가의 사람들은 사상가라기보다는 오히려 정치가였다. 그런데 순자에 의하여 비로소 사상으로서 확립되고, 그 이후 한비자에 의하여 법가사상으로 완성되었다.

법가 정치가들은 이회의 사상에서 큰 영향을 받았다. 성문법의 반포는 B.C. 513년에 진에서도 이루어졌는데, 중요한 항목을 조항별로 쓴 정도였다고 한다. 처음 법률을 체계적으로 연구했던 사람이 이회다. 그는 『법경』에서 도적질, 살상, 수감, 수색, 체포, 잡범 등 범죄마다 벌칙 사항의 구체적인 적용법을 분류하여 체계화했다.

순자의 성악설에서는, 사람의 본성은 악하지만 후천적으로 열심히 노력하면 성인이 될 수 있다고 했다. 계속하여 이어가는 노력의 힘을 높이 산 것이다.

공자에게 예는 모든 인간의 내면에 있는 도덕이자 실천적인 것을 갖고 있는 것이고, 순자에게 예는 사람의 의지로 바꿀 수 없는 지고의 원칙이고 문화양식이며, 사회적 근원을 갖고 있는 것이다.

한비자

『한비자』의 저자인 한비(B.C. 280?~B.C. 233)에 의하면, 법이란 군주에 의하여 제정되고 관청을 통하여 널리 반포되는 성문법이며, 신하가 규범으로 해야 하는 것이다.

상벌이 분명하게 유지되는 것이 정치이며, 정치를 위해서는 재능에 따라 관리를 임용해야 하고, 공과를 분명하게 구별해야 한다.

그의 중심사상은 인간의 끊임없는 노력을 중시하는 것이었는데, 노력주의라고도 할 수 있는 이러한 기본적인 사고에 의해 맹자와 대치되는 순자의 성악설에 더 가까웠다. 또한 한비는 고대의 신화적인 천자사상에 반대하여 현대의 정치는 현대에 가장 가까운 곳에서, 즉 현실에서 노력한 사람이 맡아야 한다는 후왕사상을 주장했다.

예와 법은 이러한 구별을 제도화한 것으로 사회질서이자 규범이다.

한비는 세勢, 술術, 법法을 중요시했던 법가의 세 파와 순자를 종합한 사상가로 그는 동양의 첫 진보자라 할 수 있다. 인간은 역사적 흐름을 파악하고 주체적으로 노력을 해야 한다고 했다. 그의 정치사상에서 중요한 것은 세, 술, 법이다. 성악설을 계승한 것으로 볼 수 있는데, 인간을 이해에 따라 움직이는 존재로 본 것이다. 그는 인간에 대한 냉철한 판단을 하고, 고하를 막론하고 법을 적용했다. 법과 같은 강제적 부분에 지나치게 집착하는 경향이 있고, 인간의 자율성을 무시하고 통치지상주의로 반문화적 성격을 띠고 있다.

관료들의 자율적 행동을 억압했다는 문제점도 있다.

　한비자를 생각하면 약 1,600여 년의 차이가 있지만, 이탈리아의 니콜로 마키아벨리(1469~1527)가 떠오른다. 그는 『군주론』의 저자로, "위대한 군주는 어떠한 수단을 취하더라도 허용되어야 하며, 국가의 행동에는 종교 및 도덕의 요소를 첨가할 것이 아니라"는 마키아벨리즘을 발표한 사상가이고 정치철학자이다. 그의 정치철학을 간단히 설명하자면, '지도자는 반드시 능력이 있어야 한다. 수시로 변해가는 때를 인식할 수 있어야 하고, 경쟁자나 상대방보다 더 빨리 반응하여 행운을 활용할 수 있는 능력을 갖추어야 한다.' 그가 말한 "목적이 수단을 정당화한다."는 말은 좋은 목적을 절대적으로 전제하는 것이고, 공동체와 공공의 이익을 위해서는 권모술수의 정치도 할 수 있다는 것이다. 안타깝게도, 때로는 좋은 수단으로만은 결코 목적을 달성할 수 없다는 냉혹하고 정직한 현실 인식은 현대에 적용해도 그리 많이 틀리는 것은 아니다. 이 말은 정치에 있어서만은 그 결과가 대단히 중요하다는 뜻이 되겠다. 물론 정치에서도 책임은 진다. 그러한 정치의 책임은 결과로서 판가름하는 것이다. 백 가지를 잘하다가도 단 한 가지를 고의가 아닌 실수로 잘못해도 그것으로 책임을 져야 하는 것이다.

　한비는 군주의 권력유지를 위한 법치정치의 창시자라 할 수 있다. 한비는 군주의 권력을 유지하고 사람을 통제하며 부하들에게 권력을 빼앗기지 않기 위한 구체적인 방법을 가장 많이 알고 있었던, 서양보다 1,600여 년을 더 앞섰던 동양의 마키아벨리라 하겠다. 아니, 마키아벨리가 동양보다 1,600여 년 후에 태어난 서양의 한비라 함이 옳겠다. 두 사람 사이에는 근 1,600여 년에 가까운 시대 차이가 있지만, 사방이 강대국으로 둘러싸인 약소국인 조국의 비애와 굴욕을 겪어야 하는 현실을 벗어나고자 실용적인 법가로 무장하고 법치를 내세운 점은 너무 닮았다. 1,600여 년의 차이가 있고 동서양이라는 지리적 차이도 있지만 두 사람이 주장했던 그 사상이 지금이라고 덮어둘 수만은 없는 가르침이라고 보면, 사람이 살아가는 세상이란 옛날이나 지금이나 근본적인 차이점은 별로 없다는 결론이 나게 된다. 천년이건 2천년이건 5천년이 지나간다 해도…….

시대의 변화를 인정하고 오늘의 기준에서 모든 것을 판단하라는 가르침을 제시한 한비는 감정적인 인간이야말로 가장 위험하고 믿을 수 없는 존재라고 보았다.

그래서 강력한 권력을 보유한 군주 역시 그가 하고자 하는 바를 드러내지 말아야 한다. 신하가 그 의도를 미리 알면, 잘 보이려는 꾸밈이 있을 것이기 때문이다. 또한 아랫사람에게 책잡힐 언행을 하지 말 것을 분명히 하고 있다. 신하 역시 자신의 속내를 군주에게 나타내지 말고, 군주의 심기를 건드리지 말아야 목숨을 제대로 유지할 수 있는 것이다. 혼돈의 시대에는 자신의 속내를 숨기고 비밀리에 자신을 길러야 한다는 한비의 생존법이다. 일반적으로 우리들의 삶에서도 어떤 사람들은 유난히도 자신의 계획을 미리 떠들어대지만 실천을 하지 못하고 마는 경우가 있고, 또 어떤 사람들은 마치 크렘린Kremlin처럼 입을 꼭 다물고 소리 없이 일을 하여 갑자기 결과를 탁 드러내어 놓기도 한다. 미리 떠들어대면 속된말로 김이 다 빠진다. 소리 없이 일을 추진해 나갈 때 그 일이 순조롭게 진전된다고 보는 것이 내 생각이다.

유가에서 내세운 '인의'의 도덕관념에만 의지해 나라와 사회를 통치한다면 체제를 제대로 유지하기는 어렵다. 인간은 적법한 절차에 따라 체계적인 계통이 세워지고, 또 그 계통에 따라 천하 만민에게 시행되는 법치를 희망한다. 이런 점에서 국민을 다스리기 위한 제일의 방법으로 '법'을 내세운 한비의 정연한 논리에 어느 정도는 공감을 한다. 그런데 한비나 마키아벨리의 법치사상의 주된 목적은 절대적인 통치권력을 확립하는 데 있으므로 일반 백성의 복지를 증진시켜야 한다는 것이 빠져 있다.

이 두 사람이 주장한 이상적인 정치란 아래를 누를 수 있는 군주의 권력을 강하게 하는 것이었으므로, 모든 통치술은 오직 군주를 위주로 하여 제시되어 있다.

법이란 무엇인가?

법은 인간을 구속하며, 거기에 강제력이 따른다.

법은 강제력을 생명으로 한다. 따라서 법은 통치 수단인 동시에 구속의 수단이다.

자연히 강자와 약자 사이에는 힘의 우열이 존재하기 마련이다.

1,600여 년을 사이에 두고 동양의 제왕학인 『한비자』가 한비에 의해 지어졌고, 서양의 『군주론』이 마키아벨리에 의해 지어졌다는 사실, 선후를 떠나, 너무도 비슷한 사상이 동서양에서 같이 생겨났다는 것은 그 사상이 현대에도 유의미하다는 것을 반증한다고 할 수 있다.

최초로 중국대륙을 통일한 진시황은 한비의 『한비자』를 읽은 후에 한비를 만나보는 것을 평생의 소원이라고 했다고 한다. 그러나 인생사에는 뜻밖의 사건이 너무 많다. 결과적으로 진시황이 내린 사약을 받고 한비는 죽음을 당한다. 그러나 한비의 법가사상은 진시황의 통치원칙이 되어 훗날 진시황의 천하제패에 기여를 했다. 비록 진시황이 한비의 가르침에 의해서 최초로 중국대륙을 통일한 황제가 되기는 했으나 그의 나라는 겨우 15년 만에 멸망하게 된다. 멸망의 표면적인 원인은 만리장성의 건축으로 인한 국고의 고갈이지만, 아마도 법가가 내세운 법치라는 것이 백성의 안정과 행복에 목적을 둔 것이 아니라 군주를 중심으로 하는 철저한 군주론이기 때문이었을 것이다. 법가의 주장은 결과적으로 민생의 안녕과 행복을 지켜주는 것이 못 되고, 권력자의 야심과 욕망을 두둔해준 역할밖에 못한 셈이다.

국가가 제대로 유지해 가는 데 있어서 제일 중요한 것은 일반 국민들이 각성하고 정신력이 똑발라서 스스로 일어설 수 있어야 한다는 점이다. 스스로를 지켜 나가기 위해서는 정치체제의 뒤만 졸졸 따르기보다는 국민들 스스로 그 내면의 각성이 필요하다고 생각된다. 나 하나만을 위한 욕심이 아닌 국민 전체, 국가의 안정과 장래를 우선 생각할 줄을 아는 그런 경지까지를 말한다.

한 나라가 제대로 존립하고 발전하기 위해서는 그만큼 국민의 민도와 각성이 중요한 바탕이 되어 주어야 하니 교육의 필요성이란 끝이 없는 것이다. 국민 스스로 각성이 없고 따라주지 못한다면, 그 어떤 지도자라도 국가의 발전을 이루어가기는 거의 불가능할 것이다.

자유, 넘쳐나는 자유가 거리를 더욱 복잡하게 만들고, 때로는 사회를 혼란스럽게 만들거나 불안하게 만드는 것은 거기에 살고 있는 국민의 각성 수준에 달려 있다고 본다. 그래서 교육이 필요한 것이다. 아무리 풍부하고 편안한 환경을 만들어주어도 그것의 본질을 모르는 사람들에게는, 단지 당연히 그냥 그런 것으로 알고 오히려 게으름과 퇴보와 허무한 비난만을 안겨주게 되는 경우가 많다.

왜냐하면 인간이란 '만족이나 감사함'을 잘 느끼는 쪽이 못 되기 때문이다. 어렵고 힘든 여건에서 스스로 노력하여 벗어나는 과정이 사람들에게 비교할 수도 없이 큰 보람과 기쁨을 안겨주는 그 참맛은 상상도 못하는 것이다.

요즈음에 내가 이곳 불란서 텔레비전 뉴스시간에 본 기사이다. 내란으로 고향을 등지고 어린 자식들을 데리고 위험하기만한 쪽배를 타고 며칠을 바다 위에서 공포에 떨다가 구조되어 이탈리아의 어느 피난민 수용소에서 지내는 피난민과의 인터뷰였다.

기자가, 이제는 공포에서 떠나 살 만하냐고 물으니, 거기에 대한 그 피난민의 대답이, 지금 자기네가 사는 것이 사는 것이 아니라는 것이었다. 의아해서 묻는 기자에게 대답하기를, 여기서는 매일같이 스파게티만 준다는 것이다. 아침에도 스파게티, 점심에도 스파게티, 저녁에도 스파게티만을 주니, 어떻게 스파게티만 먹고 살 수가 있느냐고 불평을 하였다.

쪽배를 타고 바다에서 당장 죽을지도 모른다고 떨던 사람이 공포와 허기를 면하게 되니 이제 그런 불평을 늘어놓는 것이었다. 들기에 어처구니가 없었다. 그러니 그토록 앞장서서 그들에게 동정과 보호의 손길을 베풀던 유럽인들 사이에서 '이제는 그만⋯' 하는 기운이 이는 것은 어쩌면 당연한 흐름이다.

이와 반대되는 이야기도 있다.

얼마 전에 일본에서 큰 지진이 일어났다. 사람들도 많이 죽거나 다치고, 집들은 거의 다 무너져서 큰 강당에 많은 사람들이 함께 있으며 같이 잠자고 생활하기에, 불편한 일이 한두 가지가 아닐 것이다. 몸이 약한 사람들은 그런 환경을 이기지 못하고 죽어서 시체로 나오기도 한다. 봉사대에서 나누어주는 음식을 받느라고 길게 줄을 서는데, 어린아이의 주먹만한 밥뭉치 두 개에 종이컵에 담은 과일 몇 조각, 그리고 역시 종이컵에 담은 국물이 전부다. 기자가 그것으로 되겠느냐고 물었더니, 중년의 부부는 물론 적지만 사람이 워낙 많으니 참아야 하고, 또 이것도 얼마나 감사하냐고 대답을 한다.

아, 얄미운 인간들!

그들이 일본인들이 아닌 다른 곳의 사람들이라면, 아마도 나는 '얼마나 존경할 만한 인간의 모습인가?'라 했을 것이다. 그들이 일본인들이라 예쁘게 보아 줄 수 없는 원한이 깔려 있지만, 그럼에도 가슴이 찡하게 울려온다. 그런 상황에서 그런 여유를 가진 그들이 정말로 존경스럽다. 얼마나 세련되고 생각이 깊은가?

같은 상황에서, 우리 한국사람이라면 어떻게 대답을 했을까 하고 상상하면 가슴이 죄어온다.

그래, 미운 건 밉지만, 고운 건 또 곱다.

거듭되는 기아상태에서 허덕이는 아프리카 어린이들의 생명이 경각에 달려 있다는 공익성 광고를 매일같이 보게 된다. 그것을 볼 때마다 생각을 하게 되는데, 하루 이틀 혹은 한두 달은 타의 도움으로 목숨을 연장한다 한들 그 다음은 어찌 할 것인가? 그 어린아이들이 제몫을 하기까지는 산 넘어 또 산이다. 무조건 일회성의 도움을 주는 것보다는 그들 스스로 일어설 수 있는 길을 만들어 주고자 아프리카의 어떤 곳에 곡식의 씨앗을 보내 주었더니, 그곳에서 데모가 일어났다. 당장 먹을 것이 필요한데, 그것은 안 보내고 '씨를 뿌려서 싹이 나오고 자라나는 과정을 기다려야 하는 씨앗을 보낸 것은 자기들을 업신여기는 것'이라고 그 씨앗 받기를 거절하는 데모가 일어난 것이다. 여기서 무슨 말을 어떻게 하겠는가?

인간이란 각자의 몫으로 그 앞에 다가선 고난과 직접 부딪치고 깨뜨리며 울고 견디며 이겨내는 것이 옳겠구나 하고 새삼 느끼게 된다. 내가 제2차 세계대전의 어려움도, 6·25 전란 속 어려움도 직접 겪어온 사람으로서, 배고픔의 고통을 가져본 사람으로서의 느낌이다.

처음에 이라크 전쟁이 터졌다는 뉴스를 듣고, 나는 튼튼한 운동화를 하나 샀다. 그것을 보고 아들이 운동을 하려느냐고 물었다. "아니야, 전쟁이 크게 번지면, 슈퍼마켓이란 것만 믿을 수가 없지. 쌀을 구하려면 천상 중국시장가를 더듬어야 할 텐데, 아마 걸어서 가야 할 경우가 더 많을 거야. 미리 준비해 놓은 거지."라고 했더니, 나의 아드님 왈, "세계전쟁이 터지면, 우리 집에서 살아날 사람은 우리 엄마뿐이야……." 하면서 놀렸다. 그러면서 "우리 엄마한테서 언제나 그 전쟁후유증이 없어질까?" 하기에, "아마 죽어야 없어질 걸. 거의 자동적으로 일어나는 행동이니까.……"라고 했다.

한평생을 살아가는 길에서 끝없는 편안함이라든가 끝없는 행복이란 실은 존재할 수가 없다. 내리막이 있으면 오르막이 있고, 굴곡진 길이 있으면 평탄한 길도 나오기 마련이다. 오르막길을 올라가는 노력을 기울여야 내리막길이 나오듯이, 매사가 필요한 노력이나 어려움을 견뎌낼 수가 있어야만 그 가치가 나타나는 것이다. 그런데 사람들은 이것이 싫다고 한다. 물론 누구나 그것이 싫을 것이다. 그럼에도 거쳐야 할 것은 반드시 거쳐 가야만 하는 것, 이것이 삶을 살아가는 순리다.

원래가 얻어먹는 밥은 항상 더 배가 고픈 법이다. 남이 나서서 도와주어봤자 처음에만 고마움을 느끼고 그 다음에는 타성이 되어 더 많은 것, 더 좋은 것을 바라게 되는 것이 보통 인간의 마음이다. 어제는 낟알을 열 개씩 주었는데, 오늘은 주다보니 모자라서 아홉 개씩만 준다면 당장 난리가 난다. 전혀 고마움을 모르고 철없는 욕심만 염치없이 부풀어 오른다. 스스로 직접 부딪치고 다치면서 얻어낸 것이 아니어서 그 참된 값어치나 고마움을 절실하게 느끼지 못하기 때문이다.

닦지 못한 인간의 마음작용은 그러한 것이다.

공맹孔孟의 도는 현실을 살아가는 인간의 인품을 위한 수양의 도이고, 인간의 지성을 높여가는 것이지만, 정신적인 깨달음의 도까지에는 미치지 못하는 것이다.

깨달음이란 그 다음의 과정이고, 이 세상과는 차원이 다른 세상의 것이기 때문일 것이다.

　인간이 비록 영혼을 위한 수행의 도는 깨우치지 못했다 하더라도, 부디 이 세상을 살아가는 데 필요한 수양이라도 좀 제대로 되어 있었으면 좋겠다. 보통 인간의 양심으로서 얼굴이 붉어지는 짓이라도 하지 않는 정도만이라도.

묵가

묵자(B.C. 480~B.C. 390)를 시조로 하여 겸애를 주장하는 그룹이 묵가이다. 그들은 유가의 형식주의 계급제도를 타파하고, 하늘이 만민을 겸애하는 것과 같이 사람들도 서로 겸애해야 한다고 주장함으로써 사리사욕을 타파할 것을 역설했으며, 절약하고 검소하고 부지런할 것을 내세웠다.

묵가는 천귀사상天鬼思想을 신념으로 하는 종교이며, 실증주의의 입장을 취했다.

묵가의 사람들은 종묘의 관리인 출신들이었다. 그들은 검약을 귀하게 여겼으며, 겸애를 주장했고, 현인을 존경했으며, 묘제를 엄숙히 지내고 효도하는 생활을 천하에 보여주었다.

묵자는 일찍이 유가의 학설을 배웠으나, 유가의 형식주의와 불평등성에 반대하여 묵가를 세웠다.

공자는 어리석은 군주라도 신하가 잘 보살피면 정치가 잘 이루어질 수 있다고 한 반면, 묵자는 왕위세습을 반대하고 훌륭한 인물에게 왕위를 물려주어야 한다고 하였다. 절대적인 겸애설과 공리주의, 지나친 금욕주의 등으로 점차 신망을 잃게 되어 그 힘을 잃어갔다. 결국 현실주의적이며 중요주의적인 중국인들의 성격이 비현실석인 묵가의 사상보다는 현실적인 유가 쪽을 선택한 것이다.

노자

노자(?~?)와 장자의 철학은 인간관계의 기본을 배척하는 철학이라고 본다.

노자는 중국에서 우주만물에 대하여 생각한 최초의 사람으로, 그가 발견한 우주의 진리를 '도'라고 이름 지었다. 우주만물이 이루어지는 근본적인 이치가 곧 '도'라고 설명했다. 노장을 숭상하는 사람들은 "도를 도라 부르면 이미 도가 아니다. 이름 부를 수는 있으나 언제나 그 이름은 아니다."라는 말도 했다. 처음부터 끝까지 그들의 설명은 이렇게 아리송하고 애매모호하고 쉽게 알아듣기가 어렵고 혼란스런 방법을 취하고 있다.

노자에게는 기독교적인 원죄의식도 없고 불교와 같은 숙업의 자각도 없다.

소크라테스의 말에는 인간의 이성과 지혜에 대한 신뢰가 그 바탕이 되어 있고, 예수의 가르침에는 하나님과 천국이 그 전제로 되어 있는데 반하여, 노자는 무위자연의 도를 그 근원에 응시하여 그것에의 복귀를 궁극적인 관심으로 삼고 있다. 노자는 사람들에게 밖으로 향하는 눈을 안으로 돌려서 자기 자신을 응시하는 눈길을 가지라고 강조한다. 자기 자신을 응시한다는 것은 자기 존재의 근원에서 도를 발견하는 일이고, 도의 자각을 가지는 것에 의하여 자기와 세계의 전부를 이해해 나가는 것이다.

노자의 '무위이무불위無爲而無不爲'는 천지자연의 조화를 설명하는 말이다.

천지자연의 조화는 인간들처럼 특정한 목적의식이나 타산적인 의도를 가지고 있지 않고, 무엇인가를 하겠다고 안간힘을 쓰거나 법석을 떠는 것이 아니다. 구름이 오가듯 바람이 살랑거리듯 물이 졸졸 흐르듯 그냥 그대로의 상태인 것이다. 그러면서도 천하 만상이 단 한순간이라도 정지하지 않고 시시각각으로 새로운 양상이 전개되며, 끊임없이 창조적인 신비가 펼쳐진다.

노자는 이와 같은 천지대자연의 조화를 '무위이무불위'로 본다.

노자에게 있어 도의 무위는 단순한 무위가 아니고 무불위의 무위이며, 성인의 무위 또한 단순한 무위가 아니며 무불위의 무위로서 생각되는 것이다.

노자의 무위는 논리적으로는 위 → 무위 → 무불위로 전개되고, 무불위는 위의 부정으로서의 무위에서 인도된다.

노자는 출생 시기가 불확실한데, 사마천의 『사기』에 의하면 노자로 상정되는 사람이 셋이나 된다.

첫째가 이이李耳로, 초나라 사람인데 공자가 그에게서 예를 배웠다고 한다.

둘째가 공자와 동시대 사람인 노래자老萊子라 하고, 저서가 15편이나 있다고 한다.

셋째는 주나라의 태사담이라는 사람으로, 공자 사후 100년쯤 지난 후 진나라의 헌공과 회남을 했다고 한다.

결론적으로 노자는 은둔자이다. 훗날에 보통 노자라고 하면 공자에게 예를 가르쳤다는 이이를 내세우지만, 이이라는 존재가 공자보다 뛰어났다고 주장하기 위하여 만들어진 전설 정도로 본다. 즉,

노자는 은둔자로서, 세상에서 말하는 노자라는 사람에 대해서는 정확히 알 수는 없다.

다만 몇 가지 점으로 그의 실체를 추정해볼 수는 있다.

1.『도덕경』에서 사용되는 '인의'라는 단어가 숙어로 사용되는 것은 맹자 이후이므로 노자의 존재는 맹자 이후의 시대이다.

2.『도덕경』에는 '음양'이라는 말이 있지만, 음양설이 성행한 것은 전국시대 말기의 일이고『논어』나『맹자』에는 나오지 않는다.

3.『도덕경』제74장을 보면, "사람들이 죽음을 두려워하지 않으면 어떻게 죽음으로 그들을 위협할 수 있겠습니까? 사람들이 언제나 죽음을 두려워하도록 하고 이상스러운 짓을 하는 자가 있어 내가 그를 잡아 죽인다 한들 누가 감히 그런 일을 하겠습니까?"라고 했다. 즉, 법가적인 강압정치를 지양하고 형벌, 특히 사형제도를 나서서 반대하는 것이라기보다는, 하늘에 맡겨야 함을 강조하고 있다.

사람이 죽음을 두려워하지 않는 데는 두 가지의 경우가 있다.

①죽음보다 더 큰 가치, 궁극적으로 의미 있는 일이라고 믿는 일을 위하여 자기 목숨을 희생할 각오가 되어 있을 때

②사는 것이 죽는 것보다 더 괴로울 때

①이든 ②이든 간에 이런 경우에는 죽음이 더 이상 공포가 될 수 없는 경우이다.

사람으로서 사람을 벌한다고 죽이는 것은 대단히 위험한 일이라는 것이다. 그러니 위정자는 사람을 그대로 놓아두는 무위의 정치를 실천하라는 것이다. 즉, 법가의 사형제도를 폄하하는 것이다.

잠깐, 바로 여기다.

노자를 공자보다 선배로 올려놓은 설의 맹점이 너무도 뚜렷하게 보인다.

법가의 집안을 살펴보자. 공자 만년의 제자인 자하, 자하의 제자인 이회가 『법경』이라는 책을 써내어 법을 체계화했다. 이회의 법학설은 법가의 중심이 되었으며, 결과적으로 공자는 법가의 시조도 되는 셈이다. 그리고 성악설의 순자는 맹자보다도 50여 년 후배로서 예와 법(자연법)을 동일시함으로써 법가사상을 체계화하는 데 성공했다. 그 이후 한비에 의하여 법가사상으로 완성되었던 것이다. 맹자의 출생년도가 B.C. 372년, 순자는 B.C. 298?, 한비는 B.C. 280년대라 한다.

법가사상이 제대로 세상에 발표된 후에야 거기에 대한 평이 나올 수 있는 것이 순서라고 본다면, 노자는 순자보다도 더 후세대의 사람으로 한비와 동시대 사람으로 보인다. 전국시대 말기가 되는 셈이다. 한비가 노자의 통치술에 대해서 쓴 『노자주해서』가 있는 것으로 보아 그리 짐작이 간다. 그리되면 장자는 훨씬 더 후세대의 사람이 되고, 노자는 공자의 손자대보다도 더 후세대가 되는 셈이다.

4. 어찌되었든 간에 도가는 유가의 인위에 대항하는 데서 그 방향을 찾은 듯하니, 노자를 유가 이전으로 자리 잡을 수는 없겠다. 유가가 생겨난 후라야 맞서도 맞설 수 있을 것이 아니겠는가? 그럼에도 마치 공자가 노자를 찾아가서 배움을 청한 듯싶게 이야기를 만들어온 것에 놀라울 뿐이다. 성인까지는 아니라도 적어도 도를 공부하는 사람이라면 그리할 수는 없는 것이다. 그런데도 그때

의 노자 추종자들의 과욕이 스승의 얼굴에 지울 수 없는 먹칠을 한 셈이다. 이러한 과장되고 잘못된 욕심이 몇 천 년을 이어오면서, 또 앞으로도 계속하여 스승을 괴롭히는 결과가 된 것이다.

여기에서 더욱 놀라운 것은, 이이를 내세워 노자라 가정하고 노자가 부처와 같은 시기인 6세기경에 태어났다고 하면서, 노자가 오랑캐 땅인 인도로 건너가 석가모니로 다시 태어나 오랑캐들을 가르쳤다는 설을 만들기까지 했다는 점이다.

노자는 배움을 중시하지 않았다. 노자는 일체의 인위적 노력을 극도로 경계했고, 장자는 노자와 사상이 무척 밀접하고도 상통함이 많다. 또한 두 사람은 공자와 유가를 떠나서는 그들의 주장을 설명할 길을 찾지 못한 점에서도 같다.

한편 장자는 노자보다 '무위'의 개념에 더 충실하고 명쾌하기도 하다. 장자의 인생관 역시 확고하게 '무위자연'을 궁극적인 목적으로 삼았다. 그러나 장자는 인간의 처세에서 각자가 분수를 깨닫고 그에 맞게 처신하는 것이 보신의 제일철학이 되어야 함도 강조한다.

노자의 도는 본체론과 우주론의 의미가 비교적 강하고, 장자의 도는 정신적인 경지로 바꾸어 놓는다.

장자에게는 똑똑한 사람이나 부족한 사람의 구별이 없다. 또한 인간과 자연, 현실과 꿈의 구별이 전혀 없다. 마음을 고요히 비우고 욕망을 버리는 것, 거기서 출발할 때 사람 사이의 예와 인은 저절로 이루어진다고 생각한다.

'무심'과 '무위'에서 나오는 행동과 생각이 가장 자연스러운 본성이라는 의미이다.

사인士人의 학과 노자의 도

도가의 근본적인 한계는 '사인의 학'이라는 성격 자체에 바탕을 두고 있다.

사인士人이란 춘추전국시대에 여러 가지 위험을 피해서 산속에 숨어서 지냈던 은자들을 이르는 말이다. 이후 그들에 의해 중국의 학문과 사상의 기본 골격이 거의 제시되었을 정도로 그 내용도 다채롭고 수준도 매우 높았던 것은 사실이다. 자연법칙에 접근하며 인간을 신과 주술로부터 어느 정도 해방시킨 것도, 정치적 분열에 따른 혼란과 전쟁을 종식시키기 위한 통일의 이론적 기초와 방법을 제시한 것도 그들의 업적이다. 그러나 이들 '사인의 학'은 학문을 위한 학문이 아니라 지배층이 되기 위한 자질의 함양이 목적이었던 만큼 그 이상의 발전은 할 수 없었다. 또한 지배층을 위한 정치 윤리학에만 그 관심이 집중된 결과 자연과학에 대한 지적 엘리트에 무관심을 초래했고, 부분적으로 보인 자연과학에 대한 관심도 객관적인 자연법칙에 기초했다기보다는 정치 윤리학이 관념적인 논리를 제공하는 형이상학의 범주를 벗어나지 못했다. 그리고 이것은 거꾸로 정치학, 윤리학보다 체계적이고 논리적인 형식으로 빌전하시 못한 요인이 된 것 같다.

사인층의 이중적 성격의 사상은 군주에 대한 피치자被治者의 입장에서 군권을 제약하기 위한 위민, 민본의 논리도 강조하고 '공천하'의 이상도 추구했지만, 이것도 사인층의 이익을 확보하기 위한 형식에 불과했다. 이러한 이유들 때문에 '논리적 진실'보다는 전통과 선왕의 권리에 의해서 보증되었다는 '윤리적 당위'를 일방적으로 요구했으며, 그들의 합리주의의 미숙은 이런 점에서 비롯되었던 것이다. 특히 유가가 인위적이고 발전적이고 남성적인데 비해 도가는 음성적이고 개인적인 결백주의와 은자의 철학으로, 소극적이고 전혀 책임감이 없는 듯 보인다.

도道는 도이고 무無는 무인데, 노장의 무無와 도道는 석존처럼 인간의 고통을 가슴 아파하면서 그것을 벗겨 주겠다는 정과 자비의 마음이 전혀 없어서 인간의 마음을 울릴 수 없었다.

노자의 가르침에서는 인간이 인간된 자세나 정신이나 각오란 것이 전혀 존재하지 않는데, 그런 속에서 어떻게 인간의 삶에 가르침을 줄 수 있는지가 의문이다. 그들의 도와 무의 철학은 단지 오래 산다든지 신선이 되어 학처럼 고고하게 살아보겠다는 생각이 깊이 새겨 있는 사상이다. 그들이 최고의 경지로 내세우는 신선의 삶이란 여럿을 염려하는 것이 아니라 홀로 고고하고 고요한 삶이다.

노장이 가르치는 도는 세상 현실을 못 본 척하는 것으로 보인다.

우리는 어디에서 살고 있는가? 바로 이 현실, 지금에서 살고 있다. 그런 우리가 현실에 눈을 감고 아지랑이같이 가물거리는 그 가르침에서 무엇을 배울 수 있을까? 그렇다고 그들이 인간의 정신적인 발전에 대해 가르침을 준 것도 아니다. 그들의 가르침은 우리 현실의 삶에 그리 큰 도움이 되어 주지를 못하고 있을 뿐만 아니라, 우리 인간들의 고통이나 아픔은 전혀 그들의 관심사 속에 들어 있지 않다.

그렇다고 기독교의 예수처럼 그 어떤 미래를 약속하는 것도 없다. "자연의 이치에 순응하면 매사가 잘 되어간다."라는 말은 참으로 터무니없고 실질적으로는 전혀 책임감이 없는 말이다.

생명이 자연에서 태어나 세상에 나왔지만, 이 생명이 존속하고 자라나기 위해서는 끊임없이 노력하고 투쟁하고 도전하면서 그런 가운데서 이겨내야만 생명의 존재가 이어갈 수 있다는 것을 그들은 그들의 말로써 표현하지를 못했다.

노자와 장자는 인간의 인위적인 노력을 무시하고 멸시했다. 그러니 사람이 일을 하는 것은 자연스러운 것이 아니라고 했다. 배우고 닦고 농사짓고 보호하고 도와주고 하는 것 모두가 노장에게는 피해야 할 사항들이 되는 것이나 다름이 없다. 그럼, 우리 인간들은 어떻게 생명을 이어가야 한다는 것인가에 대해서도 아무런 말이 없다.

공기만 마시고서는 생명을 유지해갈 수 없다는 것을 그들은 모르고 있었을까?

생명이란 이 세상에 태어나면 그 주어진 상태에서 일단 꿈틀거린다. 움직인다는 말이다. 더욱이 사람은 먹을 것을 찾아나서야 한다. 먹어야 산다는 절대적인 조건에 의해서다.

물고기도 물결을 따라 움직이고, 경우에 따라서는 물살을 거슬러 올라가기도 한다.

모든 생명체는 살아 있는 한 끊임없이 주어진 조건에 따라 도전하고 일하고, 하여간에 꿈틀거린다. 살아 있으니까. 죽으면 움직이지 않는다.

죽으면 모든 움직임에서 완벽하게 멈춘다. 이처럼 자연의 이치에 그들 방식으로 완전하게 순응한다는 것이나 인위적인 노력을 멈춘다는 것은 생명줄을 놓고 죽는 것이 되겠다. 죽은 자만이 자연과 완전히 조화를 이룰 수 있기 때문이다.

장자는 인간의 처세에서 각자의 분수를 깨닫고 그에 맞게 처신하는 것이 보신의 제일철학임을 강조한다. 상승을 향해 쓸데없는 수고나 노력을 하는 것보다는 그냥 자유롭게 처한 위치에 만족하고 거기서 그런대로 살아가기를 권하는 것이다. 그러면서 장자는 공자가 가르치는 인의와 예를 강력하게 비판한다. 유가의 가르침은 모두가 인위적인 노력을 요구하는 것으로 인간의 참된 본성의 길이 아니라는 것이다. 유가의 관점을 깨트리는 데 있어 장자가 더 과감하다.

때로는 노장의 가르침을 공자의 것보다 위에 두는 사람들도 있는데, 노장이 가르치는 도는 세상현실을 못 본 척하는 말재간꾼들의 말재간과 같은 것이라고 감히 말한다.

왜냐하면 그들은 전혀 백성에 대해서 신경을 쓴 것 같지가 않기 때문이다. 더욱이 그들의 가르침대로라면, 태어날 때 좋은 위치에 태어난 자는 항상 그와 같이 살게 될 것이고, 낮은 위치로 태어난 자는 영원히 그 자리바꿈을 할 수 없이 낮은 대로 살아야 한다.

도란 그 어떤 이름도 달 수 없는 '무명 혹은 무'일 뿐이라고 한다.

그러나 생명이 붙어 있는 존재는 그것이 어떤 것이 되었든 살아 있는 한 움직인다. 살아 있는 존재는 먹이를 찾아서 먹어야 한다는 우주자연의 철칙이기도 하다.

도란 직관과 체험의 영역이며, 사변이나 분석의 대상이 될 수는 없다고 한다.

직관과 체험의 영역이란 살아서 팔딱팔딱 움직이면서 겪어내는 것으로, 실제로 움직이고 피땀을 흘려 일하고 감정이 살아서 팔딱거리는 세계에서 부대껴가면서 찾아내고, 얻어내서 살아가는 경험의 세계이다. 노장식의 자연의 흐름대로란 인간이 살아서 움직이는 힘을 가라앉히는 것이니, 거기서는 무엇이 어떻게 살아서 팔딱거릴 수가 있을 것이며, 무엇으로 체험을 하고 어떻게 직관을 얻는다는 말인가?

그들의 도는 생명을 유지해가야 한다는 것에 대해서는 아무런 가르침이 없다. 세상에 태어난 생명이 있는 존재들은 그것이 어떤 형태를 갖고 있든 간에 생명을 유지해가기 위해서는 보충을 해가야 하는 것이다. 보충해가기 위해서 움직이고 찾고 노력하고, 찾아내서는 자기 속에 채워야 한다. 그런 과정이 빠져버리면 그냥 사라져버리고 유지되지 않는 존재가 생명이다.

존재 자체가 사라져간 마당에서는 도고 지옥이고 아무런 가치가 없다.

노자에 비해 공자의 사상은 인간을 위한, 인간에 의한, 진실로 인간다운 가르침이다.

유가의 사상은 치국평천하治國平天下의 철학인데, 노장의 사상은 개인으로서의 생활방식을 문제로 삼는 인생철학의 성격이 짙다.

그러나 노자는 이 세상을 살아가는 인간의 종류가 여러 층인 점을 보지 못하고 있으며, 연민이나 자비의 정이 전혀 나타나지 않는다. 개인주의사상이 너무 짙어서인 듯하다.

노자가 그 어떤 것도 일부러 하고자 하는 인간의 마음이 없는 아메바의 생을 주장했다고 한다면, 장자는 아무 데도 얽매이지 않고 바람같이 살아가는 마음을 중요하게 보았다. 이에 반해, 공자는 주어진 일에 최선을 다하는 효도와 충성을 핵심으로 보았다. 유가와 도가의 시각 차이를 너무도 분명하게 말해준다.

공자는 마음을 중심에 두고 만물을 즐기며, 겸애하면서 사사로움이 없는 것이 '인', '의'의 참모습이라 하였다. 오히려 공자에게 제자가 많았던 이유 가운데 하나는 출신을 묻지 않았던 점이다. 쓰고 읽는 것에서부터 시작하여 『시경』, 『상서』, 그리고 예악에 대한 연구가 공자학교의 주된 학과였다. 가르침의 길에서 스승으로서 철저했다고 보겠다. 또한 공자는 제대로 학문의 틀을 잡아준 중국의 첫 번째 스승이기도 하다.

그렇다면 노자가 말하는 도란 도대체 어떤 것인가?

도는 전할 수는 있으나 받을 수는 없고, 터득할 수는 있어도 볼 수는 없다.

도란 스스로 만물의 본이 되고 스스로 만물의 뿌리가 되며, 천지가 창조되기 이전부터 있어 왔다. 이러한 도가 스스로 움직이면서 먹을 것을 찾아 헤매는 동물들을 이 세상에 내어 놓았다는 데서부터 그 세계에도 변화가 생겨나기 시작했던 것이다.

자연은 노자가 믿고 있는 것처럼 아무런 불안도 없는 것이라고 할 수는 없다. 지진이 있고, 홍수가 있고, 폭풍이 있고, 한파가 있고, 무서운 회오리의 돌풍도 있다. 이 글을 쓰고 있는 이 순간에도 전 유럽에서는 여기저기서 홍수가 나서 사람의 생명을 앗아가고 큰 강이 넘쳐나고 집이 무너지고 동물들이 물에 빠져서 허우적거리며 떠내려가고 있다. 자연은 결코 노장의 주장처럼 그렇게 아무런 불안이 없는 것만은 아닌데도, 멀쩡한 인간들을 인위적인 노력으로부터 밀어내서 스스로 보호하고 방위하고 일어설 수 있는 인위의 모든 능력을 애초부터 싹둑 잘라내서 위급함이 닥치면 두 손을 번쩍 든 채 두 눈을 빤히 뜨고서도 속수무책으로 해를 당하는 무능력자로 만들어 놓는다. 정말로 책임감은 찾아볼 수도 없는 가르침이다.

인간으로 태어난 우리는 스스로를 동물의 영장이라고 한다. 그랬으면 자기에게 주어진 정도만큼은 스스로 노력하고 일어설 수 있어야 하는 것이 아닐까?

얼마 전 보도에 의하면, 이탈리아에서 지진이 나서 한 마을이 폭삭 가라앉는 그 터에서 어린아이가 네 살짜리 동생을 보호하느라 제 몸으로 껴안고 있다가 자기는 죽고 동생은 살려냈다고 한다. 너무나 놀랍고도 아름다운 희생이다. 며칠 전 미국에서는 불이 난 집에서 기르던 개가 아기를 제 몸으로 덮어서 아기는 살리고 개는 죽었다는 소식도 있었다.

생명을 내건 인위적인 행이다. 대단한 인위적인 행이고 너무도 커다란 자비의 행이다. 이 소식을 들은 사람들은 누구라 할 것 없이 모두가 가슴이 찡했을 것이다. 노장이 멀리하라고 가르치는 인간의 인위적인 노력이란 비뚤어진 쪽보다는 옳고 바른 쪽으로 우리 인간들을 이끌어주는 몫이 더 크지 않을까 생각한다.

도는 비존재(non-being)이지만 그것은 일반적인 존재를 초월하고 모든 존재의 바탕이 되는 '비보통적인 존재(non-ordinary-being)'라는 뜻으로서의 비존재이지 존재와 반대되는 개념이 아니다. 존재들보다 더 존재적이다.

이렇게 도 자체는 보이지도 않고 만질 수도 없고 잡을 수도 없는 무엇이지만 그 속에 들어 있는 형상, 질료, 알갱이들이 서로 어울려 세상의 모든 것이 생겨나게 한다. 이런 뜻에서 도는 모든 것의 근원이며, 시작의 근본이 된다는 것이다. 도는 언제나 작용하고 있고 한시도 그 작용을 멈춘 적이 없다. 지금 이 순간에도 내 주위에 있는 모든 것이 도의 덕택으로 존재하고 있는 것이다. 이것은 노자가 굳이 어렵게 묘사하고 논하는 것이기보다는 그냥 우주의 흐름인 것이다.

야스퍼스가 말한 것처럼, 우리가 눈으로 볼 수 있는 현상계의 모든 것은 존재 자체를 가리키는 암호 내지 상징이라고 할 수 있다.

그냥 '눈 있는 자는 보라'이다.

도는 무엇을 본받는가? 자연을 본받는다고 한다.

여기서의 자연이란 '스스로 그러함'이다. 따라서 자연을 본받는다 함은 '스스로 그렇게 존재한다'는 뜻이라 볼 수 있다(self-so). 스스로 그렇게 존재한다는 것은 노자가 말하는 인위적인 노력을 멈추고 자연의 뜻대로 하는 그러한 무책임의 자세가 아니라, '억지를 피하고 무리를 피하고'라는 정도의 자기조정을 요구하는 것이 아닐까 한다. 멍하니 자기 손을 놓고 앞에 떨어지는 것만 받아먹으라는 것은 아닐 것이다.

『한비자』해로편에 보이는 다음과 같은 말이 도를 가장 잘 설명해주고 있다.

"도라는 것은 만물이 존재하는 이유요, 모든 이치의 근거가 되는 것이다. …… 만물은 제각기 이치가 다르지만, 도는 만물의 이치의 모든 근거가 된다.……"

도는 우주의 본원이며, 만물의 근거가 되는 것이다. 곧 우주 만물은 도로 말미암아 도로부터 생겨난 것이고, 또 그리로 돌아가는 것이다

그렇다면 도의 기본적인 성격은 무엇인가?

도는 텅 빈 것 같은 상태이고, 애당초 도라는 것은 존재하지 않는 곳이 없다고 한다.

노자가 말하는 도의 본질은 '무'이다.

흔히 마음을 비우라고 하는데, 마음을 비운다는 것은 마음에 가득 차 있는 선입관을 모두 몰아내고 공허하게 만들고 새로운 진리를 받아들이기 위한 준비를 하라는 것이다. 준비가 되어 있는 그릇에 제각기 이치가 다른 대로의 위치에서 욕심을 비운 맑은 마음과 꾸준한 노력을 기울여 진리를 찾아가라는 것이 아닐까 한다.

장자도 노자도 '무위자연'을 근본 입장으로 하지만 양자 사이에 미묘한 상위가 있고, 그 상위는 차츰 그 폭을 넓혀가게 된다.

도에는 두 가지 측면이 있다는 것이다.

하나는 이름을 붙일 수도 없고 드러나 보이지도 않는 신비의 측면이요, 다른 하나는 이름을 붙일 수도 있고 드러나 보이기도 하는 현상의 측면이라는 것이다.

전자는 실상의 세계요, 후자는 현상의 세계로서 유의 세계다.

실제계든 현상계든 이름만 다를 뿐 모두 도라는 한 가지 근원에서 나온 것, 이것이야말로 신비 중에서도 최고의 신비가 된다.

존재의 신비, 존재의 충격, 세상이 어떻게 존재하느냐 하는 것보다 그것이 존재한다는 사실 자체가 신비스럽고, 우리의 의무는 그 안에서 옳고 바르게 살아가는 것이다. 도의 근본자리는 결국 없음의 세계이다.(공의 세계) 도는 그 자체로는 형상이 없고 모양도 없지만 모든 형상, 모든 모양을 가능하게 하는 형상 자체, 모양 자체이기도 하다. 없으면서도 있고 있으면서도 없는 그 무엇으로 존재하는 모든 것, 유의 세계에 있는 모든 것을 통해 그것들의 근원이 되는 비존재, 무의 세계를 보여주는 것이다. 도를 체득한 사람은 무엇이 더 채워지기를 원하지 않는다. 채워지기를 원하지 않기 때문에 멸망하지 않고 영원히 새로워질 수가 있는 것이다.

노장보다 여러 백 년 전에 이미 인도에서 석가모니 부처님이 탄생하셨고 그분의 가르침으로 공, 비어 있음, 무의 사상, 공의 신비가 알려진 바 있었다. 그러나 그 당시의 교통사정으로는 석존의 공사상이 전해지지 못한 중국 땅에서도 공의 세계, 무의 작용, 무한의 세상을 알아내는 작용이 있었다는 것은 참으로 놀랍다.

사람이라면 자신이 찾아낸 신비, 진리를 누구에게라도 전하고 싶어할 것이다. 인간이란 언제나 상대와 함께 나아가는 존재이기 때문이다. 하지만 깨우침을 얻었던 분들이 깨닫고 느끼고 떠오르는 그대로 밖에 말하지 않은 것은 책임의식 때문이었을 것이다. 그러나 노자는 그렇게 뜻 깊은 책임의식이나 타인의 처지를 생각하는 사람은 못 된다. 그냥 자기가 느끼는 대로 뒷수습 없이 뱉어버리는 듯하다. 그러니 인간적인 감정의 기초가 빠져버린 상태에서 노자는, 그 이유도 모른 채 무한정 외로워했을 것이다. 이 현실의 세상사가 들어 있지 않는 소리를, 다른 사람들을 전혀 안중에 넣지 않은 채 그냥 나오는 대로 말하고 있으니 어느 누가 그를 이해할 수 있었을까?

자기 스스로는 사람들에게 다가설 생각을 전혀 하지 못하면서도, 사람들이 자기에게로 다가서지 않음을 외롭게 느낀 것 같다.

『도덕경』 제70장에서 "내 말은 이해하기도 쉽고 실행하기도 쉬운데, 세상 사람이 이해하려 하지 않고 실행하려 하지 않는구나. 나를 이해할 사람이 이리도 드문가?"라고 탄식한다.

그는 왜 세상 사람들의 생활상이나 마음, 그들의 의식 수준을 이해할 수 없었던가? 세상 사람들이 그를 몰라주는 것이 아니라 그가 사람들의 삶을 전혀 몰라주었던 것이다.

서로를 이해하기 위해서는 서로가 이해하려는 노력을 이어가야 한다. 이때에는 줄 것이 더 있는 쪽에서 보다 먼저, 보다 적극적으로 나서야 한다. 내가 더 있으니 네가 오라 한다면 이것은 이해가 아니라 교만이다.

언제나 내가 먼저 노력을 기울일 때 상대도 관심을 가져주는 것이 세상의 흐름이다. 또한 도를, 진리를 공부하는 사람으로서는 상대를 이해하려는 그 공부가 또한 자기 자신을 더 알차게 하는 과정이라는 점을 명심해야 할 것이다.

　석가모니 부처님의 '대기설법'을 다시 한 번 더 기억하기를, 거기에 포함되어 있는 그 자비의 정신을 새겨보면 왜 내가 굳이 자비의 가르침을 노장에게서 찾아내고자 하는가를 이해할 수 있을 것이다.

　그렇게 열심히 사람들에게 다가서서 가르침을 펼쳤던 공자도 『논어』에서 "아, 아무도 나를 이해하지 못하는구나. 하늘뿐이로다."라고 했다.

　예수도 그를 받아들일 줄 모르는 예루살렘을 내려다보면서 탄식을 했다.

　그만큼 사람들을 가르치고 정신적으로 인도한다는 것이 어렵고 힘들고 외로운 일이다. 그러나 이들 성인은 사람들에 대한 연민의 정이 있었고, 직접 사람들을 찾아다니면서 가르쳐주고 일으켜 세우고자 하는 노력을 그들의 삶이 끝나는 날까지 기울였기 때문에, 아직까지도 그들의 진심이 유지되어 이어지고 있는 것이다.

　그렇게 힘들고 어려운 가르침의 길에서 보통의 사람들과 보다 더 가까이 지낸 사람은 석가모니 부처님이다. 어떻게 그럴 수 있었을까?

　그야말로 모든 것을 다 집어던지고 분소의를 입고 숲에서 잠을 자고 탁발로 삶을 이어가는 그 모습에서 사람들은 무엇을 느꼈을까?

　그분이 어떤 분인가를 생각하면서, 그분의 삶의 일상을 바라볼 때 이미 사람들의 마음은 거의 모든 거리감을 걷어낼 수가 있었을 것이다. 그것도 일시적인 모습이 아니라 팔십 평생을, 늙은 육신을 끌고 다니면서 처음부터 끝까지 한결같이 그와 같은 자비의 소리를 전하는데, 그 진실된 마음이 저절로 전해질 수밖에 없었을 것이다.

문제는 비悲, 즉 자비에 있다! 자비가 있기 때문에 교教가 될 수 있는 것이다.

자비의 마음이 있어서 인간의 종교가 될 수 있는 것이고, 영원히 인간을 가르치고 이끌어갈 수 있는 것이다. 아무리 대단한 가르침이라도 인간에 대한 자비가 없으면 한때를 휩쓸고 지나가는 설에 불과한 것이다.

유가가 겉이라면 도가는 그 속이 되어, 즉 두 사람이 표리일체가 되어 그 후로 2천여 년이 넘게 중국 사상을 형성해 왔다. 하지만 수당隋唐의 7백 년 간은 중국불교의 전성기였다.

불교가 중국에 전해진 것은 후한 초기이지만, 그것이 일반화된 것은 육조시대에 들어와서다. 중국인들이 불교교리를 이해할 때 기존의 노장개념을 발판으로 삼는 일이 많았고, 또한 불교가 사용하는 숙어들도 노장에서 가져온 것이 적지 않다. 그러다보니 그들의 불교교리의 이해에 노장의 색채를 띠는 결과가 되었고, 특히 수당隋唐 무렵부터 새로 일어난 정토종이나 선종은 장자의 사상과 연관을 갖고 있음을 보게 된다. 송·원·청·명 시대에 중국불교라 하면 거의 선과 정토에 의해 독점되는 만큼 불교 속에 포용되는 노장사상의 역할이 작지는 않다 하겠다. 어쩌면 이제까지 노장의 사상에서 무언가 분명한 것을 보지 못해온 그들이 불교교리를 배우면서 그 자세하고 세련된 해설과 가르침에서 마치 막혔던 둑이 탁 터지는 것처럼 속이 시원함을 느끼게 되니, 수당시대에 불교가 전성기를 이루게 된 것은 너무도 당연한 일이다.

'인'은 유가에서 받드는 최고의 덕목인데, 노자는 인이란 도가 제대로 받들어지지 않기 때문에 강조되는 것이라고 한다. 물론이다. 우리 인간들은 도가 이루어지지 못한 세상에서 살고 있기에 공자도 필요하고 노자도 살고 있는 것이다.

인간 상호관계를 인위적, 의식적으로 조화롭게 유지하려는 것을 목표로 하는 인은 인간이 최고의 목표를 향해서 짚고 넘어가야 하는 대단히 중요한 과정이다. 이것을 뛰어넘어 도의 세계로 '프리패스'할 수 있는 특별 통로가 없다는 것을 알아야 한다.

도와 하나가 되고, 자연과 인간이 모두 도에서 하나가 되어 도덕적으로 충족한 세상이라면 물론 인이나 의가 필요도 없을 것이고, 노자나 장자도 필요가 없을 것이다. 그렇게 외쳐대던 노장도 그들의 이상인 그러한 세상을 만들어 보지도 못했고, 또한 만들려고 땀흘리며 노력을 했다는 소리도 없다. 그러니 그들은 그런 세상을 구경도 못하고 말로만 떠들다가 떠나게 된 것이다.

노자가 말하는 "있는 그대로…"란 즉 자연이라는 뜻인데, 자연적이란 나의 계획을 버리는 것이니 인위적인 잔재주를 부정하는 것이다.

아무리 '본래 있는 그대로'에서라고 해도 살아서 꿈틀거리는 존재는 자기 몫을 해야 생명을 가지고 있는 존재로 유지될 수가 있다.

거기에서는 조금이라도 인위적인 노력을 안 할 수가 없다. 살기 위해서다. 공짜란 없기 때문이다. 자연의 흐름대로라고 가만히 누워서 입만 벌리고 있으면 저절로 먹을 것이 때에 따라서 입속으로 쑥 들어오게 되는 것은 없다.

죽은 우주가 아닌 살아 있는 우주가 되고, 영원히 이어지기 위해서는 움직이고 숨을 쉬고 살아 있어야만 한다. 저절로 자연적으로 인위적인 행이 이어지게 되어 있다. 그리고 보면 인위적인 행을 이어가야 한다는 것 자체도 하나의 자연의 흐름임이 분명하다. 그런데도 철저하게 발전이나 개발이나 인간이 앞으로 밀고 나가는 힘을 싹둑 잘라버리고 아예 처음부터 모든 가능성을 깔고 앉아서 '날 잡아 잡수……' 하는 식으로 눈을 감아버리는 사상이 노자의 가르침인가?

천지는 단지 있는 그대로 존재하여 말을 하거나 떠들어대는 일도 없지만, 인간은 태어날 때부터 스스로 움직여야만 먹을 것을 취하게 되고 먹어야만 생명을 유지해갈 수 있다는 것부터가 독립된 존재로서, 죽은 듯 모두를 내맡기는 존재와는 다르다. 인간이란 살기 위해서 단지 자연이 주는 공기와 비와 바람만 받아서는 유지될 수가 없는 존재다. 입에다 먹을 것을 넣어서 그것이 몸속으로 들어가야만 생명을 유지해갈 수 있는 존재이다. 이 먹을 것을 찾기 위해서 스스로 움직이고 노력을 하게끔 만들어진 생물이다. 인간은 식물이 아니고 이끼가 아니다. 움직이는 동물이고, 그중에서도 생각을 할 줄 아는 비교적 똑똑한 존재이다. 그래서 인간은 기초적으로 인위적인 노력이 있어야만 생명 유지가 가능하게 된 존재이고, 이렇게 태어난 것도 자연적인 흐름에서 왔다고 본다.

노자는 만물의 생성화육의 모양을 천지조화의 움직임으로 보고 자연으로서 이해했다.

인간도 자기의 계획을 버리고 이와 같은 천지화육의 자연을 본래적인 자세로 할 때, 인간의 지혜와 욕망의 추악함에서 해방된 자세를 실현할 수 있다고 노자는 생각했다. 즉, 무위의 성인이 되어야만 비로소 천지조화의 경영을 그대로 자기의 경영으로 할 수 있다는 것이 노자의 실천 논리이다. 그런데 인간은 자연의 산물 가운데 하나이지만 산천초목은 아니다. 스스로 움직이며 살아가는 유동적 존재이다. 움직이며 살아가는 존재들에게는 조금 다른 운명의 흐름을 주었다는 사실을 노자는 아예 무시해 버린 것이다.

그러나 우리 인간들 가운데서 과연 얼마나 많은 사람들이 노자가 말하는 무위의 성인의 자질을 갖고 있을지도 의문이고, 또한 노자를 따라 가려면 자연이 인간에게 준 다른 능력을 미련 없이 모두 던져버려야 하는 것이다. 왼쪽과 오른쪽이 있듯이 인간에게도 그러한 두 가지의 방향과 재간이 주어진 것인데, 그것은 인간이 달라고 해서 준 것도 아니다. 태어남과 함께 주어진 자연의 현상 가운데 하나이다. 그 능력을 버려야 함도 하나의 인위적인 행위라면, 이왕에 인위적인 행을 할 바에야 인간 자신을 발전시킬 가능성이 있는 것을 살려봄도 좋지 않을까?

노자가 말하기를, 유가의 도덕규범으로 인의 도가 강조되는 것은 큰 도가 상실되었기 때문이고, 인위적인 규범이 많이 제정되는 것은 잔재주를 부리는 지혜가 발달했기 때문이라고 했다. 부모와 자식 사이에 도덕이 떠들썩하게 거론되는 것은 집안이 시끄러운 때문이고, 충신의 존재가 거론되는 것은 국가의 질서가 문란해졌기 때문이라고 한다. 그런데 그것이 우리 인간들이 살고 있는 세상이다. 우리는 지금 이 현실에서 살아가고 있는 중인데, 현실을 훌쩍 뛰어넘은 다른 세상사까지는 아직 우리가 생각해 볼 능력이 있지 못하다는 사실을 그는 정말로 몰랐을까?

매사에 순서가 있고 계단이 있는 법이다. 정신적으로 단숨에 그 어떤 경지로 뛰어오를 수 있는 능력이 우리 인간들에게 보편적으로는 주어지지 않았다.

그러나 우리 인간들은 그로부터 2천 년도 더 지나간 지금까지 항상 발전을 향해서 노력해온 비교적 성실한 족속들이다. 물론 실수도 하고, 한편으로는 나쁜 짓도 하고는 있다. 그래도 그때나 지금이나 인간은 꾸준하게 착한 것을 찾아 열심히 노력해가면서 살고 있다는 것은 사실이다.

궁극적 실체란 물론 체험의 영역이다. 전혀 지적 노력의 대상일 수는 없다. 이러한 지적 노력은 오히려 궁극적 실체에 대한 체험을 불가능하게 할 뿐이다. 그러나 어느 정도의 지식은 인간의 삶에 있어서 필요조건이라 할 수 있고, 체험의 영역에서 얻어진 것을 느끼고 받아들이는 데에도 어느 정도의 지적 능력이 있어야 한다.

멍하고 아둔한 머리를 가지고 무엇을 느끼고 무엇을 받아들일 것인가?

도에 대한 노자의 체험적 직관으로 무한자 속에 들어가면, 흡사 짙은 구름에 싸인 듯 앞뒤를 분간할 수 없는 암흑인 혼돈을 바라보는 느낌이 되리라. 그러나 이 혼돈 속에 '영묘한 무엇'인가가 있고, 부정하기 어려운 진실성과 확실성을 가진 것이 있다고 함은 무엇을 의미하는 것일까?

그것은 아마도 '하는 일 없이 하지 않음은 없다'라고 하는 활동일 것이다. 스스로는 하고자 하는 의식을 갖고 있지 않은데도 불구하고 끝없이 물상을 태어나게 하고 다시 되돌아가게 한다. 이것이 바로 도의 속성이다.

철학이나 종교에서 신비주의라고 불리고 있는 것은 초능력이나 숨겨진 다른 뜻을 필요로 하지 않는 것으로, 보통의 능력을 가진 인간이라면 되고, 또한 일상적으로 부단히 체험할 수 있는 것이다. 다만 지식의 상대성과 한계를 알고, 무한자를 직접적으로 감득할 수 있는 '마음의 눈'을 기르는 일이 조건이 되는 데 불과하다.

우리가 거기에 이른 존재라면 이미 노장의 설을 들을 필요도 없을 것이다. 그리고 마음의 눈을 기르는 일을 위해 우리는 어떻게 해야 하는가? 아무런 가르침이 없다. 마음의 눈을 기르는 일이 조건이 되는 데 불과하다고 하는데, 기른다는 것은 인위적인 마음이 있어야 하고 계속하여 노력해가는 의지가 있어야 한다.

"노자의 하나, 일(一)이라는 것은 무형인 도가 유형인 만물로 변화하려 하는 직전의 모습을 형용한 것이라 본다."(『노자도덕경』 제42장 참조)

만일 그렇다면 일, 하나는 도의 성격을 지니고 있지만, 무형으로부터 유형으로 옮기려고 하는 계기를 잉태한 상태라는 것이 된다.

그런 의미에서 도는 일보다 그 이전의 상태이다. 일보다 전의 수는 제로이다. 제로는 무이고 공이다.

노자의 실천철학은 무지무욕, 무도덕과 같이 모두 부정의 입장에서 구축되고 있다. 그러한 전면적인 부정의 극점에서 나타나는 것이 무이다.

'도'라 하는 것은 공허에만 모여드는 법이니, 이렇게 도가 들어오도록 마음을 비우는 것, 이것이 마음을 굶기는 것이고 '심재(the fasting of the mind)'라고 한다. 마음의 공허 상태가 바로 심재이다. 공허한 장소를 갖지 못하는 마음은 이미 새로운 사물을 받아들이지 못한다.

장자가 말하는 심재는, 자기의 생각이 이기적 목적에서 나온 것이 아닌가를 우선 냉철히 살펴보는 것이라 한다. 이런 심재는 '나를 잃어버림', '앉아서 스스로 잃어버림'과 함께 장자에서 가장 중요한 사상이다.

그것을 가능케 하려면 선입관을 몰아내고 장소를 비울 필요가 있다. 무한의 만물을 받아들이기 위해서는 무한의 공간을 만들 필요가 있기 때문이다.

장자

장자(B.C. 365?~B.C. 270?)는 노자와 함께 도교를 이루어 놓은 도학자이다. 노자보다는 1, 2백 년 후의 사람이라고 본다.

처음에는 노자에게서 영향을 받아 노선이었으나 점점 그 차이가 커져 결국에는 노자와 다른 독창적인 요소가 많이 발견된다. 장자는 제왕학에 대한 관심도 있긴 했지만, 세상사로부터 훌쩍 떠나서 자신의 사상을 고고하게 연구해 왔다고 보는 게 맞을 것이다. 일종의 자연인으로서의 철학자이다.

노자와는 무와 무위, 무와 유와 무한에 대한 해석에서 차이점을 나타나는데, 『장자』에서 마음을 거울에 비유한 것은 매우 의미 깊은 일이다. 사상사를 연구하는 사람들은, 마음을 '거울'에 비유한 것은 『장자』에서 처음으로 발견된다고 보고 있다. 이 거울의 비유는 나중에 불교 및 신유학에서도 즐겨 쓰는 아날로지(analogy, 유추)가 되었다.

공자는 주어진 일에 최선을 다하는 충성심을 핵심적인 것으로 본 것에 비해, 장자는 아무 데도 얽매이지 않는 허허로운 마음을 중요하게 보았다.

공자는 『논어』에서 남이 나를 어떻게 생각할까에서 벗어나야 정말 자유롭고 주체적으로 행동할 수 있다고 하였다. 불교경전인 『법구경』에서는 "육중한 바위가 바람에 움직이지 않듯, 지혜로운 사람은 남의 칭찬이나 비난에 흔들리지 않는다.(81장)"라고 하였다.

106

유가와 도가

유가는 옳지 않은 것에 대하여 결백한 태도를 취하라고 가르치는데 반해, 노장은 진흙을 묻히고 오욕에 휩쓸린 흐린 물 같은 생의 자세를 이상으로 한다.

유가는 음란하지 않은 거처를 선택하고 항상 조심하고 게을리하지 않아야 한다고 하는데, 노장은 뭇사람이 싫어하는 곳에 산다.

유가는 강직하고 씩씩한 남성적인 것을 미덕으로 삼는데, 노장은 부드럽고 약한 여성적인 것을 찬미한다.

유가는 인의예지 등 윤리적인 규범을 지상의 가치로 하여 그것으로 몸과 정신을 굳게 무장하라는 입장인데, 노장은 '인의'를 참다운 진리가 퇴폐하여 생긴 것으로 보아 인을 끊고 의를 버리는 자연의 도를 강조한다.

유가에서는 몸을 죽이면서도 인을 이루려 하며, 의를 보고도 행하지 않는 것은 용기가 없기 때문이라고 하는데. 노장은 자기의 생명을 모든 가치 규범에 우선시킨다.

노자가 묘사한 인간상은 부드럽고 약하며, 소극적이고 진취성이 없으며, 때가 묻고 흙투성이고 책임감이 없다. 그러면서 현실의 어려움에서는 살짝 숨어버린 양심 같다(여기서의 흙투성이란, 옳고 바른 것을 위해서 노력함이 아니라 방치하고 밀어내고 외면하는, 일종의 게으름의 흙투성이다). 그러면서도 철저하게 유약해지기 위해서는 최상의 용기가 필요하고, 수동적인 유약이 용감하게 일어나는 억센 것보다도 훨씬 강인하다는 것을 알고 있다.

노장의 인간상은 국가권력에 봉사하지 않았고, 지배계급이나 정부에도 이익을 주지 않았으며, 이른바 문명의 진보에도 기여하지 않았고, 문화 향상에도 도움을 주지 않았다. 인간은 다 함께 얽혀서 살아간다는 신조와는, 동떨어진 정도가 아니라 커다란 방해자들이고 일종의 외계인들이다.

노자적인 인간이란 국가나 도덕규범이 있기 이전에 있었던, 질서 없이 아무렇게나 살아가던 시절의 원시인인가?

나 아닌 남을 가르치고 이끌어주는 것에는 대단한 열성과 자비의 힘이 포함되어 있어야 하는 것이다. 그것은 바로 대단한 인위의 행이고 정신이니 노장에게서는 이러한 자비의 마음을 찾아보기 어렵다. 그러면서 인간이 갖고 있는 위대한 인위적인 힘을 말살해버리는 사상이다. 다시 말하지만 노장은 매사를 절반만 보고 그 절반만 가지고 논하는 것 같다. 그것도 자기가 편한 쪽만 가지고.

그런데 우리의 삶에서는 항상 양면이 같이 존재한다.

노장은 백성이다 자비다라는 것 따위는 애당초부터 계산에 넣지 않은 사상이다. '인위나 노력'이라는 것도 다른 사람들이 사용하는 것은 비판해도 자기들이 필요할 때에는 조금의 주저함도 없이 천연덕스레 사용하고 시치미를 뚝 뗀다. 참으로 신기한 사상과 양심을 갖고 있는 지식인들이다.

유가의 인간상이 국가권력이나 지배계급에 있어서 기대되는 인간상일 수도 있었기 때문에 사람들에 의하여 자주 이용도 되고 악용도 되어 왔고 아직까지도 우리에게 필요의 가치를 제공하고 있다.

유가의 전통이 권위를 존중하고 그것을 계승한 사상이라면 도가는 그것을 부정하고 자급자족의 고대 사회를 이상으로 하며, 유가가 긴장을 시키는 철학이라면 도가는 긴장을 날려버리는 철학이다.

유가가 발전을 지향하는 정신이라면 노장의 삶은 게으르고 도움을 주고 일으켜 세워줄 데가 없는, 차마 자라나는 자식들에게는 보여주기조차 주저되는 그러한 삶이다.

유가에서는 철저하게 미련한 백성들을 가르쳐 깨우쳐주고자 하는 것이 있으나, 노장에게서는 그들에 대한 따뜻한 관심을 찾아보기 어렵나. 아마 인위적인 행위라고 보기 때문인 듯하다. 그리하여 도교는 주로 불로장생에만 매달리는 반半미신적이고 약간은 신선이 되는 사상을 가진 것으로 자리 잡게 된 것이다.

유교는 중국사회의 상류계급에 침투하여 백성을 다스리는 지도

적 사상이 되었고, 도교는 일반 시민사회에서 신봉되어 그들의 마음을 위로해 주었다.

　유교는 다분히 정치적이고 또한 교육적인데 비해, 도교는 노자가 그토록 정치에 연연했으나 오직 백성들 사이에서 상당히 미신적인 종교 경향으로만 흘러 퍼졌다.

유가의 도와 도가의 도

온갖 것의 근원이 되는 것을 노자는 '도'라고 불렀다.

노장학파를 도가라고 부르게 되는 것은 이 때문이다. 그러나 '도'라는 말을 쓴 것은 노자가 처음이 아니고, 이미 몇 백 년 전에 공자가 먼저 사용했다. 그런 의미에서 도의 출생지는 유가인 셈이다.

도의 근본 뜻은 길, 통로를 말한다. 공자 이전 시대에 이미 이 도라는 말은 사람의 이상을 가리키는 하나의 상징으로서 쓰였다고 한다.

유가의 도란 길을 말하며, 그 길을 인간이 걸어가는 것이다. 올바른 목표에 도달하기 위하여 지나지 않으면 안 되는 길이라는 의미이니만큼 현대의 말로는 '준칙, 규범'에 해당되는 말이다. 인간의 행동을 옳고 바르게 다스리는 법칙이다. 즉, 유가적인 도이다. 같은 도인데 노장이 사용하고 주장하는 도는 그 성격이 다르다.

도나 덕이나 유가와 노장 사이에 그 내용을 달리한다.

유가의 도는 구체적으로 군자의 도, 인륜의 도, 인의예지의 도이다. 요약하면, 유가의 도는 인간의 도(인간이 세운 규범)임에 반하여, 노장의 도는 인간을 초월하여 인간이 세운 규범을 거짓이라고 비판하는 입장을 취하는 '도라고 하지 않는 도', 즉 유구불변의 무위자연의 근원직인 진리를 말한다.

따라서 유가의 덕이 인의예지의 도를 체득하여 군자가 된 인간의 태도를 덕이라고 보는 데 비하여, 노장의 덕은 일체만물의 근원이 있는 자리(무위자연의 도)에 대한 자각을 갖고 그 도의 이치에 따라 자신도 또한 무위가 되는 것이다.

그런데 인간이란 천상에서 살고 있는 천사가 아니라 이 땅에서 흙을 파헤치며 살아가는 존재이다. 공자는 인간을 있는 그대로 본 반면 노자는 인간을 천사쯤으로 보고 있는 듯하다.

유가와 노장 사이의 덕에 대한 견해 차이는, 인간을 근본으로 하여 인간의 생활태도를 생각하느냐, 인간을 초월한 입장에서의 생활태도를 생각하느냐의 차이이며, 또한 작위를 의지하는 유위의 입장에 서느냐, 작위를 버린 무위의 입장에 서느냐 하는 차이라고 말할 수 있다.

도라는 것이 개인이나 개체 안에서 작용할 때 그 힘을 구체적으로 지칭하여 덕이라고 한다고 보면 좋을 것이다.

버리고 버리고 또 버리고, 가사 한 벌에 맨발로 탁발을 하며 숲속에서 거처하고, 그러면서도 팔십 평생을 쉼없이 중생을 가르치고 지도해 오신 부처님의 자비의 실천행을 생각하면 가슴이 뭉클해진다. 공부하면 할수록 부처님의 그 깊은 뜻에 감탄하고, 인간의 괴로움을 구석구석 짚어가면서 세세하게 가르침을 주신 그 무한한 자비의 정성에 진정으로 우러나오는 감탄을 감출 수가 없다. 영원히 살아서 인간의 마음을 잡아주시는 가르침이다. 다른 선각자들과 비교해 볼 때 부처님의 가르침은 사람 냄새가 구석구석 풍겨 나오는 것 같은 온기가 있는 손길이다.

공자도 『논어』에서 "아침에 도에 관해 들어 알게 되면 저녁에 죽는다고 해도 괜찮겠다."라고 하는 등 '도'란 말을 쓰고 있지만, 유가에서 말하는 도와 도가의 도는 근본적으로 상당히 다르다.

유가에서 말하는 도는, 간단히 말해서 사람이 올바로 살아나가고 세상을 올바르게 다스릴 수 있는 올바른 '도리' 또는 '진리' 같은 것이다.

그러나 노자가 말하는 도란 사람의 지각으로서는 제대로 인지할 수도 없는 미묘한 것이지만, 그것은 위대하여 세상에는 그것에 포괄되지 않는 것이 없으며, 또 미세하여 티끌 같은 터럭 속에도 그것이 들어 있지 않은 곳이 없다.

유가는 도를 따라 도를 지켜가며 똑바로 서서 앞을 보고 살아가고자 하는 정신이라면, 도가의 도는 유가의 뜻과는 달라도 많이 다르다. 따라서 같이 도를 내세우나 그 뜻하는 바는 거리가 대단히 멀다.

노자의 도의 본질은 '무'이다.

"천하의 만물은 유에서 생기고, 유는 무에서 생긴다."(『도덕경』 제40장)

"도는 하나를 낳고, 하나는 둘을 낳고, 둘은 셋을 낳고, 셋은 만물을 낳는다. 만물은 음을 업고 양을 안아 충기沖氣로서 화和를 이룬다."(『도덕경』 제42장)

하나(一)와 도는 거의 같은 것이지만, 도는 곧 무인데 비하여 하나는 유에의 출발준비 상태라는 것이다. 그 뒤에 음양이니 충기라는 말이 나타나므로 그 하나란 음양으로 갈라지기 이전의 하나의 기氣를 가리킨다고 보겠다. 기는 가스의 형태라서 무정형이고, 그

점에서 무에 가깝고, 또한 미립자라고는 하나 크기를 갖춘 것이므로 그 점에서는 유에 가깝다. 말하자면, 기는 유와 무의 중간의 성질을 갖춘 것이다. 노자는 중국의 오랜 우주생성론을 전제로 하여 무에서 유가 태어난다고 하는 설을 구성했다고 하겠다.

노자는 도를 무한자라고 하였다. 또 무라고도 하였다.

그러면 무와 무한자는 어떤 관계에 있는 것일까?

노자에게서는 이것을 설명할 적당한 말이 발견되지 않는다. 한계점에 도달한 것이다. 그 다음 세대인 장자에게서 그 해답이 발견된다.

『장자』의 '응제왕應帝王편'을 보면, 도의 경지에 도달한 사람의 마음은 마치 거울과 같은 것으로서, 가는 자는 쫓지 않고 오는 자는 막지 않듯이 무한한 물(체)을 염송하는데, 더구나 거울 자체는 조금도 상처받는 일은 없다는 것이다. 이 거울의 비유는 무와 무한의 관계를 생각하는 데 가장 알맞은 것이다. 즉, 거울은 무인 까닭에 무한의 물(체)을 깃들이게 할 수 있는 것이고, 사진의 필름은 유인 까닭에 유한의 물(체)밖에 깃들이게 할 수가 없는 것이다.

도는 만물을 생성하지만 자기 것으로 하지 않고, 덕은 만물을 육성하지만 자기 공로를 자랑하지 않고, 또 만물을 성장시키지만 자기가 지배자인 척하지 않는다. 이렇듯 겸허한 태도를 현덕이라 한다.

무에는 두 종류가 있다고 한다.

상식의 무는 유를 배제할 때 생기는 것으로, 유와는 대립관계에 있으므로 유에 대한 무, 즉 상대 무라고 할 수 있다. 그리고 무한의 무라는 것이 있다. 거울의 면은 이것에 해당한다. 그것 자신은 무이지만, 무이기 때문에 무한인 물체를 비추고 온갖 유를 그 안에 포용할 수가 있다.

상식의 무가 유를 배제하는 데 비해 이 무한의 무는 유를 배제하기는커녕 만유를 포용하는 것이다. 그것은 적대자를 만들지 않는 무이므로 절대 무라고 부를 수도 있겠다.

장자의 사상은, 인간의 마음은 일정한 시대, 지역, 교육에 의하여 형성되고 환경에 의하여 좌우된다는 것을 인식하고 있다. 이 마음이 외부 사물과 접촉하여 지식이 생긴다. 이러한 지식은 시대, 지역, 그리고 사람들에 따라 다르기 때문에 보편타당한 객관성을 보장할 수는 없다. 장자는 이러한 지식에 입각한 행위를 인위라고 하였다.

장자는 노자와 마찬가지로 도를 천지만물의 근본원리라고 하였다. 도는 어떤 대상을 요구하거나 사유하지 않으므로 무위하다. 도는 스스로 자기 존재를 성립시키며 절로 움직인다. 그러므로 자연하다. 도는 있지 않은 곳이 없다.

덕은 개별적인 사물들의 본성이다. 인간의 본성은 덕이다. 이러한 본성을 회복하려면 습성에 의하여 물든 심성을 닦아야 한다. 그런데 심성을 닦는 것은 이미 분명한 '인위'이고, 계속되어 이어지는 노력이다. 심성이란 어느 날 갑자기 바뀔 수 있는 것이 아니다. 설령 바끼었다 하더라도 얼마 지나면 또 변덕을 부리게 된다. 그래서 마음이란 닦고 또 닦고, 정말로 피나는 노력을 기울여 해가도 될 듯 말 듯한 것이 심성닦음이다. 인위 중에서도 제일 반복되는 인위이다. '닦는다'라는 말의 뜻은 계속하여 행위를 이어가는 것이다.

장자의 심재

심재心齋를 생각해 낸 장자에게서 많은 변화를 보게 된다. 심신일체의 경지에서 마음을 맑혀 텅 빈 상태에서 도에 이르러 더 이상 자신이 존재하지 않는 것을 심재라 한다. 심재를 하면 일상적 의식 속에서 이루어진 옛날의 '작은 나'가 사라지고 새로운 '큰 나'가 탄생한다는 뜻이다.

그는 인간이 덕을 회복하게 되면, 그제야 도와 간격 없이 만날 수 있다고 본 것이다. 도의 관점에서 사물을 보면 만물을 평등하게 볼 수가 있다.

인간은 도와 하나가 됨으로써 자연을 따라 살아갈 수 있으며, 자유를 누릴 수 있게 된다. 즉 이러한 자유는 천지만물과 자아 사이의 구별이 사라진 지인만이 누릴 수 있는 것이다.

인간이 도와 하나가 될 수 있다 함은 오직 성불을 통해서만이 가능한 이야기다.

불교의 은자와 도교의 은자 사이에는 어떠한 차이가 있는가?

세속의 권력이 싫어서 세속을 버리고 방관자의 태도를 취하는 것이 은일隱逸이다. 아마도 노자가 방관자의 철학을 대표할 것이다.

그런데 선의 은자는 은일의 부류와는 다르다.

세상이 마음에 들지 않아 물러서 있으면서 '네 놈'이 거꾸러지는 것을 보면서 비웃는 것이 은일이라면, 선에서는 도대체 그런 일에는 눈곱만큼도 관심이 없다. 세상을 온통 버리고 잊은 것이다.

노자와 장자는 '무위자연'을 근본 입장으로 하느냐 하는 점에서는 둘 사이에 미묘한 상위가 있고, 그 상위는 차츰 그 폭을 넓혀간다.

장자가 문제로 삼았던 것은, 있는 그대로인 진리는 어떻게 얻어지느냐 하는 인식론이다. 장자는 있는 그대로인 진리를 아는 일이 곧 인간의 구원과 직결된다고 보았기 때문이다. 그러니까 장자가 보기에도 노자에게서는 인간의 구원을 찾을 수 있는 길이 보이질 않았던 것이다.

노자는 '백성은 명령하지 않아도 저절로 다스려진다'라는 이상정치를 제시했다.

그는 힘을 원리로 하는 유위의 지배를 부정하고, 온갖 규범과 제도를 마련하여 백성을 속박하는 작위의 정치를 부정했다. 그에게 있어서 정치란 현실사회에서 도의 무위를 실현하는 일이었고, 살아 있는 일체의 것을 다투는 일이 없고 해치는 일이 없는 상덕의 세계에 안주시키는 무위의 위였다. 그런데 그런 상덕의 세상을 만들기 위해 그는 어떠한 노력을 얼마나 했는가 묻고 싶다.

노자는 그 자신이 인간이면서도 인간의 성질이나 습관에 대해서는 전혀 관심을 두지 않았던 것 같다. '무위'란 억지로 하는 행위가 없고, 속 깊은 데서 저절로 우러나오는 자발적이고도 전혀 계산이 없는 행위, 이것이 바로 '무위의 위', '함이 없는 함'이다. 함이 없는 함이야말로 위대한 행동으로서 자연스럽게 진정으로 위대한 일을 해내게 되는 것이다. 그것은 사실이다. 노자는 인간에게 성악설의 근거도 포함되어 있다는 것을 몰랐던 것이 아니라, 자기에게 방해가 되는 것은 눈감아버리고 무시해버리는 무사안일주의의 사상가였던 것이다.

노자의 도를 무라고 한다면, 이것을 정치에 적용했을 때는 '무위의 정치'를 주장하게 된다. 이것을 가리켜 후세의 사람들이 '노자의 우민의 도(愚民之道)'라고 한다.

노자의 우민정치의 우는 무위의 우이지, 유위의 우가 아니다. 노자는 진정한 앎을 상식적인 말로는 무지라고 했고, 참으로 밝은 지혜를 세속적인 말로는 우라고 했다. 이렇게 말하고 표시하는 그 방법까지도 약간 꼬인 것이라고 본다. 정상적인 표현으로도 얼마든지 뚜렷하게 사물이나 생각을 표현할 수 있다. 보다 편안하고 올바른 말이나 어휘를 찾아서 표현하고 간편하게 설명할 수가 있으나 그 자신이 세상을 약간 삐딱하게 보는 경향이 있어서인지 모든 것이 살짝 꼬여 있다.

노자가 말하기를 "나의 도에는 세 가지의 보배가 있다, 첫째는 자비심이고, 둘째는 검소함이고, 셋째는 감히 남의 앞에 서지 않는 것이다."라고 했다. 자비심이 있기에 진정 용기 있는 자가 될 수 있고, 검소하기 때문에 남에게 널리 베풀 수 있고, 남의 앞에 나서지 않기 때문에 오히려 우두머리가 될 수 있는 것이다.

노자의 자비란 사람들의 세상을 떠나서 있는 것인지 인간의 따뜻한 온기가 결여되어 있고, 다만 그의 사상에 날개를 달아주는 역할에 불과하다. 노자가 말하는 자비심이란, 툭 털어놓고 만인에게 베푸는 그런 자비심은 결코 아니다. 다른 생물에 대한 넓은 마음의 아픔과 동정이 배어 있는 그런 자비심은 더더욱 아닌 듯하다. 아무리 보아도 베풀어줌을 볼 수는 없기 때문이다. 같이 아파하는 소리를 들을 수가 없다.

또한 그는 남 앞에 나서지 않는다는 가르침을 말하는데, 그렇다면 무엇 때문에 공자와 유가를 그리도 잡아 뜯는지를 모르겠다. 만약 오늘날 이 현실에서 공자와 노자를 놓고 볼 때, 자동차가 씽씽 달리고 비행기가 하늘을 자유롭게 날아다니고 로봇이 인간처럼 말을 하는 세상에서라도, 공자의 가르침은 아직도 우리가 필요로 하는 것이 적지 않다. 그러나 노자의 가르침은 우리가 선택하기 전에 이미 노자 자신이 거두어 가야 할 것이 적지 않음을 스스로 알고 치워버렸을 것 같다. 만약 그가 살아 있다면······.

노자는 문명의 중독으로 오염된 사회에 자연의 건강을 되찾게 하려는 정치적 관심으로부터 출발한다. 만약 현세에 노자가 태어난다면, 그는 입도 벌리기 전에 이미 기절부터 하고 말았을 것이다. 그 옛날 그때의 문명을 가지고도 그 야단을 쳤으니 오늘날의 것에서는 아마 숨도 쉬기 어려웠을 것이다.

그는 '무위자연'의 입장을 깊이 파고 들어감으로써 무의 세계를 발견했다.

노자는 모처럼 인간존재와 깊은 관계가 있는 무의 세계를 찾아냈음에도 거기서 인간의 생사운명을 해명하려고 하지 않았다. 현실적인 면에서 정치라는 것에 대한 욕망 때문이었을 것이다. 그래서 그의 철학은 마치 절름발이가 된 듯하다.

정치란 것은 현실의 문제인데, 그 현실에서 살고 있는 인간의 생사운명에 전혀 관심을 두지도 않는 정치도 정치라고 할 수 있을까?

정치의 무거운 사슬을 끊고 마음껏 신선의 세계에서 노닌 사람이 바로 장자이다. 그런데 그의 신선놀음 속에서도 백성에 대한 연민이라곤 보이지 않는다.

불교의 가르침에서는 듣고, 이해하고, 수행하고, 실천을 해가면서 비록 깨달음을 얻었다 해도 그것만으로는 충분한 위치가 못 된다고 본다. 거기서 또 짙게 보살의 행을 이루어가는 과정에서 세상과의 부딪침으로 또 다시 차곡차곡 익혀가는 그러한 실습의 배움이 충분해지고, 또 그런 과정을 거치면서 실질적인 또 다른 깨달음을 더 다져내어야 세상을 상대로 가르침을 설할 수가 있다고 본다. 그런데 노장의 경우에는 실천행에서 얻고 느낀 깨달음이 아닐 뿐만 아니라 그들 방식의 깨달음 후에도 거쳐야 하는 실상의 삶에서 얻어서 다져가야 하는 과정이 빠져 있어 그들의 설에서는 인간의 냄새가 완전히 사라져 있고, 거기에 따르는 뒷감당이 제대로 되어 있지를 못하다는 느낌이다.

노자는 각각의 사람이 스스로 직접 도의 진리 앞에 서도록 말하고 있다. 물론이다. 보통의 학문도 본인이 직접 닦고 배워야 하는데, 하물며 진리에 대한 공부를 함에서야 그 누가 대신해 줄 수 있겠는가. 자기가 하고, 자기가 받고, 자기가 이루어가고, 자기가 책임을 지는 것이다. 실은 세상만사가 모두 그와 같다. 그러나 자신의 설을 다른 사람에게 전하고자 하는 사람이라면, 다른 사람들이 자기의 설을 알아듣고 따르도록 노력해야지, 제아무리 대단한 이름을 가졌다고 해서 무조건 모든 사람이 하늘처럼 모시고 따라오지는 않는다.

노자에게 있어서는 저마다의 인간이 저마다의 길을 찾아 저마다의 깨우침을 얻는 것이 본질적인 문제였고, 길을 깨우치는 절대적 지혜를 갖는 것이 제일의 관심사였다. 자기가 도를 보고 도가 자기를 보고 있는 듯한 직접적인 관계, 또는 자기가 도이고 도가 자기라는 일체적인 경지가 실현되는 것이다. 그리고 이것은 아무도 대신해 줄 수 없는 길이다. 하지만 먼저 깨달은 선배가 뒤에 따라오는 후배들에게 보다 쉽게 갈 수 있도록 안내와 설명 정도를 해주는 가르침은 줄 수 있을 것이다.

자기가 직접 도 앞에 서고 개체가 직접적으로 보편과 연결이 되는 곳에 노자 철학의 근본적인 특징이 엿보인다고 하지만, 아무나 턱 하니 도 앞에 설 수도 없고 세울 수도 없다. 거기에 설 수 있는 자, 도와 직접 대화를 주고받는 자가 되려면 무엇을 어떻게 해야 하는 것인지에 대해서는 아무런 말이 없다.

노자가 말하는 최상의 착함은 물과 같은 것이다.

하지만 물의 유柔함만 보았지 물의 무서움을 알지 못했다. 아니 몰랐다기보다는 숨겼다고 봄이 옳을 것이다. 물은 만물에 커다란 혜택을 주면서 만물과 다투지 않고 저습한 곳에 있다고 노자가 말을 하나, 산천에 흐르는 물을 보면 얼마나 시원하고 깨끗해 보이는가? 산에서 떨어져 내리는 폭포수를 보면 얼마나 힘차고 거대해 보이는가? 거대하고 단단한 바위를 내려치는 그 힘을 어디다 비교할 수 있을까? 그런 것은 노자가 전혀 느껴보지 못한 것일까?

노자는 물의 위대함은 만물에 순응하여 다투지 않는 점에 있다고 하였다. 남을 위해 크게 이바지했음에도 결코 자기를 주장하지 않고 변명도 하지 않는 성인의 처세를 강조하고 있다.

어거스틴에게 하나님의 본질을 물었을 때 첫째도 겸손, 둘째도 겸손, 셋째도 겸손이라고 대답하였다. 기독교의 다투지 않는 덕은 하나님의 사랑과 지혜에 근본을 둔다.

예수는 "온유한 자는 겸손으로 서로 남을 나보다 더 낫다고 하라. 나는 어떠한 상태에 있을지라도 족함을 배웠노라. 하나님은 자기를 겸허하게 하여, 종의 모습을 취하여 사람과 같이 되었도다."(『빌립보서』)라고 하였다.

노자는 하나님이라는 인격적인 절대자의 존재를 부정할 뿐만 아니라, 사랑이나 지혜 같은 인간적 냄새가 나는 말까지도 동시에 부정한다. 그래서 그의 논설에는 자비나 사랑의 마음이 조금도 보이지 않나 보다. 인간적인 하나님 대신에 비인간적인 도를 내세우고, 인간의 사랑이나 지혜 대신에 일체의 인간적인 것을 차단하는 '무위자연'을 가르치는 것이다.

예수의 행적을 따라가 보면 스스로 하나님의 아들이라고 하지만 그의 언행은 참으로 고요하고 겸손하다. 공자의 행적을 살펴보면 군자 중에서도 상군자다. 이들은 노장처럼 그 어느 선배나 동료도 꼬집고 깎아내리는 법이 없었다. 심지어는 자신을 적대시하는 사람까지도 함부로 깎아내리는 법이 없었다. 그렇게 깎아내리면서 굳이 그 위에 자기의 설을 올려놓는 것을 볼 수 없다.

물은 인간처럼 작위적인 마음을 갖지 않고, 사랑의 감정도 지혜의 활동도 갖고 있지 않다. 물은 참으로 무심하고 자연 그대로이다. 인간의 다툼 없는 사회를 실현하려면 흐르는 물 같은 자연스러운 존재인 '무위, 무심'을 지향할 수밖에 없다는 것이다.

노자의 다투지 않는 덕은 이와 같은 일체의 인위적인 경영의 부정과 무위자연의 철학을 그 근본으로 하고 있는 것이다. 그러나 나는 여기서 물은 절대로 노자가 말하는 것과 같지만은 않다는 점을 지적하고 싶다.

우리가 물의 은혜를 모르는 바는 아니지만, 또한 물로 인해 받아야 하는 아픔과 슬픔과 어려움을 모르는 바도 아니라는 점을 말하고자 한다.

물로 인해 인간이 받는 고통으로 홍수가 있다. 아무리 커다란 화재가 일어난 후에라도 그 불이 꺼진 자리에는 타다 남은 재라도 남아 있다. 그러나 물은 다르다. 한 번 홍수가 지나간 뒷자리에는 지푸라기 하나도 남아 있는 것이 없다. 남에게 가르침을 줄 때에는 앞뒤를 다 알고, 앞뒤가 분명한 예를 들어 말을 했으면 좋겠다.

또한 노자는 여성의 순종하는 무위적인 면만을 보았지 여성이 이를 악물고 독을 품고 인위의 극상으로 이루어가는 면을 슬쩍 빼내어 버렸다. 여성의 인위적인 독성이 없다면 이 세상에 인간은 존재할 수도 없을 것이다. 나의 경우에는 아들 하나를 낳는 것도 배를 절개하고 낳았으니, 인위적인 행위 가운데서도 몇 갑절의 인위적인 행위를 한 것이다. 비록 아이를 낳는 문제만이 아니다. 여성은 남성이 따라올 수 없는 강한 인내와 추진의 힘을 가지고 있음을 알아야 한다. 그것노 선천적으로 숨겨진 듯이 갖고 있다는 것을!

그래서 여자가 한을 품으면 오뉴월에도 눈서리가 온다는 말이 있는 것이다.

한 사람의 여성인 나는 조그마하고 연약한 존재이기는 하다. 그러나 어떤 면에서는 그 어떤 것보다도 더 강하고 끈질긴 존재가 될 수도 있다.

이역만리 남의 땅, 일가친척 하나도 없는 곳에서 살아가야 하는 사람들은 일거리가 떨어지면 강하고 힘센 남자들도 허물어지고 심지어는 타락해버리는 경우도 적지 않다. 그런 데서 나는 빈 주머니로 중병 걸린 몸에 어린 아들을 혼자서 가르치고 키워내야 하는 몫까지도 담당하고 있었지만, 아들 앞에서 항상 떳떳함을 유지해 오면서 한 번도 흐트러진 모습을 보여준 적이 없다. 물론 우리 모자는 대단히 가난했지만 우리는 남에게 손을 벌려본 적이 없다. 아쉬운 소리를 내본 적도 없었다.

나는 비록 혼자 사는 가난한 과부의 몸이지만, 어린 아들이 아버지가 없다고 움츠러들게 하지 않았다. 남의 아버지와 어머니의 능력을 모두 합해도 제 어미가 지지는 않을 것이라는 자부심을 가질 수 있도록, 그러한 인정을 받을 수 있도록 노력하고 살아왔던 것이다. 그래서 내 아들은 언제고 어깨를 쫙 펴고 구김 없이 걸을 수 있었다. 어미가 비록 피부색이 노랗고 체구도 작지만 가끔씩 문화행사를 치를 때에는 선생님들과 학부형들이 참석을 해주는 것은 물론, 평일에 학교에 들를 때에는 상급생들이 "마담." 하고 내게로 수학 책을 들고 와 물으면 기꺼이 설명을 해주는 때도 있는지라, 제 어미에 대한 믿음이 단단했었다. 그곳의 불란서 사회에서 나를 혼자 사는 여자라고 가볍게 보는 사람은 없었던 것으로 기억한다.

우리가 불란서로 이사 오기 일 년 전쯤에 불란서 학교의 학부형 가운데서 꽤나 잘난 척하고 부자인 듯 귀족인 듯 행세하는 내외가 있었다. 하루는 그들 내외가 나와 아들을 자기네 집으로 초대했다. 우리 모자가 저녁시간에 맞추어 그 집엘 갔더니, 초대한 사람은 우리말고도 30대 후반쯤 되는 영국인 내외가 또 있었다. 남편은 외교관이고, 부인은 무슨 박사라고 하였다. 그러니까 내 코를 좀 납작하게 해주려고 준비된 저녁임을 금방 눈치챘다. 초대한 집안의 족보를 꺼내어 놓고 그것을 설명하며 서로 대화를 나누던 중에 내게 하는 질문이, 자기들 서양 사람들 눈에는 중국인과 그 문화, 또 한국인과 한국문화, 그리고 일본인과 일본문화가 명확하게 구별이 잘 안 되는데 같은 동양인의 입장에서 그것을 구별해서 자기들에게 설명을 해줄 수 있겠느냐고 물었다.

나는 즉시 '너희들이 나를 골탕 먹이려고 작정을 했구나.'라고 느꼈다.

그런데 내가 누군가? 저희들처럼 꽃밭에서만 자라난 존재가 아니다. 비록 가난하고 조그마한 나라에서 온 별 볼일 없는 여자 같지만 나는 그들의 머리 위에 앉아 있는 사람이었다.

즉시 이어령 교수의 『축소지향의 일본인』이라는 책이 머릿속에 떠올랐다.

"그럴 겁니다. 서양 사람들의 눈에 중국, 한국, 일본의 문화나 생활을 구별하기가 쉽지는 않을 겁니다. 내가 큰 병을 앓고 있는 사람이라, 긴 설명을 할 기운이 없어서 간단히 한 예를 들어 설명을 대신하겠습니다. 중국과 한국, 일본의 문화가 여러분이 보기에는 별 구별이 없는 것같이 보일 수도 있으나, 거기에는 분명한 철학의 차이가 있습니다.

어느 봄날 사방에 꽃이 만발한, 대단히 아름다운 꽃으로 둘러싸인 정원에 왔을 때 그 꽃을 보면서 거기에 대한 각자의 반응이, 중국사람들은 그 꽃이 대단히 아름답다고 느끼면 더 가까이 바짝 다가서서 자세히 들여다보고는 그것을 꺾어서 가져갑니다. 일본사람들은 당장 그 꽃을 꺾어 가지고 가서는 똑같은 물건을 만들어내고, 그것을 보고 감탄을 합니다. 한국사람들은 그 꽃이 너무 아름다워서 오히려 뒤로 몇 발자국 물러서서는 그 꽃 전체와 주위를 함께 아울러 바라보면서 눈을 지그시 감고 더 넓고 큰 전체적인 아름다움을 감상합니다. 이것이 내가 이 세 나라의 문화를 설명할 수 있는 방법입니다."

그들은 내 말을 되뇌며 서로 쳐다보면서 "아, 그 차이를 알 것 같습니다." 하고서는 더 이상 내 앞에서 건방을 피우지 않고 정중하게 대해주었다.

이런 과정들을 거쳐 오면서 거기서 내가 기죽지 않고 당당하게 살아나서 콧대를 세울 수 있었던 것은, 전적으로 나의 정신력이 팔팔 살아 있었기 때문이라고 볼 수 있겠다.

여자는 겉으로는 약하다. 그러나 마음만 먹으면 그 어느 것보다도 강하고 독한 존재임을 여기서 말해두고자 한다.

노자는 여성의 무서운 점을 왜 덮어두었는지 모르겠다. 만약 그 점을 몰랐다면 인생을 논할 자격이 의심된다. 그는 미처 몰랐었는지 모르겠으나, 여성의 대단한 그 힘의 가장 큰 특징은 바로 인위적인 노력과 결심에서 생기는 것이라는 점이다.

인위적인 노력에 의해서 인간이 달에도 갈 수 있었고 우주탐사도 하게 된 것이다.

노자는 물의 유함만 말하지 물의 무서움에 대해서는 한마디도 논하지를 않았다. 노자는 여자이고 물이고 간에 반쪽만 가지고 보고 논하고 주장한 것이다.

어떤 것이든 양면이 존재한다. 마음에 안 드는 반쪽을 덮어버릴 수도 없고 찢어내버릴 수도 없는 것이다. 양면을 다 보아야 한다. 그리고 난 후에 말하라. 이런 점에서 노자의 설에서는 허점이 보인다. 노자의 논설은 여성의 부드러움과 수동적인 면에만 주목하는 사상이었다. 물의 유함과 유연성만을 동경하는 사상이었다. 그러나 물은 억세고도 단단한 모든 것을 서서히 정복해가는 끈기가 있다.

노자의 약弱이란 강剛을 손바닥 안에서 놀릴 수 있는 약이고, 역설적인 약이며, 진정한 의미의 강을 세속적인 말로써 약이라고 부른 것이라고 한다. 약에 의하여 강일 수 있고, 수동에 의하여 능동을 확보하는 노자의 약의 처세는, 사회라는 골짜기에 사는 사람들에게만 중요한 것이 아니라 권력의 정상에 있는 자들에게도 동일하게 유효한 것이 된다.

또한 사인들의 근본적인 사상, 즉 비겁함의 철학이고 정치사상이다.

『도덕경』은 중국 최초로 부정의 정신과 논리를 확립한 주목할 만힌 철힉이고, 인간의 자세에 관하여 최초로 부정적인 경고를 한 문명의 저작물이다. 『도덕경』의 부정은 보다 앞서 있었던 중국의 고전 『서경』이나 『시경』에 있는 부정의 표시와는 다르다. 여기에서의 부정은 기존의 사회질서나 제도 규범을 근본적으로 긍정한 바탕에서 훈계, 또는 그것들을 유지하고 강화하기 위한 인간의 행위에 대한 부정적인 훈계에 불과한데 비하여, 노자의 그것은 그와 같은 질서나 제도 규범을 뒷받침하고 있는 것, 그들의 인간관·가치관이나 그들이 찬미하는 문명·문화 자체를 근본적으로 비판·부정하고 있는 것이다.

'자기 부정의 길이 곧 자기 긍정의 길', 자기 부정을 통해 참 자기가 새롭게 탄생된다고 한다.

자기를 위해 살지 않고, 자기를 앞세우지 않고, 자기를 버리고, 자기를 비우는 것이 진정으로 자기를 완성하고 영원히 존재시키는 것이다.

예수는 "누구든지 자기를 낮추는 자는 높아지고, 자기를 높이는 자는 낮아진다."고 하였다.(『마태복음』 23:12)

천지 대자연은 어떻게 그토록 영원하고 유구할 수 있을까? 그것은 자기가 생성자라는 인식을 전혀 갖지 않고 무욕·무심으로 있기 때문에 생성자일 수 있는 것이다.

앎, 인간의 지식

참된 실재의 세계에 있어서는 만물 모두가 근원적으로 하나이고 평등한데, '앎'은 인간을 다른 동물과 구별하고, 또 동물을 식물과 구별하며, 같은 인간을 아름다운 것과 추한 것으로 구별하며, 선과 악, 군자와 소인, 문명인과 야만인으로 구별을 하고 나서 한쪽이 옳다·그르다고 한다. 사실 앎의 본질은 이것과 저것을 구별하는 데 있고, 상하로 나누고 좌우로 분류하는 데 있다. 인간이 사물을 안다는 것은 판단, 분석, 이해라는 낱말이 나타내듯이, 하나의 물체를 두 개로 끊어 가르고 분해함으로써 안다는 것이다. 즉 상대 구별을 한다.

이렇게 다른 것을 아는 것이나, 같지 않음을 알아내는 것을 나쁘다고 할 수만은 없다. 알 것은 알고서도 옳고 바르게 살아가는 지혜를 갖는 것이 인간이 다른 생물과 다른 점이다.

애당초 하나이어야 할 것을 두 개로 나누는 것, 인위를 가하는 일은 자연 본래의 것은 아니라고 하지만, 그렇게 탓만 할 일이 아니다. 자연은 왜 암수를 갈라놓았는가? 암과 수로 갈라놓은 데에는 그럴 만한 이유가 있었듯이, 하나가 둘로 갈라져야 하는 데에도 그럴 만한 이유가 있을 것이다.

그렇게 갈라놓고는 그것을 하나로 보라는 것은 거짓을 강요하는 것이다.

아무리 붙여 놓고 하나라고 해도 노자는 노자이고 나는 나인 것이다.

플라톤의 『심포지엄』이라는 책에 나오는 옛날이야기에 의하면, 이 세상에는 원래 세 종류의 인간이 있었다고 한다.

남자와 남자가 붙어서 하나로 이루어진 인간이 있고, 여자와 여자가 붙어서 하나를 이룬 인간이 있고, 또 남자와 여자가 붙어서 하나로 이루어진 인간이 있었다.

이러한 양성인간은 걸어다닐 수도 있지만, 급할 때는 네 팔과 네 다리, 모두 여덟 개를 사용하여 마치 바퀴가 굴러가듯 굴러다닐 수가 있었다. 그러니 너무 빠르고 힘도 세고, 따라서 마음도 강해져서 신들에게 도전까지 했다. 이에 위험을 느낀 신들이 회의를 해서 제우스신의 제안대로 이들을 둘로 싹 갈라놓았다. 그래서 우리 인간들은 사랑이란 이름으로 갈라져 나간 짝을 찾는 새로운 작업이 더 생겨났다는 것이다.

아무것도 모르고 살아가던 인간의 세계에서 애당초부터 둘로 갈라놓거나 높고 낮은 데를 만들어 놓은 것은 인간이 아니라 자연이다. 하나로 있게 함도, 둘로 갈라놓음도 자연의 작위였던 것이다. 후에 태어난 인간의 앎을 탓하지 말기 바란다. 무엇보다 분명한 것은, 알 것은 알도록 능력을 준 것도 자연의 흐름이라는 것이다.

알게 되었으니 해로운 것을 피해 나가는 것은 삶의 본능이다. 부모가 알게 된 것을 그 자식들에게 알려주고, 그렇게 이어 나가는 것이 왜 자연의 미움을 받아야 하는가?

알에서 갓 태어난 뱀의 새끼와 역시 알에서 태어난 새의 새끼가 다르다는 것은 분명한 사실이 아닌가?

해로운 것과 이로운 것을 가려서 삶을 이어간다 함은 자연에 반하는 것이 결코 아니다. 편한 것과 힘든 것을 가려서 편한 쪽을 택함도 자연적인 현상이다. 무리하지 않아야 병들지 않는다는 것을 아는 것도 마찬가지다. 공격을 받으면 스스로가 맞받아쳐서 보호하고 지켜나간다 함도 본능이 일어나서 지탱해 가려는 자연현상이다. 이러한 자연스러운 상태에서 굳이 인위적인 것을 밝혀내려고 인간의 '앎'을 비난하는 것은 한심스럽게 보인다. 오히려 더 자연스럽지 못하다.

노자는 차별하고 절단하는 것으로서의 앎의 위험성을 경고한다. 그런데 과연 앎이란, 지식이란 이처럼 해치고 위태로운 점만 있을까?

인간에게 있어 앎이 참으로 위험성을 갖게 되는 것은 인간의 물질적인 욕망이 분수 이상으로 커져 갈 때뿐이다. 그런데 이런 사항이 절대적인 것은 아니다. 대부분의 사람들은 이러한 욕심을 잘 조절해 갈 수 있는 또 다른 '앎'을 역시 가지고 있다.

노자의 앎은 한쪽만 보는 듯한데, 다행스럽게도 인간의 앎은 양쪽을 볼 수 있는 능력을 가지고 있다. 문제는 '앎'을 지나치게 한쪽으로만 사용할 때 생기는데, 그것 때문에 우리 인간들은 자신을 스스로 돌아보면서 잘 조정해 가는 '제3의 앎'을 반성과 교육으로 키워가기도 한다. 그것이 전적으로 인위의 행行이지만, 그것 역시 우리에게는 대단히 필요한 것일 뿐만 아니라, 그 '제3의 앎'에서부터 우리는 우리의 영혼을 키워가고 우리의 삶에 평화와 안정과 발전을 길러낼 수 있는 능력을 찾아낼 수 있기 때문에 무엇보다 중요하다. 이는 인간이 가질 수 있는 보배 가운데서도 으뜸이다.

'제3의 앎'을 찾아내는 데서 인간은 욕심을 조절하고, 또 자신을 앞세우고자 하는 마음을 가려가면서 되도록 발전하고 좋은 쪽으로 방향을 잡아갈 수 있으며, 그 '제3의 앎'으로서 이 세상에 분란을 일으키지 않도록 노력하면서 살아가고 있는 것이다.

이와 같이 잘잘못을 찾아내어 그것을 제대로 가려서 잡아가는 '제3의 앎'은 대체적으로 인위적인 노력의 힘에 의한다.

인류의 욕망이 아직 오늘날처럼 비대화되지 않고, 사람의 지식이 현재처럼 간사하지 않았던 원시 사회에서는 모든 의식주가 비교적 단순했고, 인간의 수도 훨씬 적었으며, 무엇보다도 사람들이 소박하고 순진했다. 노자는 그런 원시시대를 상덕의 시대로 보고 있다.

노자는 자연을 논하면서도 우주의 흐름을 미처 몰랐던 것 같다. 그가 말하는 자연이나 우주의 삼라만상도 흐르고 변하고 없어지고 나타나고 하면서, 그것이 발전했건 쇠퇴했건 간에 변해가고 흘러가는 것이다. 그 어느 것도 옛날과 똑같이 그대로 있다느니 유지되어 간다느니 하는 것은 없다. 그 대단한 우주의 힘으로도 옛날로 돌아가는 것은 있을 수가 없다.

우주는 돌아가고 세월은 흘러가고 있는데 노자가 무슨 재간으로 이 거대한 바퀴를 바꾸어 놓을 수 있단 말인가?

가장 중요한 것은 인간에게는 스스로 고쳐갈 수 있는 소질이 그 바탕에 저장되어 있다는 점이다. 어느 날 갑자기 고쳐지는 것이 아니다. 단지 인위의 노력을 필요로 하는 것이다.

지금의 이 시점에서도 우리는 가만히 있어도 앞으로 흘러가게 되어 있다. 그런데 복귀를 하고자 함은 흐르는 물길을 꺾어 뒤로 돌리는 것이니 대단하고도 대단한 인위적 노력이 필요할 것이다. 이런 것을 노자는 어찌 설명하려는가?

노자는 지식을 부정했다.

일체의 인위를 없애고 자연 그대로 사는 게 무위자연이다.

그렇다면 자연에 어긋나는 인위란 구체적으로 어떠한 것을 가리키는가?

그것은 지식, 학문, 기술, 도덕, 법률 등 이른바 문명이니 문화니 하고 불리는 것을 전부 포함한다. 그것들은 인간의 의식적인 개량에 의해 나타나는 것이고 인공적인 것이어서 이것을 부자연하다는 것이다.

그렇다면 산사태가 나고 지진이 일어나서 사람이 무너진 흙더미나 건물 잔해에 깔리고 다쳐도 그대로 보고 있어야만 한다. 그것이 가벼운 부상일 때는 저절로 고쳐지고 가라앉기도 하지만, 뼈가 부러지는 등 큰 부상일 때에는 그렇게 기다리다가는 살 사람도 죽게된다. 치료니 구제니 하는 사람의 손길이 닿아야 하는 것들이나 사람의 머리를 써서 노력을 기울여야 하는 것이란 모두가 인위적인, 절대로 인위적인 것들이니까.

노자의 가르침대로라면, 강 위에 다리를 놓거나 배를 만들어 강을 건너거나 저수지나 댐을 쌓아 가뭄에 대비하거나 하는 등 인간생활의 필수 조건과도 같은 발전이 전혀 있을 수가 없다. 그런 것들은 모두가 인간들의 인위적인 노력의 결과들이니까.

심지어는 어린아이가 앓고 있는데 약을 안 먹으려고 할 때는 울려서라도 약을 억지로라도 먹여야 한다. 이것은 분명 인위적인 행위이다. 때에 따라서 인위적인 행위도 사용해야 하는 절대성도 존재하는 것이다. 인간의 삶에서는.

수저를 아직 사용할 줄 모르는 아기들은 먹을 것이 있으면 그냥 손으로 집어 먹는다. 실은 이것이 무위의 행이다. 그러나 우리는 아이에게 수저 사용하는 법을 가르쳐준다. 꽤 오랜 훈련 기간이 지나서야 아이는 제대로 수저를 사용할 줄 알게 된다. 인위를 극도로 싫어했던 노장이 손으로 음식을 먹었다는 글은 어디서도 보지 못했다.

남을 가르친다는 것은 대단히 힘든 과제이지만 절대적으로 필요한 인위의 행이다.

노자·장자에게도 이런 인위적인 행위가 적용되지 않았다면, 우선 그들은 글자를 몰랐을 것이고, 그리되면 그들은 어떻게 학문을 배우고 철학을 논할 수 있었을까?

우리는 '제3의 앎'을 알기 위해서 꾸준하게 인위적인 노력을 기울여 가야 한다.

부처님께서 반복하여 실천행을 하라고 하신 그 뜻이 충분히 이해가 가고도 남는다.

부처님께서는 인간의 장단점을 골고루 깊이 아시고서 그 가르침 또한 골고루 구석구석 세세하게 하나하나 짚어가면서 일러주셨다. 아무리 뒤떨어진 사람이라도 그에게 맞추어 꾸준하게 알아듣도록 일깨워주셨다. 그리하면 그의 수준에 맞추어서 발전을 이루어갈 수 있는 것이다. 비록 많은 변화나 발전은 아니라도 그만큼의 발전은 이루어지고, 따라서 그의 눈이 떠진 만큼 삶의 질은 높아질 것이다.

지식·학문·도덕·기술 등을 무조건 배척할 것이 아니라, 이런 것들을 실제 행해가다 보면 거기에서 다시 떠오르는 것이 적지 않을 것이다. 이것은 내가 실질적으로 부딪쳐서 찾아낸, 나의 지혜를 찾는 방법이다. 이렇게 느껴지고 찾아낸 나의 지혜들은 버릴 수도 없고 잊을 수도 없는 나의 참 지혜이고, 항상 나의 든든한 밑바탕이 되어 주는 나만의 힘이다.

그래서 부처님께서는 문자나 말로써 얻어들은 것으로 남을 가르치려 들지 말고 본인이 실지로 부딪쳐서 얻어낸, 실천을 통해 얻은 지혜로 가르치라고 하신 것이다. 글자로 얻어 배운 지식을 실천을 통해서 가슴으로 느끼고 깨달은 것들과 맞추어서, 거기에서 얻어진 새로운 깨달음은 그대로가 보물이고 참된 지혜가 되어, 언제 어디서고 당당하게 사용될 수 있는 큰 재산이 되는 것이라고 일러주신 것이다.

인간이 아무것도 배우지 않은 채로 새로운 것을 창조해 낸다는 것은 거짓말이다.

현대인들의 뇌나 지능은 옛날 사람들의 그것과 별로 차이가 없다. 다만 진보된 지식과 정보가 더 많이 축적되어 있는 것일 뿐이다. 지식과 정보의 축적은 바로 그것이 배움의 열매이다. 이러한 열매를 삶의 마당에서 실천해 가면서 거기서 얻어진 또 다른 열매가 바로 지혜가 된다.

하지만 노장은 인간사회의 규칙, 법, 제도, 학문, 지식을 모두 쓸데없는 것 내지는 해로운 것으로 본다. 사람이 살아가는 세상에서 어떻게 배움을 필요 없는 것이라 하고 외면할 수 있을까?

비단보에 곱게 싸서 두는 회초리가 있다. 회초리를 왜 비단보에 싸서 보관을 하는가? 그것이 비록 회초리이지만, 내 귀한 자식들에게 올바르게 가르침을 주는 '맴매의 스승님'이기 때문이라고 한다.

깊이 새겨볼 가르침이다.

부모가 아이들의 잘못에 대해 벌을 주거나 매를 때려야 할 경우에도 그것이 교육을 위한 필요에서라면 거기에는 분명한 순서가 있어야 하고, 따라서 상벌의 구별이 분명하게 지켜져야 한다. 부모의 기분에 따라서 왔다 갔다 하는 그러한 상벌이 되어서는 절대로 안 된다. 필요에 따라서 아이들에게 벌을 주어야 할 때에 제일 중요한 것이 벌을 주는 부모 입장에서 내 감정을 모두 배제해야 하고, 벌을 주는 이유를 분명하게 설명해 주어야 한다. 이러한 매의 질서에 대해 자기 관리를 할 수 없는 부모는, 미안한 말이지만 매를 책임질 자격이 없다고 하겠다.

우리 모자의 경우에는 매를 들기 이전에 항상 세 번의 경고가 앞서 있었다.

"첫 번째 경고야." 하고 일주일 정도가 지나간다. "두 번째 경고야." 하고 또 일주일이 지나간다. 그리고 세 번째 경고가 나간 후 또 일주일이 지나게 되면 벌을 받는 순서인데, 벌을 왜 받아야 하는가를 설명하고 여기에서 본인이 잘못했다는 동의가 있고 약속한 대로 매를 든다. 그 매에는 사정이 들어 있어서는 안 된다. 정말로 아파야 한다. 매가 약하면 울음소리만 커진다. 매가 단 한 대로 끝날 수 있는 방법을 택해야 한다. 단 한 대로써 교육의 효과를 얻을 수 있는 방법은 그 부모된 사람의 용기와 냉정을 스스로 찾아내는 것이 절대적이다. 아프다고 울면, "매는 아픈 거야. 아프니까 벌이야." 하고서 냉정을 보여야 한다. 여기서 어리광을 받아주면 매의 효과는 제로가 된다.

방콕에서 살 때니까 열대지방이라 아들은 반바지를 입고 다녔다. 긴바지를 입고 학교에 가는 날은 어제 벌을 받은 날이다. 매 맞은 놈은 학교에 가서 뛰어놀 수 있는데, 병든 몸으로 매를 들었던 어미는 기운이 빠져서 이삼 일간 자리에 누워서 앓았다.

아들이 중학교에 다닐 때로 기억되는데, 어느 날 내게 말했다.

"엄마, 매 말이야, 내가 생각해 봤는데, 그게 평균적으로 두 달에 한 번꼴은 필요한 것 같아. 내가 생각해도 웃기는 것이, 매를 맞으면 나도 결심을 하거든. 한 달 간은 이 결심이 아주 단단해. 그런데 한 달이 지나면 결심이 슬슬 풀어지는 것을 나도 느껴. 그러면 엄마가 '너 요새 또 풀려가고 있어' 한단 말이야. 그러다가 첫 번째 경고다, 두 번째 경고다, 세 번째다 하다가 매가 오게 된단 말이야.

내가 결심을 하는데도 그래. 생각해 보니까, 평균적으로 두 달에 한 번씩은 매를 맞아야 하나봐."

그렇게 해온 것 같다. 우리 모자는.

자라나는 아이들을 보면, 선천적으로 보다 똑똑한 재질도 있고, 조금은 아둔한 재질도 있다. 이들을 자유와 평등의 이름으로 다 함께 섞어서 가르치고, 함께 뛰고 일어서게 하는 것은 어떤 면에서는 평등이 아니라 잔인함이다.

같은 무대 위에 올려놓고 무위의 방법으로 자연의 흐름대로 움직이면서 먹고 살아가라고 하는 것은 사랑이 아니라 오히려 뒤지는 놈은 더욱더 뒤지라는 말이 된다.

수학을 잘하는 천재만이 살아가는 세상이 아니다. 대패질을 잘하는 목공이 돈을 더 잘 벌 수도 있다. 예수는 목공이었고, 공자는 창고지기였다. 축구의 천재를 물리학 교실에 붙들어 앉혀 둔다는 것은 얼마나 우스운 노릇인가?

딴따라라고 환쟁이라고 결혼을 반대하던 시절이 있었다. 그들의 수입으로는 가족부양이 절대로 안 되었던 시절의 애기다. 요즈음은 어떤가? 한류의 물결이 온 세계로 퍼져 나가 경제적 이익은 물론이고 국가의 위상을 높이고 있다.

각자가 자기에게 주어진 길이 있다. 남들이 간다고 나도 무조건 대학에 갈 필요는 없다고 본다. 대학이 전부는 아니다. 내가 인생이라는 이 길을 어떻게 얼마나 뚜렷하게 살아갈 것인가를 생각해 보고 자기의 길을 찾아내야 한다. 그렇게 찾아낸 나의 길을 갈 수 있을 때 그 사람이 빛나 보이는 것이고 항상 떳떳해 보인다.

우리 인간 사회에는 여러 층의 재질이 어울려서 살고 있는 것이다.

인간에게는 싫어도 피할 수 없는 의무가 있고, 도망치고 싶으면서도 스스로 나서서 책임을 져야 하는 괴로움이 있다. 그렇지만 이렇게 하기 싫고 괴로운 일을 하는 그 속에서도 무어라 표현할 수 없는 따뜻하게 사랑하는 마음이 가득 들어 있는 경우도 있다는 것을 알아야 한다. 비록 괴로움이 열 개이고 즐거움은 하나뿐인 것이라도, 그 하나뿐인 단맛이 열 개가 넘는 괴로움에 대한 충분한 보상이 되어 주기도 한다. 왜냐하면 우리는 이 세상 현실에서 살고 있는 인간, 피가 흐르고 가슴이 뛰는 인간이기 때문이다. 이것이 인간의 본모습이다.

물론 지금이야 내게 책임지어진 것이 없어서 마치 장자의 신선놀음과도 같이 살고 있지만, 그것은 주어진 내 몫의 책임을 죽을 듯 살 듯 발버둥치며 내 능력 이상의 노력으로 어려움들을 다 이겨내고, 모두 비교적 잘 끝냈기 때문에 가능한 일이다.

이러한 편안한 세월이 내게 온 것도 내 나이 65세가 넘어서부터이니, 65년여의 긴 세월 동안을 열심히 눈물과 고생과 싸워온 것이다. 생각해보면 그 어렵던 세월을 어찌 지내올 수 있었는지 가슴이 아리고 눈물도 새삼스레 고인다. 그러나 나는 혼자서 모두 잘해냈다. 스스로가 기특하고 신통하다고 여기면서 그 시절의 나 자신이 너무도 가엾고 안쓰럽다. '그래, 너 잘 견뎌냈어. 기특해, 고마워.' 위로를 한다. 그때의 나는 그것이 잘하는 것인지 못하는 것인지를 생각도 못하고 오로지 살기 위해서, 그것도 아들을 가르치고 키우기 위해서, 내 목숨이 붙어 있는 한 최선을 다한다는 그것뿐이었다. 오직 그 생각으로 중병 든 몸에 이를 악물고 머리를 반짝 들고 전쟁터에 나선 전사처럼 숨 가쁘게 살아왔던 것이다.

지금 세상의 모든 관심을 떠나 살아가는 요즈음은 마치 신선놀음과 같은 생활이지만, 이것은 인간의 현실이란 삶의 무대에서 주어진 의무를 떠나 은퇴한 위치에서나 해볼 일이다. 처자식을 거느리고 현실의 무대 위에서 살아가야 하는 처지에서 할 수 있는 것이라고 말할 수는 없다. 더욱이 세상사를 떠나서 손을 놓고 살아가는 삶의 방식을, 백성을 다스리고 보호해야 할 정치에 대입시키는 노자의 생각은 말도 안 되는 것일 뿐더러, 현실이라는 실질적인 삶 위에다 이런 사상을 얹어 놓는다는 것은 무섭고도 잔인하고, 위험하고 끔찍스러운 노릇이라 하겠다.

인생사에 끔찍한 죄를 짓는 것이다.

노자가 말하는 삶의 방식은 늙은 은퇴자들의 모습이다. 내일을 바라보는 젊은 사람의 모습은 결코 아닐 뿐더러, 더욱이 가족을 거느린 책임자의 몫은 더더욱 아니다.

실지로 처자식을 거느리고 그들의 생계를 책임지면서 사랑과 의무로서 자기를 양보하고 희생하면서 살아본 경험이 없는 자, 적어도 타인을 위해 계산 없는 양보를 하거나 자기희생을 조금이라도 해본 적이 없는 자의 입장에서 하는 말은 아무리 '도' 공부를 오랫동안 했다 해도 어설픈 법이다. 그들이 인생을 논하고 삶을 말한다는 것은 뿌리가 없어 그냥 붕 뜬 소리이기 때문이다. 삶 속에서 실천의 행을 못해본 어설픔이 배어 있다.

그래서 부처님께서는 종교의 교리를 이해하고 나면 반드시 실천행을 해야 함을 계속하여 강조하셨던 것이다. 실천행이 없는 알음알이는 밑받침이 없는 빈껍데기와 같은 것이다. 불교공부는 지적 이해만으로는 어림도 없다. 그 바닥에는 슬픔의 철학이 깔려 있어야 한다. 인간의 삶은 지식만으로는 해결할 수가 없고 사랑만으로

도 충분하다고 볼 수 없어서 양자가 본질적으로 합쳐진 하나라고 생각한다,

마음의 활동에서 지성은 아주 얇고 표면적인 역할을 한다. 보다 깊은 곳에 의지와 경험의 몫이 있어야 한다. 지성만으로는 참된 해결이 어려운 점이 여기에 있다.

누구나 일생 동안 한 가지 일에만 몰두하다보면 나름대로 '할 말'을 갖게 된다고 하는데, 이렇게 해서 들을 수 있는 말은 상대가 어떤 사람이라 해도 정중히 예의를 갖추고 그 가르침을 받으라고 문수보살은 선재동자에게 일러주었다. 인생이라는 여정에서 만나게 되는 다양한 계층의 사람들에게서 얻어듣는 갖가지 인생담과 각자가 직접 겪으면서 품게 된 그 어떤 것들은, 하나하나가 커다란 가르침을 주는 살아 있는 교과서가 되어 준다. 가르치는 사람이 곧 배우는 사람이 되고, 배우는 사람이 곧 가르치는 사람이 되어 그렇게 서로 배우고 깨닫게 된다.

나는 불교공부의 줄을, 환자라 병상에 누워서 책장을 넘기면서도 이 공부하는 줄을 놓지 않고 꼭 매달려서 살아왔다. 그런 힘, 열성, 정신 때문에 30대에 쓰러져 죽음과 삶 사이를 오가면서 팔십인 오늘까지도 숨을 쉬고 있는 것이라 생각한다. 이 삶이 언제까지가 될지는 나도 모르겠지만.

앓으면서도 열심히 살아온 인생인데, 칠순이 넘어선 중병환자가 병상에서 종교에 관한 책을 몇 권 출판했으니 은혜 중의 가장 큰 은혜요, 믿음의 결과라 본다.

나는 아직도 무언가 열심히 써가고 있다. 약속한 바도 없고 의무도 없지만, 그냥 일기처럼 매일의 공부와 그 과정, 그리고 느낌을 적어가고 있다. 이렇게 해가는 공부는 나의 병 치료에서 가장 큰 몫의 의사이고, 약이고, 처방이다.

내 병 치료의 몇 십 년의 기록들은 거의 모두 파리 노트르담 사원과 바로 마주하는 '오뗄디외' 병원에 있다. 노트르담의 앞 광장을 중심으로 왼쪽으로는 센Seine 강이 흐르고, 바로 건너편에는 파리경찰청이 있고, 오른쪽으로 있는 커다란 빌딩이 오뗄디외 병원이다. 그 병원은 약 1,500여 년의 역사를 갖고 있는데, 그동안의 의학의 발달과정과 병원의 기능이 변모해온 모습을 보여주는 박물관이다. 처음부터 병원으로 지어졌다고 한다. 지금은 병원 자체가 관광 명소의 몫을 충분히 하고 있다. 하나의 빌딩이 아니라 아예 한 블록 전체가 그대로 병원이다. 1,500년 전의 그 옛날로서는 대단한 크기다.

내가 처음 이 병원에 입원을 했을 때가 약 30여 년 전쯤 되는데, 이 귀퉁이 저 귀퉁이가 모두 골동품 같은 병원에서 아침마다 들려오는 노트르담 사원의 종소리, 꼽추 카지모도가 쳐대는 그 종소리가 문학소녀도 아닌 나도 에스메랄다를 기억하게 하였다.

당시 3박 4일 동안 입원을 하여 치료를 받고 약을 받고 퇴원을 하는데 우리 모자는 입원비 때문에 걱정이 되었다. 나는 불란서 사람도 아닌데 얼마나 나올까? 아직 아들은 학생이던 때이다.

퇴원 수속을 하고 온 아들이 말했다.

"엄마, 너무 미안해서 나갈 수가 없어."

"왜 그래?"

무슨 일인가 걱정을 하는 내게

"글쎄, 전화사용료만 내래. 이십팔 원만 냈어."

"뭐라고?"

돈의 단위가 프랑이던 때이다.

"너무 미안해서, 부끄러워서 어떻게 나가지……."

태국에서 이사온 지가 얼마 안 된 때이니, 거의 무료로 치료를 받는다는 것이 아직은 습관이 안 되어 있을 때라 우리 모자는 부끄럽고 미안해했던 기억이 난다.

그 후로 쭉, 나는 계속하여 오뗄디외 병원에 매달려서 살고 있는 신세다.

아들이 지난 15년 동안 일 때문에 홍콩에서 살게 되어, 늙고 병든 나는 혼자 살아야 하는 신세가 된 적이 있었지만, 아무런 부담감 없이 병원을 들락거리면서 어떤 때는 며칠씩 입원도 하고, 또는 수술도 받고 혼자서 집으로 돌아오곤 했다. 그리 살다보니 내가 줄을 대고 있는 전문의가 대여섯 명이나 된다. 그들과 나는 이미 몇 십 년이 넘는 정을 나누고 있다. 그들은 내가 글을 쓰는 것도, 그림을 그리는 것도 알고 있고, 나의 그림 — 부처님의 그림 — 을 모두 한 장씩 가지고 있다. 어떤 의사는 그 그림을 자신의 개인 병원에 걸어 놓았다고 하고, 또 어떤 의사는 자기 집 현관에 걸어 놓았는데, 자기 집을 방문한 친구들이 문을 열자 스포트라이트가 확 켜지면서 나타나는 부처님 초상화를 보고 깜짝 놀라기도 하고 두 손 모아 합장을 하기도 한다고 하였다.

그렇게 지내다보니 때로는 나도 내 몸의 소리를 아주 잘 듣게 되었다. 거기에 맞추지 않으면 금방 으슬으슬해지며 감기기가 일어난다. 절대 그렇게 되면 안 된다는 것을 나는 나의 오랜 병 때문에 의사처럼 잘 알고 있다. '조금만 이걸 더 하고 ……' 하는 마음으로 그 순간을 지나고자 하다가는 끔찍한 일이 일어나는 경우를 이미 몇 번이나 당해 보았다. 아플 것 같은 기가 나타나면 즉시로 나는 몸을 편하게 눕히고 발쪽을 따뜻하게 하고 쉬어야 한다. 사르르 잠이 들고 이렇게 푹 쉬고 나면 몸이 개운해지고 다시 컴퓨터 앞에 앉을 수 있다.

철저하게 내 몸의 소리에 잘 따라가면서 살살 달래고 어르면서 위로를 해간다. 정신도 육신도 이렇게 잘 다스려 가노라면 한겨울 동안 감기를 피해갈 수도 있다.

이것이 나 자신을 돕는 일이고, 또한 내 아들을 돕는 방법이기도 하다.

아! 중요한 것이 있는데, 그것은 우리 집에서는 감기기가 있는 사람은 "No Welcome"이다. 아니, 절대 사절이다.

내가 그것을 이겨낼 수가 없기 때문이다. 나를 해치고 싶은 마음이 아니라면 오지 말라고 한다. 야박한 듯하지만, 이것은 병자의 절대적인 보호 대책이다. 어떤 때는 'No'를 분명하게 말할 수 있는 용기가 피차를 위해서 큰 도움이 될 때가 많다. 이 눈치 저 눈치, 이 체면 저 체면 보느라고 우물거리다가 후회하게 되는 경우가 적지 않다.

다소 야박한 듯싶더라도 할 말은 바로 그때에 분명하게 하는 것이 배운 사람의 분명한 몫이 되며, 오히려 나중에라도 서로가 불편해지는 일이 생기지 않는다.

특히 여자들은 제때에 바로 "No."라고 말하지 못해서 평생을 망치는 경우도 적지 않다. 힘이 약한 위치에 있는 여자들은 바로 제때에 옳은 의사를 분명하게 밝힐 수 있는 용기를 기르고 가져야 한다,

인위와 무위

불도를 수행하자면 반드시 신뢰하는 믿음이 있어야 한다.

불교는 현대과학과도 일치하는, 사리에 맞는 가르침이기 때문에 이를 이해하는 것이 제일 중요하다. 그러나 이해만으로는 불충분하다. 이해를 계속해감에 따라 가슴에 벅찬 감격이 생기며 환희가 솟아 마음속으로부터 그 가르침에 매달리고 싶은 심정이 우러나게 되면 영혼의 구제가 시작되는 것이니, 이 마음의 상태를 신심이라 하는데, 이처럼 신앙하고 신심하는 데까지 이르지 못하면 참다운 가치는 나타나지 않을 것이다. 이론만을 앞세우고 그 이론에만 치우친다면 가슴속으로부터 번쩍 하고 깨닫는다는 회심回心에는 쉽사리 도달할 수가 없을 것이다.

어찌되었든 간에 불도를 닦자면 우선 믿어야 한다.

처음 불도를 구하겠다는 발심이 생기게 되는 것은 자기 자신 속에서 부처의 음성을 들었기 때문이다. 부처가 될 씨앗이 과거세에서 이제까지 꾸준히 익어 와서 밖으로 나타나는 것이다. 첫발심이 이렇게 성립되는 까닭에 초발심이 곧 성불일 수 있는 것이다. 이러한 발심은 인간의 혼 깊숙한 곳에서 잠재하던 마음이 표면화된 것으로 정각과 조금의 차이도 없다고 한다.

여기서 말하는 믿음이란, 그냥 우리가 매주 정기적으로 교회나 절에 가서 하나님을 찾고 부처님을 찾아 절하고 봉사활동에 나서서 일하는 것뿐이 아니라, 자기의 가슴속으로부터 진심으로 우러나오는 울림에 따라 스스로 참 자신을 찾아 나설 수 있는 그런 믿음의 실행이다. 누구에 의해서가 아니라, 스스로 자기 자신의 깊은 마음 가운데서부터 퍼져 나오는 기쁨의 환호를 믿는 것에서부터다.

인간의 참됨이란 스스로 이루어 가는 것이라고 한다.

『장자』에서는 마음을 기르는 방법에 관해, 혹은 일반의 수행방법을 언급하는 일이 없었다. 그것은, 수행은 부자연스러운 일이라는 사고방식에 원인이 있다고 생각된다. 인간의 습성, 인간의 진보과정, 인간의 노력과 성장과정 등을 너무도 가볍게 본 것 같다. 인간이 가지고 있는 무한한 능력을 보지 못했던 것이다.

『장자』 내편에서는 인위를 버리고 단숨에 자연스러운 경지에 도달한다고 하는 생각이 강했다. 즉, 무위자연을 역설했었다. 그런데 '달생편'에서는 자연스러운 경지에 도달하기 위해서는 '연습이라는 인위의 쌓아올림이 전제'되어야 한다는 것을 비로소 주장한다. 바로 인간이 깨우치기 위해서는 수행의 과정이 필요함을 알기 시작한 것이다. 얼마나 다행인가, 늦게라도 그것을 알아냈으니!

노자의 『도덕경』은 어느 면에서는 정치지도자를 위한 지침서라 할 수 있을 정도로 정치참여를 염두에 두고 있다. 한비자에 의한 노자의 통치술을 보면, 영속적이고 안정적인 통치에는 무위의 도를 따르는 술책으로 백성들이 자발적으로 복종하도록 만드는 것이 필수적이라는 것을 『노자주해서』를 통해서 지적하고 있다. 즉, 노자의 사상은 외형적으로는 징신적인 것으로 보이지만, 이러한 외형적 비유를 통해 춘추전국시대의 혼란을 극복하기 위한 국가 지배체제를 제안한 엄연한 정치철학이다. "도를 내세워 백성들이 정신적인 눈을 못 뜨게 하고 그저 양순하게 수용만 하는 층으로 만들어

정치를 한다."는 것은, 마치 선교사들을 앞세워 어루만져준 다음 군대가 들어가 정복했던 것과 무엇이 다를까?

처음부터 끝까지 치자治者를 위한 것이다. 그 어디에서도 백성을 생각하는 점이 없다.

장자도 궁극적으로 마음을 비운 상태에서 정치에 참여하는 문제를 이야기하지만, 장자의 일차적 관심은 무엇보다도 개인이 내적으로 성장하고 깨닫기 위해 힘쓸 것을 강조한 것이라 볼 수 있다.

노자가 도가적 정치실현을 이상으로 삼았다면, 장자는 도가적 삶의 완성에 초점을 맞춘 셈이다.

노자가 도를 주로 생성변화의 근원으로 파악하고 우리가 본받고 따라야 할 궁극적인 귀착점이라고 강조한데 반하여, 장자는 도를 무궁한 생성변화 그 자체로 파악하고, 근원으로 돌아가기보다는 그냥 그 변화에 몸을 맡겨 함께 흐르거나 그대로 변하기를 더욱 강조했다고 볼 수 있다.

『도덕경』은 주로 도의 '생'하는 측면을 말했다면,『장자』는 도의 '화'하는 기능을 부각했다.

『장자』라는 책은 한 가지 체계적인 인식내용을 제공하기 위한 책이 아니라 '일깨움'을 목적으로 하는 책이라고 할 수 있다. 이렇게 스스로 깨달을 때, 우리는 모든 부자연한 삶에서 자연스럽게 풀려날 수 있는 것이다. '훨훨 날아서 자유롭게 노닐다'가 될 수 있다는 것이다.

『장자』의 주제는 자유로운 존재가 되는 변화의 가능성과 그 실현이다.

장자는 '무'를 파헤쳤다는 점에서 노자보다 앞선다.

장자도 노자와 마찬가지로 무위자연을 근본 입장으로 삼는다. 그러나 무엇을 '도'로 하고, 무엇을 무위자연으로 하느냐는 점에서 미묘한 차이가 있고, 그 차이는 이 두 사람 사이를 점점 넓혀가게 한다.

장자는 특별히 내생을 상정하지도 않았고, 어느 면으로 보나 인과응보 같은 사상을 가르치지도 않았다. 삶은 일종의 꿈이지만 그 속에 나름대로의 실재성이 있다고 보는 것이다. 지금 우리의 삶이 꿈인 것을 알았다면, 이 삶에서 크게 깨어나야 한다는 것이다. 즉, 대오를 해야 한다는 것이다. 그렇다. 중생이 살아가는 이 세상은 무명에 덮인 마음으로 스스로 꿈꾸어 만들어낸 꿈의 세계인 것이다. 이러한 꿈속에서 생로병사가 되풀이되는 윤회의 길, 자기가 만들고 자기가 받아들여야 하는 삶이다.

장자가 보는 세계는 모든 사물이 얽히고설켜 있는 관계, 서로 어울려 있는 관계, 꿈에서 보는 세계와 같이 서로 서로가 되고, 서로가 서로에게로 들어가기도 하고, 서로에게서 나오기도 하는 꿈같은 세계다. 만물이 상호의존 상호연기하는 세계를 말한 것으로 불교에서만큼 명확히는 표현을 못했지만, 장자가 연기의 세계를 들여다본 것만은 분명하다. 아쉽게도 얇은 장막 하나가 가리고 있다.

유가사상은 치국평천하의 도로, 박학다문한 군자가 백성을 다스리고 예악에 의한 제도를 완비하고 백성 위에 군림하여 천하의 평화를 유지하자는 것이다.

인과 의는 유가가 가르치는 최고의 덕목이다. 인이란 사람과 사람 사이에 기본적으로 있어야 할 윤리적 특성이라 풀이한다.

의란 옳다고 생각되는 것을 하는 마음이다. 이해관계에 구애됨이 없이 오로지 옳다고 여겨지면 하라고 가르치고, 그렇게 하는 것이 바로 의에 입각한 행동이라고 강조한다.

이(이익)에 따라 행동하면 소인배이고, 의에 따라 행동하면 군자라고 한다. 혜와 지란, 초월적인 것을 꿰뚫어 보는 불교의 반야지 같은 지혜를 뜻함이 아니고, 인간의 이원론적 사고방식에서 얻어진 분별지나 이성적 지식 혹은 일상적 의식의 한계 내에서 얻어진 지략이나 지모 같은 것을 뜻한다.

노자의 『도덕경』에서는 유가에서 논하는 인, 의, 효, 충 등의 사상들이 강조되는 세상은 아직 덜 된 세상이라고 한다. 왜 그러한가?

첫째, 인, 의, 효, 충 등의 윤리적 가치가 강조된다는 사실은 아직 그러한 이상이 완전히 실현되지 않고 있음을 말해주기 때문이다. 우리가 살고 있는 이 세상은 예와 인이 아직 제대로 자리 잡혀 있는 세상이 아닐 뿐더러, 그런 세상을 향해 나아가고자 하는 의지도 제대로 있지 않은 세상이다. 또한 노장이 살았던 그 세상도 역시 제대로 된 세상이 아니었으며, 그들은 주장만 했을 뿐 자신들이 실지로 살고 있던 그때에도 그렇게 대단한 세상을 이루어 보겠다고 앞장서서 직접 팔을 걷어붙이고 나서는 모습을 보여주지 못했다.

둘째, 설령 인이니 의니 하는 유가적인 최고 덕목이 잘 실현되는 사회가 이루어졌다 하더라도, 이런 덕목의 실천만으로는 완전한 사회가 이루어졌다고 할 수는 없겠다. 왜냐하면 이상적인 사회란 이런 덕목의 실천을 넘어서서 더 이상 그런 것이 필요가 없는 사회

윤리적 단계나 규범의 단계를 넘어선 사회일 것이기 때문이다. 덕목이 실현되는 사회도 이루지 못한 세상에다 그것을 넘어선 이상적인 사회를 논하며 유치원생들에게 하는 교육을 비평함은 유치원생들에게 대학원의 강의를 안 한다고 평하는 것이나 다름이 없다.

누울 자리를 보고 다리를 뻗으라는 말이 있다.

자연의 진리는 하나이고 전체적인 것인데, 지식은 이것을 둘로 쪼개고 상대라는 차별을 만들며, 선과 악, 미와 추, 우와 좌 등등으로 갈라놓는다. 그러나 둘로 가르고 셋으로 가르는 것도 자연이 준 은혜 중의 하나이다.

미와 추, 선과 악으로 갈라서 보는 것도 하나라는 진리 속에 포함되어 있는 사항이다. 그러니 우리가 피해갈 수 있는 사항은 아닌 것 같다.

자연의 흐름을 내세우는 그들에게, 나는 하늘을 쳐다보라고 권한다. 수없이 많은 별들이 흐르고 부딪치고 깨지며 불꽃이 튀어나오고, 거기서 나온 파편들이 독립도 하고 또 다른 것과 서로 뭉쳐서 다른 존재들을 이루어 가기도 한다. 흐르고 부딪치고 깨지고 또 서로 합하고, 이것이 바로 자연의 흐름이다.

우리들이 살아가는 세상도 그와 별로 다를 바가 없는 것이다,

1970년대에 출판되었던 Richard Bach의 『갈매기의 꿈(Jonathan Livingston Seagull)』이 생각난다.

갈매기 조나단 리빙스턴은 매일매일 먹고 살기도 바쁜데 뚱딴지같이 보다 멀리 보다 높게 날 수 있으며 높이 날면 멀리 볼 수 있다

는 등의 소리를 하여, 갈매기 사회의 질서를 깨고 혼란을 초래하며 안정과 평화를 파괴하는 못된 것이라고 따돌림을 당하고 결국 추방을 당한다. 그러나 조나단은 모진 어려움과 고난을 겪어내면서 드디어 깨우침을 얻은 후에, 깨우친 자들로서 누리는 그 편안함에 안주하지 않고 다시 깨달은 자의 의무와 멍에를 스스로 짊어지고, 그렇게도 자신을 구박하던 자신의 형제자매들을 찾아서, 밝은 가르침을 함께하기 위해 저 아래로 아래로 날아서 어둑한 세상으로 내려간다. 무지함을 일깨우고 잡아 일으키기 위해서 고난의 세상으로 다시 내려간 것이다.

바로 이것이다! 이런 정신이 노자와 장자의 사상에서는 빠져 있다. 인간에 대한 자비의 정이 눈곱만치도 없다. 인간의 아픔을 전혀 염두에 두지 않고 있는 것이다.

먼저 깨우친 자의 의무가 빠진 깨우침은 빈껍데기와 다를 것이 없다고 본다. 깨우친 자의 의무와 책임이란 것을 전혀 의식하지 못하는 것이라면 우리 인간들에게 그 무슨 도움이 된다는 것인가?

실은 깨우침을 얻는 과정보다 중생들을 일깨우고 가르치고 하는 과정이 훨씬 더 필요하고 또한 더 어려운 것이다. 그들을 일으키고 가르침으로서 자신의 깨우침의 깊이를 더 한층 높여갈 수 있고, 그런 새로운 깨우침은 진실로 깊이 있고 참다운 가치가 있는 것이다.

깨우치기까지의 어려움은 나 자신과의 싸움이다. 그러나 깨우친 후에 다른 사람들을 가르친다는 것은 바깥세상에의 도전이라 훨씬 어렵고 힘든 것이다. 먼저 깨우친 자는 이런 것을 해나가야 할 의무와 책임이 있다는 것은, 우리가 중생 가운데서도 인간이라는 류類

에 속하는 존재들이기 때문이다. 또한 그것은 깨우친 자들이 반드시 거쳐 가야 하는 마지막 코스라고 할까, 의무라고 할까, 하여간에 이 과정을 거쳐 가야만 진실로 완전하게 영글어진 깨우침을 얻은 자가 된다는 것이다. 이러한 과정이 노장에게서는 빠져 있다. 타인의 괴로움이나 아픔을 볼 줄 모르고 같이 아파할 줄을 모른다면, 그는 아직은 깨우친 자 못 되는 것이다.

나의 깨우침을 위해 밀고 나가는 것도 인위적 행위이고, 수행을 지속하여 나가는 것도 인위적 행위이고, 못 따라 오는 사람들을 가르쳐주고 잡아주는 것도 역시 인위적인 행위이다. 인간에게서 인위적인 행위를 빼낸다면, 과연 우리는 무엇을 기대할 수 있을까?

인간의 삶에서 인위적인 노력의 힘이 빠진 설이라면, 멀쩡한 육체에서 정신이 빠져 버린 것과 같은 형태라 하겠다.

아무리 깨우친 사람이라도 매일매일의 삶과 실천의 행을 행해 가는 가운데서 또다시 새롭게 느끼고 다시 깨우쳐 가는 것이 계속하여 일어난다. 한 번 깨우침을 얻었다고 거기가 정점도 아니고 거기서 멈추어 서는 것이 아니다. 인간의 삶이란 오늘도 내일도 계속하여 새롭게 또 흘러서 이어지는 것이기 때문이다. '완전한 부처'가 되기까지는 깨우친 사람도 계속하여 닦고 수행하기를 밀고 나가야 한다.

인간의 마음이란 힝싱 들락날락하기 때문에 마음 놓고 안심할 수는 없다.

항상 눈을 똑바로 뜨고 정신을 바짝 차려서 자신을 들여다보면서 수행을 이어가야 한다. 깨우친 사람이라도 수행의 끈을 놓으면 언제고 다시 떨어질 수 있다.

또한 의무란 싫든 좋든 행해 나가야 하는 것이며, 더욱이 그것이 내일을 위해, 다음 세대를 위해 생각해 두어야 할 일이라 하면, 그것은 인간으로서 내가, 나 자신이 살아갈 수 있는 의무요 권리인 것이다.

불교에서도 무위의 행을 가르친다. 그러나 그 맛이 다르다.

첫째, 불교는 정치에 관심을 두지 않고 오로지 인간의 생로병사에 대한 구제의 가르침을 주면서, 스스로 갖고 태어난 능력이 있음을 가르치고 깨우쳐준다.

반복하고 또 반복해서 이어가는 훈련 과정을 인정하고, 인간의 노력이 이끌어내는 발전을 높이 쳐준다. 인간의 무궁한 능력을 높여주고 응원해주고, 인간의 자존을 살려준다. 출가자나 재가자 누구나 각자의 길에서 닦음과 수행을 이어갈 수 있다. 불교를 믿는다고 그냥 믿습니다가 아닌, 자기가 직접 수행하고 따라야 하기 때문에 오히려 더 신뢰가 가고 그 길을 직접 걸으며 스스로 자기 변화를, 마음이 달라져 가는 것을 느끼면서 자기 안에서 지혜의 눈이 뜨이는 것을 직접 느끼기 때문에 의심이 일어날 수가 없다.

그렇게 불교는 누구나 갖고 있는 마음을 잘 사용하는 실천행을 보다 높이 산다. 실천행이 따르지 않는 수행이란 존재할 수도 없고, 실천행이 빠져 있는 깨달음이란 마치 주인이 없는 빈 기와집과도 같다. 실천행을 해 가면서 비로소 이론과 교리로써 눈을 뜬 진여의 참 가치를, 그 알맹이가 하나하나 채워져서 제대로 된 단단한 진짜 깨달음을 이루게 된다고 보면 되겠다.

깨우친 이들은 어렵고 혼탁한 세파 가운데서 아우성치고 있는 대중 속에 뛰어들어 그들이 겪고 있는 괴로움과 헤맴을 직접 체험해보는 것이 수행에 반드시 필요한 요소이다. 그렇게 함으로써 인간을 지도하고 구제할 수 있게 된다. 이런 것은 사색만으로는 불가능하며, 직접 현실에 처해보지 않고서 인간을 구제한다는 것은 어불성설이다.

실천행이란 무위일 수도 있고 인위일 수도 있으나, 처음에는 인위로 시작하고 그 후로는 인위의 실천행이 계속 이어지다 보니 저절로 어느 사이엔가 무위적으로도 해가게 되는 것이 아닐까 한다.

인간의 삶에서 가장 아름다운 것은 '사랑'이라는 요술이다. 사랑이 있어서 문제도 많이 생기지만, 결론적으로 사랑이라는 것이 있어서 그 힘으로 인간의 삶이 정신적으로나 실질적으로 윤택이 나는 것이고, 그 어떤 어려움이라도 감당하면서 인위적인 노력을 하여 보다 더 나은 결과를 이루어내고야 마는 것이다.

오히려 인위적인 행이야말로 인간이 살아가는 데 희망이 되어 주고, 스스로 일어나서 괴로움을 물리쳐 가는 용기에도, 서로의 마음을 따뜻하게 품어 주는 데도 절대 필요한 행이다. 이러한 마음은 바로 사랑이라는 마술에서 저절로 우러나오는 것이다.

동물노 마찬가지지만, 혼자일 때는 별 탈 없이 자연적으로 잘 굴러간다. 스스로의 뜻에 따라 움직여지고 다툴 일도 없고 질서도 잘 잡혀간다. 그런데 둘이 되고 셋이 되면 반드시 문제가 생긴다. 다툼도 생기고 경쟁도 생기고 싸움까지도 일어난다. 이것도 자연적인 행이고 살아가는 과정일 뿐이다. 그들에게도 사랑하는 욕망이 일어나고, 그래서 그렇게 다투고 싸우면서 쟁취하고 자라나는 것이다. 식물처럼 한자리에 딱 붙어 있으면 모르겠는데, 숨을 쉬고 팔딱거리며 움직이고 있는 존재들이니 밀고 제치고 뛰고 하면서 문제가 생기는 것은 살아 있는 동물들의 어쩔 수 없는 삶의 자취다.

스토아학파의 삶은 자연의 본성을 좇아서 사는 것을 이상으로 삼았다고 하지만, 그들에게 자연의 본성이란 인간의 이성을 뜻하는 것이다. 그러나 노자나 장자에 이르러서는 이른바 이성이란 것을 신용하지 않을 뿐만 아니라 그 활동인 지식마저도 부자연한 것으로 배척한다. 가르치고 배우고 연마해가는 그런 과정이 전혀 없이, 자연이라는 이름으로 그처럼 몰아감은 살아 있는 생물의 혼을 아예 빼버리려는 것과 같지 않을까? 서양에서는 플라톤이 철인정치를 내세웠고, 동양에서는 공맹孔孟이 왕도정치를 내세웠으며, 그 밖에도 많은 정치철학이나 사상이 주장되어 왔지만 아직까지 완전한 사회나 이상 세계를 그 어디서도 이루어본 적이 없다.

그것은 문제의 핵심이 바로 구성원들의 내면의 수준에 달려 있기 때문이다. 백성들의 내면의 수준이 못 미친다면 이루기는 대단히 어려운 과제다. 그렇다면 내면의 수준을 어떻게 올릴 수 있을까?

그것은 아무리 노자가 반대를 해도, 가르치고 닦고 하는 방법밖에는 다른 길이 없는 것 같다.

불교에서는 수행과 실천을 높이 산다. 모든 욕망과 자기를 내려놓고 버리라고 가르친다. 욕심으로 가득 차 억지로라도 이루어 보겠다는 무리수를 두지 말라고 가르치는 종교이지만, 스스로 움직이고 노력을 기울여야 수확이 있다는 것도 가르쳐준다. 인간의 정신, 인간의 마음, 인간의 노력 또한 높이 인정을 해주고 있다. 아니, 배울 만큼 배웠으면 그것을 반드시 실천해야 함을 더 강조하고 있다. 가치 있는 인위의 행을, 특히 자비가 있는 인위의 행을 결코 덮어 버리지 않고 북돋아준다. 그래서 세기가 수없이 바뀌고 세상이 아무리 변해도 인간을 위한 종교로서도 사상으로서도 영원성을 유지해 가는 것이다. 플러스, 마이너스가 전혀 없는 참 진리이기 때문이다.

공자와 맹자의 가르침이 주어진 현실세상을 반듯하고 올바르게 살아가게 이끄는 수양의 길이라면, 노자와 장자의 가르침은 그보다 더 정신세계를 말한다고 하겠지만, 그들에게서는 커다란 중심이 빠져 있다. 바로 가르침의 행, 노력의 행, 그리고 자비의 행이 빠져 있는 것이다. 실천의 행, 가르침의 행, 노력의 행은 바로 자비가 들어 있는 정신에서부터 출발된다. 자비의 정신이 그 밑바닥에 없다면, 무엇 때문에 실천의 행, 가르침의 행, 노력의 행을 해야 한단 말인가?

무지한 백성을 보살펴주지 못하는 것이라면 그것은 우리에게 아무런 뜻이 없다.

『장자』의 '제물론편'은 운녕을 다루고 있다.

장자는 죽음에 대해서 정면으로 도전했다. 그리하여 그는 죽음을 정점으로 하는 운명을 전면적으로 긍정했다. 그러나 장자는 어떤 경우에서라도 이 운명의 주재자를 모습이 있는 것으로 묘사하지는 않았다. 묘사하지 않은 것이 아니라 묘사할 수가 없었던 것이다. 왜냐하면 이것이 세상 보통 의미로서의 존재가 아니기 때문이다.

장자의 운명긍정 사상은 중국민족의 운명수순 사상을 바탕으로 삼아 이것을 이론화하고 철학적으로 구축한 것이다. 삶이란 죽음의 길을 걷는 것이고, 죽음이란 태어남의 시작이지만, 누가 그 법칙을 다스리는 것인지 어찌 알 것인가?

운명을 긍정하지만 그 운명의 주재자는 자연이고, 자연이란 타자의 힘에 의한 것이 아니라 자신의 안에 있는 행동에 의해 그렇게 되는 것이라고 한다.

인력을 초월한 필연성을 가진 것을 우리는 운명이라 부른다. 그런데 장자의 무위자연은 한낱 운명수순의 사상과는 달리 미리 운명이 갖는 독을 제거해버린 것임을 알아야 한다. 인력으로는 어쩔 수 없다고 깨달았을 때, 운명을 그대로 따르는 것이야말로 지상의 덕이다.

장자는 운명을 긍정했고, 따라서 죽음의 문제에 대해 관심이 있었다.

생명이란 무엇이며, 죽음이란 무엇인가?

인간이 살아 있다는 것은 생명을 구성하는 기가 집합되어 있다는 것이다. 기가 집합되면 삶이 되고, 흐트러지면 죽음이 된다. 이와 같이 생사가 기의 집산에 지나지 않는다면 생사에 관해 무엇을 근심할 필요가 있겠는가?

본래 중국사람들은 사후의 세계, 즉 내세의 관념이 아주 희박했다.

공자는 "아직 생을 모르는데, 어찌 죽음을 알겠는가?"라고 했다. 이것은 유가의 현실적·정치적이고, 그리고 비종교적인 일면을 말해주고 있다. 유가뿐만 아니라 고대 중국인들은 내세에 대한 관념이 없어서 사후세계 따위는 생각하지 않았다.

오로지 불로장생뿐이었다. 당장 눈앞에 보이는 것에만 집착하고 있었던 것이다.

그러나 우리는 삶과 죽음에 구애받지 않고 초연한 태도를 취하게 될 때 진정으로 자유스러운 참 삶을 살 수 있게 된다고 한다. 계속하여 종교공부를 해가다 보면 은연중에 죽음에 대한 두려움이나 거리끼는 마음이 스르르 사라진다. 그냥 연속으로 이어지고 따로 갈라진다는 느낌을 덜 갖게 된다.

장자는 죽음이란 한 가지 존재 양식에서 다른 존재 양식으로 옮겨감을 뜻하는 것으로 보고 "사람의 모양으로 태어난 것은 즐거운 일이지만, 세상에는 여러 다른 수많은 존재 양식들이 있으니, 이런 다른 양식으로 태어남도 기쁜 일이 아니겠는가?"라는 식의 말을 했다.

죽음이든 삶이든 어느 하나에 집착하지 않음이 중요하다는 것이다. 이렇게 생사에 관련되는 모든 욕심이나 집착의 줄을 끊고 초연해진 사람만이 마음의 더러움이 없는 것이다. 우리의 삶은 살아가는 것이 아니라 주어진 기산을 소비하면서 죽어 가는 것이라는 말도 의미가 있다. 그러니 살아가는 연습도 중요하지만 죽어가는 연습도 그에 못지않게 중요하다. 주어진 삶을 성실하고 아름답게 살아가면서 거기에 집착하지 않는 의연함을 가져야 할 것이다.

중국에서 장자는 죽음을 정면으로 논한 최초의 사람이었다. 이러한 죽음의 철학은 『장자』에 자주 등장하고 있는데, 이것은 중국의 사상가로서 매우 드문 일이다.

하나에서 둘이, 둘에서 셋이, 그리고 셋에서 만물이 생긴다는 노자 식의 생성론적 입장을 불교에서는 취하지 않는다. 어떤 물건이 어디서 나와서 존재하게 되었는가 하는 생성론은 불교의 관심사가 아니다. 어디까지나 불교는 '현재 존재하고 있는 것'이 어떤 조건에 둘러싸여 있는가를 밝히려 할 따름이다. 따라서 현실적 존재 속에서 진여를 본다. 즉 현실을 떠나서는 진여가 있을 수가 없다는 것이다.

진여란 '그저 이렇게'이다. 제법실상과 통한다.

공자가 말하기를, 세상에는 마음으로 경계해야 할 일이 두 가지가 있다고 하였다.

그 하나는 천명이고, 또 하나는 인간으로서의 의무이다.

천명이란 수많은 요소들이 서로 작용하는 관계의 산물이다. 어버이가 자식을 사랑하는 것은 천명이고, 그것은 언제나 마음에서 떠나지 않는 것이다. 그리고 군신 사이는 의무의 관계이다. 그 관계에서 아무리 뛰어난 능력을 갖고 있는 군자가 있다 해도 주변의 상황이나 존재들이 도와주지 않는다면 홀로 세상을 바꿀 수 없다는 것이다.

공자는 있는 그대로의 사실을 과장하지도 않고 인식했다.

공자는 인간의 이상을 군자로 상정했다. 군자는 세상에서 이상형을 이루고자 노력하는 존재로서 주어지는 대로 별 생각 없이 살아 가는 존재가 아니며, 가치관과 깨달음을 향한 개인의 수행만을 위 함이 아닌 인간관계의 착한 역할을 이루어가려고 노력하면서 살아 가는 사람이다. 군자는 덕이 있는 사람을 의미한다. 출신성분은 아 무런 필연성이 없는 우연의 결과일 뿐, 군자는 도를 알고 닦아 어진 덕이 있고 의를 갖춘 도덕성에 살고 있는 사람이어야만 한다.

공자는 인·의·충과 도덕에 의해서 천하의 질서를 재건하고자 생각했고, 현자를 등용하여 국정에 참여시켜야 한다는 생각을 가 지고 있었다. 이를 뒤이은 맹자는 천하에 널리 학교를 세우고 영재 교육을 일으켜야 한다고 주장했다.

그런데 노자는 이와 같은 인위적인 정책이야말로 소박한 백성을 자연으로부터 격리시키고, 모든 혼란과 타락의 원인이 된다고 생 각했던 것이다. 따라서 노자가 이상으로 하는 정치는 백성의 교육 이나 훈련도 없고 일체의 간섭을 하지 않는 자유방임의 원칙이다. 이를테면 정치 없는 정치가 가장 좋은 정치인 셈이다. 일종의 무정 부주의랄까, 영락없는 집시의 생활이다.

노장의 사상과 무정부주의를 동의어로 보아도 틀리지 않다고 본다.

무정부주의는 제도가 갖추어진 사회에서는 큰 목소리를 낼 수 있 지만, 정작 국가와 법과 모든 제도를 없애고 무정부사회를 만들고 난 후에는 세상은 난장판이 될 것이고, 따라서 독재자가 나타날 수 밖에 없다. 그리되면 무정부주의자들은 이미 사라진 뒤일 것이다.

이렇듯 무위의 정치는 자유방임의 정치이고 무위무책의 정치로서, 자못 무책임하고 백성에 대해서는 냉혹한 것처럼 보인다. 이 점은 노자도 인정하고 있었다.

"천지는 불안하다. 만물을 낳기만 하고 돌보지 않는다. 성인도 불안하다. 만백성을 사는 대로 버려둘 뿐 가르쳐 이끌려고 하지 않는다."(『도덕경』 제5장)

그러나 이 불안이나 비정으로 보이는 것이 사실은 최대의 자애라고 그는 주장한다.

세상의 보통사람은 인간을 자못 아끼고 돌보는 것처럼 보이지만, 결과에서는 이것이 깊은 상처를 주고 해치고 있다고 보는 것이 노자의 확고한 사상이다. 그 이상이나 그 이면을 돌아보지 않는 가르침이다. 주위를 전혀 돌아보지 않고, 또 그렇게 할 마음도 없이 자기의 주장만을 내세우는 일종의 책임 없는 외곬의 사상이다. 고집불통이다.

인간은 다른 동물처럼 태어난 후 바로 그 자리에서 발딱 일어서는 류가 못 된다. 당장 눈앞에 먹을 것을 갖다 주어도 아무 분간을 못하는 존재다. 이런 선천적인 인간의 근성은 정신교육과 발달과정에서도 다른 사람의 수많은 도움을 필요로 하고 있다. 혼자 일어설 만큼은 길러주어야 하고, 옳고 그른 것을 가릴 만큼은 가르쳐주어야 하는 것이, 인간인 우리가 부모가 될 때 동시에 짊어져야 하는 피할 수 없는 의무이다. 동물도 새끼를 낳으면, 동물의 새끼는 대개가 어미 몸에서 떨어져 나오는 순간부터 일어서고 움직일 줄 아는데도, 부모는 그 주위를 품으면서 혼자 독립해서 살 수 있는 기초교육을 철저하게 시킨다. 그럼에도 노자는 인간의 타고난 의무를 동물의 수준 이하로 내려놓으라 하는데, 인류역사상에서 그 어떤 책임을 그 자신은 지려는 것일까?

인간에게서 가장 아름답고도 훌륭한 점은 바로 자식을 사랑하고 자식을 위해서는 그 어떠한 희생도 스스로 기꺼이 감수해 나가는 점이라고 하겠다.

물론 교육이란 가르치는 쪽이나 배우는 쪽에서나 모두가 인위적인 행위이다. 그것도 대단히 커다란 인위적인 노력을 계속하여 필요로 하는 작용이다. 아마 인간의 삶에서 자식을 기르고 가르치는 것은 가장 큰 자기희생을, 그것도 스스로 기꺼이 바치는 행위이고, 가장 오래 계속되어야 하는 인위적인 노력일 것이다. 인간의 삶에서 가장 아름다운 마음이고, 가장 자연스러운 사랑이고, 가장 인위적인 노력과 정성을 기울이는 마음이기도 하다.

인간에게서 인위를 빼낸다는 것은 자기 자신의 존재 자체를 부정하는 뜻이 되기도 한다. 노장은 비교적 부모를 잘 만나서 높은 교육을 받아서 그들의 사상과 철학도 논하고 대접도 받게 된 것인데, 이러한 가르침의 길에 그들 스스로 나서지 않은 것은 고사하고 다른 사람들에게조차 가르치고 배우는 길을 막은 이유를 모르겠다.

그들이 주장하는 무위자연의 행이란, 인간적인 모든 노력의 과정을 빼낸 것이다.

자고 싶으면 자고, 깨고 싶으면 깨고, 먹고 싶으면 아무거나 눈에 보이는 것을 집어먹고 하는 등의 극히 원시적인 삶을 그들은 생이라고 하는 것이다. 겨우 인간이란 이름으로 일어선 사람들을 다시 동물의 세계로 몰아넣는 것을 복귀라 하는 것인가?

알 수 없는 노릇이다. 왜 타인의 길에 찬물을 끼얹는지를 모르겠다.

인위적인 것을 빼내고 우리들은 무엇을 어떻게 해볼 것인가?

아마도 노자는 부모를 잘 만난 덕에 그처럼 한가한 소리를 할 수 있는 것 같다.

무한이란 유와 무의 구별이 없이 모두 포용하는 것이다.

만물에 차별을 두지 않는 만물제동의 입장은 바로 이 '무한' 속에 몸을 두는 것을 말한다. 이렇듯 무한은 무가 아니다. 그것은 무한의 유를 그 안에 포용하기 때문이다. 그러나 무한은 유도 아니다. 유는 항상 유한인데 비해 무한은 그 반대이기 때문이다. 무한은 유무의 대립을 초월한 차원에 있는 것이고, 유무의 양자를 모두 다 감싸 안는 것이다. 이와 같은 무한의 성격을 장자는 거울에 비유하여 설명하고 있다.

인간의 마음 활동은 마치 거울과 같다.

가는 자는 가는 대로 내맡기고, 오는 자는 오는 대로 내맡긴다. 하긴 떠나가는 자를 억지로 잡으려고 무리를 쓰는 데서 사고가 생겨나기도 하는 것이다.

거울은 상대의 형체에 응하여 모습을 비추지만, 그것을 붙잡으려 하지 않기에 만물에 대응하면서 그 몸을 상하는 일이 없는 것이다.

거울이면 무색투명으로, 그 의미로서는 허이고 무이다. 스스로 허무인 까닭에 만물의 모습을 비출 수가 있는 것이다. 이렇듯이 무한은 거울처럼 무색투명하고 허무처럼 보인다. 그러나 그 허무는 온갖 것을 받아들이는 공간이다. 어떤 것이라도 거부하는 일은 없다. 또한 한 가지 물체에 집착하는 일도 없다. 가는 자는 쫓지 않는 것이다. 그 점이 바로 만물을 포용하기 위한 불가결의 조건인 것이다.

장자는 자주 허무염단(허무 어느 쪽에도 집착하지 않음)하라고 했지만, 그것은 비정의 권유인 것처럼 보이면서 사실은 무한자가 되라는 권유인 것이다.

도의 내용은 자연이고 운명이다.

천도, 즉 자연의 섭리는 어떠한 것과도 다투지 않고서도 승리를 거두고, 불러보지 않더라도 바른 응답을 하고, 초대하지 않아도 자연히 찾아오고, 침묵 속에서 면밀한 계획을 세운다.

그들은 인위라는 인간의 작은 도모를 버린 곳에 나타나는 자연의 활동은 절대적이고 만능의 것이라고 믿었다. 인위를 버리는 순간 자연은 그 위대한 기능을 발휘하기 시작한다는 것이다. 하지만 인위를 하건 안 하건 간에 자연은 항상 그 기능을 잃거나 멈춘 적이 없었다는 점을 기억해야 할 것이다.

유가와 도가는 마치 오른쪽과 왼쪽 같다고 생각한다.

도가는 자기들의 왼쪽만 주장하는 데 비해 유가에서는 자기들의 오른쪽도 주장하고 다른 집단의 주장도 인정하며 잘 설명해주는 여유를 갖고 있다.

상대를 말할 때 노자의 말은 가시처럼 뾰족하고, 장자의 말은 꼬였지만, 공자의 말은 부드럽고 여유가 흐른다. 분명 그렇게 보인다. 생각하는 마음의 여유가 훨씬 넓고 깊어 보인다. 그러니까 듣는 사람 쪽에서 듣기에 아주 편하다.

도가의 사상이 오리무중의 상태에 허무맹랑하게도 들릴 수 있다면, 유가의 사상은 우리가 살고 있는 현실 자체로 편안하게 보인다.

"남을 위해 조화를 함께하지 않으면 어찌 남을 교화시킬 수 있겠는가?"(공자)

『도덕경』은 일차적으로 나라를 다스리는 사람들을 위한 지침서다.

더욱 중요한 것은 인공적이고 인위적인 단계를 넘어서 도와 하나가 된 경지에 이르면 '내'가 하는 것은 없어지고 도만 있는 상태이므로 결국 내가 하는 모든 것은 도가 하는 일이 되고, 도가 하는 일이 내가 하는 일이 되는 것이다. 내가 하는 모든 행동에서 인공적이고 인위적인 흔적이나 흠은 사라져 버린 순수한 무위의 행이 된다는 것이다. 그런데 여기까지 가는 길, 여기까지 가기 위해서 어떻게 어떤 길로 가야 한다는, 후학을 위해 해줄 수 있는 친절한 가르침은 전혀 보이지 않는다.

뿐더러 인간이 이 지구상에 태어난 이래 언제 어디에 그런 도인 같은 정치 지도자가 과연 있었던가? 가끔 깨달은 자가 있어 정신과 영혼의 지도자는 있었지만, 진실로 깨달은 자가 나서서 이상의 정치를 했다는 말은 듣지 못했다.

지금은 그 시절로부터 얼마나 오랜 세월이 흘렀는가? 얼마나 많은 제도가 바뀌었는가? 얼마나 많은 영웅이라는 사람들이 나타났었는가?

그랬음에도, 아직까지 우리 인간들이 살아가는 세상은 별로 변한 것이 없다. 다만 과학의 덕으로, 인간의 절대 인위적인 노력의 덕으로 인위적인 발전만 늘어난 정도이다.

도는 엄격히 말하면, 모든 존재의 근원(Ground of all being)이지 존재 중의 하나일 수가 없고, 또 존재하는 모든 것이 도와 덕으로 이루어지지만, 도는 덕과 별개의 존재로 덕과 동일한 존재론적 차원에서 그것을 붙잡고 꼼짝 못하게 하지는 않는다. 덕의 성장을 의식적으로 좌지우지하며 지배하려 하지 않는다는 것이다. 『도덕경』에서는 도와 덕이 모든 것과 불가분의 관계를 계속 유지하면서 그것에 대해 기본적으로 '있는 그대로인 채'의 입장을 취한다는 것이다.

항상 도를 생각하고 거기서 벗어나는 일이 없는가를 살펴가며 사는 삶을 가져야 한다고 한다. 도에 굳게 머물고 도를 품은 사람은 도에서 벗어나거나 이탈하는 일이 없을 것이다.

도에 따라 사는 자연인은 '함이 없는 함'을 하면서 어디에도 집착함이 없이, 일이 완성되면 그냥 그것으로 족할 뿐인 것이다.

따라서 무위무사란 일을 안 하는 것이 아니라 일을 신중하게 하는 것이며, 그렇게 해가는 일에서 개인적인 욕심이나 기대가 빠져 있다는 것이다. 이는 바로 모든 인간적인 욕심을 놔두고 순수한 마음에서 일을 해나가는 상태이다.

불교에서는 '욕심을 없애라고 하는 욕심도 욕심인 것만은 틀림이 없으므로 그런 욕심마저도 없어진 완전한 무욕의 상태'를 이상으로 보는데, 『도덕경』에서는 거기까지는 말하고 있지 않다.

도는 절대이므로 가장 큰 것보다 더 크고 가장 작은 것보다 더

작다.

도는 절대적인 하나이므로 그 안에 아무런 경계가 없다. 도는 마음에 간직하거나 체험으로 알아야지 사변이나 논의의 대상으로 삼아 따지고 들면 영원히 절대 타자로만 있게 된다. 도는 무한자이기 때문에 그 안에 모든 것을 똑같이 감싸 안는다.

도의 활동은 자연이고, 그 활동은 그것 자신의 내부에 갖추어져 있는 것이고, 도 자체는 의식이나 노력 같은 것을 꾀하지 않는다.

어찌되었든 간에, 세상에 알리고 싶다면 세상이 알아들을 수 있도록 말하고, 그렇게 되도록 노력을 기울여야 하는 것이 그 사람, 깨달은 자의 의무이다.

"나는 말했다. 알아듣고 못 알아듣고 하는 것은 그대들의 몫이다."라고 하면 따로 할 말이 없다. 그렇다면 적어도 다른 사람의 사상을 헐뜯고 하는 무례는 저지르지 말아야 하는 것이 아닐까?

어머니란 존재는 자기 자신을 위해서는 아무런 욕심도 없고, 아무것도 토를 달지 않는 무조건의 사랑과 헌신으로, 자기 자신의 목숨마저도 아끼지 않고 모두 내주는 그런 사랑을 자식에게 주는 사람이다. 이렇게 비어 있는 상태를 표현해야 한다면 '작음'이라고 할 수밖에 없다. 그러나 다른 한편으로 어머니는 모든 자식의 모태요, 자식이 필요로 하는 것을 채워주는 한없는 공급처이다. 또한 모든 자식을 감싸 안을 수 있는 넓고도 넓은 가슴이다. 이렇게 볼 때는 끝없이 '크다'고 할 수 있다.

도의 또 다른 상징인 물을 보라. 그 속에서 온갖 물고기가 노닐고 있지만 이를 피하거나 싫어하지 않는다. 물고기들이 이 물의 고마움을 알 리가 없지만 그걸 섭섭해 하거나 야속하게 생각지도 않는다. 자기 자신의 영광이나 공로 따위에는 전혀 관심도 없고, 그냥 자기 위치에 존재하기 때문에 '작음'이다. 허나 그 많은 물고기를 다 같이 감싸 안고 그 안에서 살아가게 할 수 있기 때문에 '크고 또 크다'라 하지 않을 수 없다.

내가 불교공부를 하는 학생이라서가 아니라, 불교 이론과 가르침에서, 아무리 세상이 바뀌고 변화해도 가르침의 뜻하는 바에 대해서는 이의를 내놓을 틈이 보이질 않는다. 근대의 사상이나 과학의 원리나 심지어는 의학이나 천문학까지도, 우리는 2,500여 년 전에 이루어진 불교의 교리에서 그 근본 원리를 발견하고서 놀라고, 또 그때의 가르침에 머리를 조아리며 학문의 근본으로 삼고 연구를 이어가는 형편이다.

노장의 사상에서는 고개를 쳐들고 뚫고 들어갈 구멍이 너무 많이 보인다. 앞에서도 이미 지적을 했지만, 왜 그들은 매사를 한쪽만 보는지 모르겠다.

모든 것에는 양면이 있다. 양면을 다 보아야 그것을 제대로 본 것이 된다.

물에는 고마운 점이 있는 반면에 무서운 점, 지독하게 독한 점도 있다는 것을 슬쩍 넘어서는 안 된다. 덮어보았자 언젠가는 들키게 되는 것이다. 그래서 장단의 양면을 모두 설명하고, 거기서 좋은 점을 들고 나가야 한다. 안 그러면 눈 가리고 아웅 하는 식이 되어 버린다.

적어도 도를 말하고 진리라는 단어를 내세우려면 조금도 허술한 데가 있어서는 안 되겠다. 나 같은 늙은이도 고개를 들고 지적할 틈이 있다면, 이것은 정말로 곤란한 것이다.

무엇이든 충분하게 익지 않으면 제대로의 맛을 낼 수가 없는 법이다.

실천자 붓다

이 세상에서 인간으로서 가질 수 있는 최고의 조건을 다 던져버리고 맨발로 구석구석 찾아다니면서 팔십 평생 가르침을 펼친 것만 가지고도 머리를 숙이지 않을 수가 없다.

인류역사상 이렇게 헌신한 스승은 더 이상 찾아볼 수 없다. 좋은 말, 훌륭한 말과 설을 논하는 자는 많았지만, 인류의 근본적인 고통의 해결방법을 찾아내고 앞장서서 우리 인간들을 잡아 이끌어 고통으로부터 일으켜 세우고사 평생을 노력한 스승은 오직 석가모니 부처님뿐이다.

남을 가르친다는 것은 정말로 무섭고도 어려운 일이다. 아이들에게 글자를 가르치는 것도 존경 받는 일인데, 인간에게 진리의 눈을 뜨게 하는 가르침을 주고자 하는 데서는 무엇이라 더 덧붙일 것이 없다. 정신과 영혼의 눈을 뜨고 스스로 일어설 수 있게 해주는 가르침을 천층만층 구만층이나 되는 인간들에게 골고루 펴 왔을 뿐만 아니라, 인간에게 최고의 자존을 키워주고 불굴의 용기를 넣어준 그 자비의 가르침은, 인간이 존재하는 한 영원히 살아서 빛을 볼 것이다. 이제까지의 역사에서 적지 않은 정신적 스승들이 나타나서 우리를 가르쳐 왔었지만 세존만큼 온 생애를 다 바쳐서 인간으로서의 깊이와 인간으로서의 자존을 불러일으켜준 분은 없었다.

석가모니는 인간의 능력을 대단히 높이 믿어 주었을 뿐만 아니라 인간의 자존심을 무한히 북돋아주신 분이다. 노장의 교육이 인간의 능력을 가두어두고 말살시키는 데 한 몫을 했다면, 부처님은 인간의 능력을 한껏 북돋아주었다. 그에 따라서 인간은 하늘의 별까지도 따려고 이 별 저 별로 다닐 수 있는 꿈을 키우고 힘을 기르게 된 것이다. 훨씬 후대에 태어난 하나님의 아들인 예수도 상상을 못해 본 그것을 우리 인간들이 이루어낼 수 있다는 가능성을 보여주면서, 그렇게 되도록 인간들을 잡아 일으켜주신 분이 바로 석가모니 부처님인 것이다.

인간의 위치에서 달을 향해, 우주를 향해 뛰어오를 수 있는 그 가능성을 심어주고 용기를 북돋아주고 자신감을 불어넣어준 그 정신 교육의 덕택이라 믿는다!

우리에게 용기와 희망을 일으켜 주면서도 우리 인간의 정신과 마음을 깨끗하고 올바르게 유지해갈 수 있는 가르침을 주어 왔고, 그렇게 하여 스스로 자존을 세워가면서 유지해 가고 일으켜 가도록 양면의 교육을 주었으니 존경할 사상이고 스승인 것이다. 그것도 큰 자비가 항상 함께하면서 말이다.

장자가 말하는 좌망은 선종의 좌선과 비교되고, 장자시대에는 불교가 아직 중국에 들어와 있지 않았다. 하지만 불교와 도가는 뒷날 깊은 관련을 맺게 되어 도가에 불교적 요소가 섞이게 되고, 중국불교에도 도가적 요소가 많이 섞이게 된다. 그러나 도가의 좌망이 불교의 좌선과 같은 수행법으로 행해졌던 것 같지는 않다. 왜냐하면 장자에게 있어서 수행이나 노력은 부자연한 인위로서 무위가 아니기 때문이다. 그러나 좌망이 더욱 유명해진 것은 불교가 들어오고, 중국인들을 위해 불교경전들이 중국어로 번역되면서 자연히 노자나 장자에게서 용어를 가져온 것이 많았기 때문이다. 즉, 불교의 발전과 포교의 힘에 의해서 오히려 노장이 말하고자 했던 그 말들의 뜻을 중국인들이 쉽게 이해하게 된 것이다. 말하자면 도가의 무, 무위, 무위의 행, 도 등 노장의 아리송한 설명에 어리벙벙해 있던 중국인들은 불교를 통해서 그 뜻을 더욱 분명하고 확실하게 이해하였던 것이다. 불교의 설명은 너무도 과학적이고 수학적으로 딱 떨어지기 때문에 거기에 더 설명할 필요가 없다. 거의 같은 원리를 말만 바꾸어서 설명한 것인데도 그 설명하는 방법에 있어서, 하나는 허공을 날듯이 그 뿌리도 없고 색깔도 없이 아리송한데, 다른 하나는 너무도 분명하세 한 발자국씩 분명하게 보여주고 설명을 해주고 풀어서 가르쳐주기까지 한다.

그래서 진리인 것이다!

불교는 그냥 이러이러하니 이리로 따라오라고만 하는 것이 아니라, 무엇보다도 우선 이해를 시키고 가르치는 노력을 성실히 기울이는 자비의 종교이다.

그렇다! 가장 중요한 것은 바로 자비가 앞서는 종교라는 점이다.

만약 자비가 빠져 있다면 아무리 훌륭한 사상이라도 우리 인생사에는 별 도움이 될 수가 없다.

이 세상은 보통의 사람들이 살고 있는 곳이다. 이런 보통의 사람들을 가르치고 이끌어 갈 수 있는 뜻이 빠진 것이라면 그것은 하나의 헛소리에 불과한 것이다.

이미 천국의 사람들이 되었다면 더 이상 무슨 설이 따로 또 필요하겠는가?

다시 한 번 더 분명하게 짚고 가야 할 것이, 인간이 갖고 있는 인위적인 능력이란 가히 무한한 것이라고 말할 수 있다는 점이다. 마음만 제대로 먹으면 천하 정도가 아니라 온 우주를 휘둘러 가면서 가고 올 수 있는 능력도 개발해 낼 수 있는 가능성을 인간의 인위적인 노력의 힘으로 이미 보여주고 있지 않은가.

노장의 사상에서 크게 아쉬움을 느끼는 것은 처음부터 끝까지 그들에게서는 자비에서 우러나오는 열정이 빠져 있고, 자신을 위해, 그리고 세상을 위해 깨달은 것을 실천해야 한다는 생각도 별로 없는 것 같다. 정치에 대한 관심과 의욕과 그 바닥에 근본적으로 깔려 있는 은자들의 개인주의 철학 때문에 처음부터 아예 자비란 없었던 것이라고 생각된다. 그러면서도 보이지 않는 우월감이 지나치게 가득해 보인다. 그래서 자신들의 공부도 더 이상 깊이 들어가지는 못한 것 같다.

자비가 빠진 가르침이라면 차갑고, 싸늘함만 느끼게 한다.

자비란 결코 타인만을 위한 것은 아니다. 바로 도를 공부하는 나 자신을 돌아보는 연민의 정도 포함되어 있어서, 남과 나를 함께 아파하고 돌아보고 보살펴주는 그 마음에서부터 내가 진실로 살아나는 것이다. 커진다는 말이다.

종교공부를 하여 지혜가 쌓여 가면 마음이 고요해져 가고, 매사에 한 걸음 뒤로 물러선 여유로움을 가질 수 있다. 그렇게 지혜가 완성되어 가는 것이 귀결이다. 여기까지는 자리自利이고, 이것을 넘어서면 이타利他로 가게 된다. 그러면 지혜가 당연히 자비로 넘어가는 것인데, 진정으로 안다는 것은 진정으로 사랑한다는 것이 아닐까? 지智의 완성은 사랑에 이르고, 사랑의 완성은 지에 이르게 되는 것이 자연스러운 흐름이다.

진리를 공부하고 도를 공부해 가노라면 저절로 마음속에 연민의 정이 올라오는 것이 순리라 본다.

불교적 세계관은 지혜와 사랑이 반드시 하나로 된 후에야 온당한 자리에 이른다고 본다.

기독교의 개념으로는, 지혜는 아가페(Agape: 신의 사랑)이고, 사랑은 에로스(Eros: 인간의 사랑)에 그친다. 자리의 사랑은 에로스이고, 타리의 사랑은 자비이다.

보통 불교신자는 반야의 지혜를 닦는다. 선정을 행하고 지혜를 열어간다. 이렇게 해서 지혜가 원만해지면 그 다음에는 중생을 구제하겠다는 발원으로 옮겨간다. 그런 완성이 참 지혜로 되는 것이고, 저절로 우러나오는 것이고, 그 지혜 가운데는 안타까운 마음이

들어 있다. 그러한 지혜를 대비라고 부르는 것이다. 바로 부처님의 사랑이다.

불교는 지적 이해만 갖고는 충분하게 이해할 수가 없다. 그 바닥에 큰 아픔(대비)의 철학이 깔려 있어야 하는데, 이는 대비관음으로 구체화된다.

인생이란 지식만으로 충분치 않고 사랑만으로도 충분하다고 볼 수가 없는 것이다. 본질적으로 이 양자가 한데 합쳐져서 하나라고 생각되어야 한다.

마음의 활동에서도 의지가 빠진 지성은 있을 수가 없다. 지성은 표면적인 역할이고, 깊은 곳에는 항상 '의지'가 있다. 지성만으로는 충분치 못한 것이다.

훌륭한 철학이나 도덕적인 가르침은 머리(표면적인 마음, 즉 표층적인 의식의 세계)로 '과연 그렇다' 하고 이해하는 것이다. 그런데 모든 사람이 그대로 그렇게 이해하고 실행해 간다면 별문제가 없으나, 실제에 있어서는 그렇지가 않다. '표면적인 마음'으로서는 마땅히 알고 있지만 인간에게는 '숨어 있는 마음, 즉 무의식의 세계'라고 하는 것이 또 있어 인간을 미혹케 하여 좋지 않은 행동을 하게끔 한다. 따라서 이 숨어 있는 마음마저도 깨끗하게 해주는 것이 종교이며 신앙인 것이다.

마음과 깨달음

마음에 대하여

화엄 제5조 규봉종밀(780~841)은 선교일치를 주장한 사람이다. 그는 불교에서는 보통 마음을 네 종류로 파악한다면서 이렇게 설명했다.

①육단심: 육체에서 우러나는 마음

②연려심: 대상에 대해 분별하는 마음

③집기심: 망상을 내는 마음

④견실심: 진실심, 참마음

이 중 견실심은 절대불변, 불생불멸하므로 이심이라 하고, 나머지는 생멸하므로 사심이라 한다.

한편 마음을 본심과 망심, 유심과 무심으로 갈라서 보기도 한다.

본심이란 둘로 나누어짐이 없이 전체로 펼쳐나가는 마음을 말하고, 망심은 생각이 어딘가에 붙들려 한 곳에 고착된 상태를 말한다. 본심이 굳어져 엉기면 망심이 되어버린다. 묶여서 집착된 마음이 망심이고, 비유로 말하면, 본심은 물이고 망심은 얼음이다. 유심은 망심과 같다. 즉, 어딘가에 생각이 묶여 있는 곳이 있음을 나타낸다. 마음에 생각이 있으면 분별사안이 잇따르게 되므로 유심이라 한다.

한 군데 붙잡힘 없이 온전하게 움직이는 마음이 본심인데, 무심은 본심처럼 굳어지고 고정되는 일이 없어 분별도 사안도 없는 마음이다. 온전히 전체로 뻗어 나가는 마음을 무심이라 한다. 또는 정심과 망심으로 나누기도 한다.

유심=망심=사심, 무심=본심=이심=정심이다.

정심은 본심과 무심에 해당하고, 망심은 유심에 대응한다. 원래 둘은 같은 것이다.

『반야심경』이 말하는 '불생불멸 부증불감'도 바로 이 정심을 가리키는 것이다.

현실적 마음의 움직임이라는 문제를 철저히 파고든 학파는 인도불교의 유가행파이다. 이 학파를 시작한 인물이 미륵(270~350경)이고, 완성시킨 인물은 무착(310~390경)과 세친(320~400경) 두 형제이다. 일반적으로 말하는 유식학은 이 학파의 이론을 말한다. 논서로는 무착의 『섭대승론』, 세친의 『유식삼십송』, 호법의 『성유식론』이 유명하다. 현장(600~664)에 의해 한역되어 중국에 소개되었는데, 중국 법상종이 이를 바탕으로 하여 연구를 진행시켰다.

법상종은 인간의 마음을 여덟으로 나눈다.

안식, 이식, 비식, 설식, 신식, 의식, 말나식, 아라야식(아뢰야식)이 그것이다.

아름다운 꽃을 보고 꽃이 거기 있음을 아는 안식, 음악을 듣고 그것이 멋지다고 아는 이식, 냄새와 향기를 분간하는 비식, 음식의 맛을 느끼는 설(미)식, 신체에 무엇이 접촉되면 느껴서 아는 신식, 여기까지를 전오식이라 한다. 제6식인 의식은 현대 심리학에서 쓰이는 의식(consciousness)과는 달리, 보다 넓은 의미를 갖고 있다. 감정이나 의지까지도 포함한다. 이 의식까지는 보통의 심리학에서 다루고 있는 것이어서 이해하기가 까다롭지는 않다. 그런데 그 다음의 일곱 번째 말나식에 이르면 분명하게 잡히지 않는다.

말나식은 현실적으로 활동하는 마음의 심층에 자리 잡고 있는 마음이다. 소위 정신분석학에서 이르는 잠재의식에 접근하는 개념이다. 혹은 자아의식이라고도 하겠다. 보통 "내가…"라고 하는 '내가'에 해당하는 에고이즘의 뿌리이다. 자기애의 자리이다. 자기 자신을 보존하려는 맹목적 의식에서 말나식의 존재를 느낄 수 있다. 그것은 거의 본능적이고 충동적이다.

예를 들면, 제6식에서는 죽겠다는 마음을 정했음에도, 제7식에서는 순간적으로 자기애를 발동하여 우연히 머리 위로 떨어지는 돌을 피해서 스스로를 보호하게 하는 것이다.

유식설은 제7말나식의 배후에 인간의 생명력인 제8아라야식이 존재한다고 강조한다. 아라야식은 장식 혹은 종자식이 된다. 장식은 곳간, 즉 창고이니, 울고 웃고 화내고 기뻐하는 모든 경험을 아라야식에 저장하고 있다. 내 삶을 받은 이후뿐만 아니라 부모의 경험, 나아가 인류가 출현한 이래로 겪어온 경험 전부를 간직하고 있다. 원인류의 경험, 더 소급하자면 파충류, 아메바의 그것까지도 포함되어 있다 하겠다. 아라야식은 무시이래의 경험을 몽땅 저장하고 있는 것이다.

동물의 영장이라는 사람들이 가끔 축생 같은 짓을 서슴지 않고 나타내고, 축생 가운데서도 하급에 속하는 부류의 행동을 서슴지 않고 행하는 뻔뻔스러운 점도 있음을 잊어서는 안 된다.

다음으로 종자식의 측면에서 아라야식을 살펴보자.

내가 지금 어떤 행위를 했다고 하자. 그러면 아라야식은 내 근원적 생명 가운데 그 행위의 잔재가 남는다. 이른바 훈습이 이것이다. 차를 늘 마시는 방안에는 차의 향기가 배어 있다. 그 방에서 나오면 옷에도 향기가 잠시 머물러 있는 것과 마찬가지로, 우리가 일단 저지른 일은 선이든 악이든 간에 잠재의식으로서의 아라야식에 저장된다. 이렇게 저장된 것을 종자라 한다. 종자는 다음 행위에 영향을 미친다. 아직 의식의 표면에는 떠오르지 않는 지속된 경험으로 다음 행위의 가능성을 잉태한 원인체로 있다가 인연이 충분히 익으면 의식의 영역으로 떠오른다. 현행, 훈습, 그리고 종자 이 셋은 매 순간 동시에 사이클을 이루며 반복해 나간다.

생명활동의 본원으로 유식에서는 아라야식을 내놓았고, 화엄에서는 인간의 '있어야 할 모습', '그리 되어야 할 마음'이라는 이상적

견지를 내놓았다.

아라야식 자체에는 종교적 이상이 들어 있지 않다. 단지 인간의 번뇌와 무명의 근원이 있다. 깨달음의 세계를 지향하는 불교에서 인간의 번뇌와 무명은 순화되고 정화되어야만 하는 것이다. 종교적 생명에서 보자면 아라야식의 단계는 아직 미흡하고 격이 낮다고 하겠다. 이래서 『대승기신론』과 『입능가경』으로, 여기서 비로소 여래장과 자성청정심을 이끌어 내기에 이르렀다. 『입능가경』 제7 불성품에 "아라야식을 여래장이라 이름한다. 무명의 7식과 함께 있다."고 서술하고 있다. 아라야식과 여래장의 관계를 체와 용, 본체와 현상으로 설명하는 논서가 『대승기신론』이다.

유식은 사심의 범위에서 마음을 논하는 데 그치지만, 화엄은 이심에까지 이른 것이다. 거기다 이심이 사심을 관찰하고 있다고 했다. 아무리 뒤집힌 망상을 가진 마음일지라도 그 속으로 한 줄기 시리고 맑은 빛이 관통하고 있다는 것이다. 다만 그것을 자각하고 있지 못하는 것뿐이다.

흔히 사람들은 무슨 짓을 하든지 법에 저촉되지 않으면 제재를 받지 않을 것이고, 도덕적으로도 양심에 가책만 받지 않을 정도면 되지 않겠느냐 할지도 모른다. 그렇지만 인간의 모든 행위가 본인의 아라야식 속에 남는다고 생각하면, 저장되기를 원치 않는다는 그 마음까지도 저장된다는 사실을 기억할 때, 그처럼 반복되어 갈 자기 자신의 다음 생들을 떠올려 보면 어떨까?

용수는 "연기를 보는 자는 공을 본다."고 했다. 연기를 이해한 사람은 공을 볼 수 있다는 말이다. 공은 실체가 아니다. '아무것도 없는 것'이 존재한다는 오해는 말아야 한다. '관계성'으로 존재하는 것이 공이다. 이 법계의 경우 현상하고 있는 것이 연기인 까닭에 그 조건이 소멸하면 바로 공이니 '연기 즉 공'이라 한다.

이 법계를 『반야심경』의 언어로 말하자면, '색즉시공'인데, '색'은 형체 있는 것, '즉'은 '그것이 그대로'라는 뜻이다. 형체 있는 세계가 그대로 공이다.

A.D. 401년에야 공의 철학이 중국에 알려지게 되었다. 구마라습의 번역을 통해서야 겨우 용수의 공철학이 중국으로 간 것이다. 그러나 중국인이 공의 철학을 이해할 바탕은 이미 노장의 '무의 사상'이 마련해두고 있었다. 무와 공을 함께 하여 공을 자기 것으로 소화시킴으로써 당시의 불교는 공의 사상, 다시 말해 반야학의 융성을 자랑하는 시기가 되었던 것이다.

사사무애(현상계의 모든 사상이 서로 융합하여 방해되는 것이 없는 것) 법계는 이사무애(본체계와 현상계는 일체 불이의 관계에 있다고 하는) 법계를 거치지 않으면 이해할 수 없다고 한다.

첫 번째인 사법계(차별의 현상계)는 이사무애법계를 거치지 않고서도 보이는 상식의 세계이다. 현실적 대상은 같으나 사법계와 전혀 달리 나타나는 세계가 사사무애법계이다. 앞에 있는 산도, 흐르는 시냇물도, 조그마한 돌멩이까지도 사랑스러워지는 느낌이 든다. 모두가 똑같이 하나로 보이는 것이다. 이럴 때 여기서 사사무애법계가 출현하는 것이다. 인간의 심정이 커다란 전환을 맞게 되면 이 세계가 남김없이 알려진다고 한다. 이렇게 사물과 사물이 함께 깊은 관계로 녹아 맺어져 있는 세계가 사사무애법계이다. 이것을 삶과 죽음이라는 보다 큰 문제로 확대시키면 죽음의 세계나 삶의 세계나 사사무애법계에서 하나로 드러남을 알게 된다. 그 때문에 사사무애법계를 화엄이 그토록 강조하는 것이다. 그런 세계는 너와 나의 구별이 전혀 있을 수 없다. 무애이다. 사람의 지성으로는 아무리 해도 이사무애법계까지밖에 못 간다.

우주에서 힘 있게 폭발하는 행성을 바라보면서, 이 작은 몸뚱아리인 내가 그 가운데에서 살아 숨을 쉬고 있다는 것을 생각해 보면 눈물이 나도록 감사한 노릇이고 신기하기가 끝이 없다. 바로 그 감사의 마음이 일어나는 곳에 사사무애법계가 있다. 그런 마음이 일지 않으면 사법계에 있는 것이다. 이러한 세계는 유물론으로서는 다다를 수가 없다.

이사무애법계 속에서 자신의 안심과 자신의 고뇌가 결국 하나임을 깨닫게 된다.

신과 악마가 두 얼굴이 아니고, 나와 부처도 한 몸뚱아리다. 이사무애법계를 넘어서면 모든 사물, 모든 인류, 어중이떠중이가 한자리에서 어울려 절대화의 공간이 열린다.

실존은 우선 보통의 인식, 즉 상식으로, 다음 단계는 이성적 인식으로 이해가 가능하다. 그 다음 단계인 '집기심'은 종교적인 지성으로 어느 정도 가능하다. 여기까지는 혼자서도 수행을 깊게 하면 이루어 볼 수 있다고 한다. 하지만 네 번째의 단계인 '견실심'은 커다란 전환을 맞지 않으면 어림없는 세계다. 여기에서는 부처의 광명 혹은 부처의 자비가 그것이었구나 하고 고개를 주억거리게 된다고 한다.

사사무애법계는 '정감'의 영역이다. 의지적 세계라 불러도 무방하다. 인간의 실존에서 의지가 가장 확실한 영역이다. 실존은 우선 보통의 인식, 즉 상식으로, 다음 단계는 이성적 인식이다. 이 단계에서는 인간의 감정, 즉 기쁨이나 노여움 등이 눈 녹듯이 사라진다. 종교적 회심을 가지지 않고서는 도대체가 파악이 불가능한 대비의 나라이다.

철학에서 종교에의 전환점이 바로 네 번째 '견실심'에서 마련된다. 마음이란 대상, 즉 개체에 의해 움직인다. 그런데 움직이면서도 마음은 '그윽함'을 잃지 않아야 한다. 마음이 시시각각으로 다가오는 대상을 따라 그대로 용납하면서 진정한 불성, 사법계의 이법을 깨치면 인간의 감정, 즉 기쁨이나 슬픔, 노여움, 욕망 등이 눈 녹듯이 사라지는 것이다.

사사무애법계가 열리는 것이다. 그윽한 세계는 사사무애법계의 세계다.

사사무애법계는 완전한 '향하문'의 세계로, 종교적 호기심을 거치지 않고서는 파악이 전혀 불가능한 대비의 나라이다.

여기에 이렇게 숨 쉬고 있는 가슴이 확 열리기까지 얼마나 많은 수행이 필요할 것인가?

법계는 살아 있는 현세에서 숨을 쉰다.

이 진리에 참여한 사람은 '지금, 그리고 여기'라는 절대적 현세에서 초월을 경험한다. 그 초월계는 상대적 시간과 공간을 떠나 있으므로 언어나 사유로 접근할 수 없는 영역이다. 인간의 사유, 그리고 언어로는 진리의 세계에 들어갈 수가 없다. 현재에, 지금에 전적으로 투철할 때 비로소 온몸으로 살고, 그리고 온몸으로 죽는 자유를 획득한다. 시간적으로는 한생각이 영원과 맞먹고, 공간적으로는 티끌 하나에 온 우주가 들어찬다는 역설은 바로 이 현재에 직접적 초월을 표현하려는 원효대사의 수사법이다.

법계는 현재이다.

철저히 현재에 즉할 때, 그때에야 보이는 것 없이 보일 것이라는 생각이다.

불교에서 삼승이란 성문, 연각, 보살을 뜻한다. 그중에서 연각이란 길을 통해 깨달음을 이루어 가는 사람들로, 그들을 벽지불이라고 부르고 독각이라고도 번역한다. 그들은 혼자서 조용히 득도를 한 사람이다. 스승 없이 깨닫는 것을 독각이라 한다. 혹은 연각이라고도 한다. 이들은 아직 보살의 행을 생각하지 않는 상태에 있다. 그러나 때가 되어 그들이 보살의 행을 하게 되면 그들도 성불을 할 수 있다. 스승 없이 혹은 특별한 종교를 모르고 있는 상태에서도 그 사람의 삶이 그대로 연각이나 독각의 길을 따르는 경우도 종종 있다.

깨닫는다는 것

인류 역사상 이미 여러 명의 깨달은 이들이 나타났었으나, 그들은 깨달은 것을 설하고 전하는 과정을 거치지 않은 채, 아무런 자취도 없이 자신들만의 깨달음으로 안고서 그냥 조용히 떠나갔다고 한다.

세상은 빛을 볼 기회도 없이 캄캄한 채로 그렇게 지나오게 한 것이다.

그러나 석존께서는 그 법을 체계화하여 질서정연하게 정리해 놓으셨고, 사람들에게 직접 가르침을 주셨다. 법을 정리해 놓지도 않고 아무런 가르침도 주지 않았다면 그 훌륭한 법은 사람들의 생활에 아무런 도움도 되지 못했을 것이며, 그냥 번개처럼 갑자기 나났다가 사라져버린 우주의 한 작용에 불과했을 것이다.

깨달음을 얻는다는 것은 자신과의 싸움이고 노력이고 피를 말리는 고행이다. 여기까지 이르는 것도 우리에게는 너무도 까마득하고 멀어 보이기만 하는 자리인데, 이것을 다시 뒤집어 다른 사람들, 그 많은 다양한 부류의 사람들이 모두 이해할 수 있도록 정리하고 체계화해 놓은 노력은 인간에 대한 자비, 말할 수 없이 커다란 자비가 아니고서는 상상도 하지 못하는 너무도 어렵고도 힘이 드는 일이다. 깨우침을 얻는 어려움에 못지않은 어려움을 또 한번 더 겪어내신 것이다. 이 과정도 엄밀히 말하면 또 다른 깨달음의 탄생이다. 세존께서 이 과정을 거쳐냈음이 다른 선각자들과 비교되는 차이점이고, 또한 그럼으로써 우뚝 서게 된 것이라고 본다.

지식이 높은 자들은 그들의 수준에 맞추어 높게, 지식이 낮은 자들은 또한 그들의 수준에 맞추어 낮게, 배우는 이들의 수준을 생각하여 큰 자비로 세세히 신경써주신 것은, 또 다른 깨달음과 참다운 자비의 세계라고 본다.

석가모니 부처님의 위대함, 다른 깨달은 자들과 비교를 할 수 없는 점이 바로 이러한 마음씀씀이다. 보통 수필 한 권을 써내는 데에도 얼마나 꾸준한 노력을 기울여야 하는가를 잘 알고 있다. 그것을 위해 얼마나 많은 양보와 희생을 해야 하는지도 역시 잘 알고 있다.

하물며 석존께서 중생들을 위해서 그 깊고도 방대한 진리의 가르침을 질서정연하게 체계를 잡아 주셨다는 것, 2,500여 년이 더 지나간 지금까지도 한마디의 변경도 있을 수 없게 완벽하게 설명을 해주셨다는 것은 우리로서는 상상을 초월하는 것이며, 머리를 숙이지 않을 수가 없다.

그렇게 해서 우리 인간들의 역사에 커다란 변혁을 가져올 수 있었던 것이다.

정신의 변혁, 영혼의 변혁, 존재의 자각, 마음의 발전, 우주의 참여 등 어느 모로 보나 인간의 삶에 대단한 발전과 변혁을 가져오게 한 것이다.

그리고 우리도 분명하게 진리의 가르침을 받아들일 수 있게 된 것이다.

석존께서는 지극히 현실적인 문제를 가장 근본적인 방법으로 해결하려 했으며, 그 방법이란 깨달음이 있는 지혜, 지혜와 자비로운 깨달음이다.

인간의 삶에서 자비를 빼낸다면 그것은 동물의 세계보다도 더

낮아지는 것이다. 우리는 동물들에게서도 커다란 자비를 보게 될 때가 종종 있다. 개는 물론이고 뜻밖의 동물에게서도 놀라운 자비와 희생의 행을 보게 될 때가 있다.

석존의 가르침을 통해서 우리는 올바른 자기 자신을 찾아보게 되었다.

스스로 자기를 찾아 올바르게 노력하고 조심하고 배우고 수행을 이어 가노라면 우리도 언젠가는 마음의 눈을 뜰 수가 있다는 믿음을 갖게 될 것이다. 인간이 갖고 있는 능력의 가치를 제대로 보게 되고, 바르게 노력해가는 수행의 값어치를 똑바로 바라볼 수 있게 되면서 마음속에 믿음과 용기가 생겨날 것이다.

그리고 항상 우리도 부처님의 경지로 꾸준하게 한 발짝씩 올라가고 있다는 '확신'이 쌓이면서, 그 어떤 고난의 생애라 하더라도 항상 마음 편히 인생을 살아갈 수 있고 안락하게 죽어갈 수 있을 것이다. 이처럼 석존의 진여와 자비의 가르침은 항상 바람개비 같은 인간의 마음의 중심을 2,500여 년이 넘게 잡아준 것이다.

장자는 분명히 노자와는 다르다. 시작이야 어찌되었든 간에, 장자는 분명하게 중도의 길을 찾아 나섰는데도 은자들의 근본적인 바탕으로부터 훌쩍 뛰쳐나오지 못한 것이 참으로 안타깝다.

『장자』에 나오는 초나라의 섭공이 전권대사로서 제나라로 가라는 왕명을 받고 진퇴양난에 처한 자신의 처지를 공자에게 하소연한다.

'자신을 잊고 생사에 초연한 태도'를 지니면서 일을 해나가면 어디를 가든 문제될 것이 없으니, 이런 태도를 가질 수 있으면 걱정할 것이 없다고 공자는 일러준다.

모든 것을 그냥 순리대로 자연스럽게 행동하라는 무위의 가르침이 기본 사상이다.

삶의 궁극적인 차원에 관심이 있는 종교인이라면 정치문제에 무관심할 수만도 없다. 그러나 정치에 참여하는 마음, 자세가 문제다. 장자는 이 마음에 대해 '마음을 굶기', 즉 심재, 내면에서 우러나오는 초월적인 힘을 체험한 뒤에 삶의 현장으로 나가 사람들을 도우라는 것이다.

장자가 말하는 '심재'란, 자기의 생각이 이기적인 목적에서 나온 것이 아닌가를 우선 냉철히 살펴보고, 마음을 제어하는 법이다

심재(the fasting of the mind)를 하면 더 이상 자신이 존재하지 않는다. 일상적 의식 속에서 이루어진 옛날의 '작은 나'가 사라지고 새로운 '큰 나'가 탄생한다는 뜻이다.

명예나 실리추구에서 초연해야 하며, 그래야만 정치판이나 사회의 어느 곳에 있더라도 위험 없이 할 일을 제대로 할 수 있을 것이다. 정식으로 사회에 참여하면서도 마음을 비우고 살기란 몹시 어렵다. 그렇지만 진정으로 심재를 하여 마음이 완전히 텅 빈 방과 같은 상태가 되면 그 텅 빈 방에서 뿜어 나오는 흰빛, 곧 순백의 예지가 생기는 것을 체험하게 될 것이다.

유가에서는 상류를 좋아하고 하류를 천하게 여기는데 반해, 도가에서는 하류를 상류보다 좋게 여기는 셈이다. 그렇다고 유가에서 하류의 사람들을 버리고 밀어낸다는 것은 절대 아니다. 오히려

유가에서는 이들에게 가르침을 주고, 일어설 수 있는 길을 일러주고, 끌어주는 역할을 누구보다도 더 적극적으로 담당하고 있다. 그러나 도가에서는 전혀 하류의 사람들을 가르치고 이끌어주는 일이 없다. 하류는 하류대로 언제나 그렇게 살아가라는 뜻인 듯하다.

그러면 그것이 도의 올바른 뜻이란 말인가?

유가에서의 학문은 박학을 존중하여 날마다 지식이 증가하는 것을 그 본질적인 특징으로 삼는데, 노장은 유가의 박학을 비난하기를 "유한으로서 무한을 따르려는 것은 위태한 것이다. 만물과 더불어 변화하여 변함없는 것을 갖지 못한다."라고 하였다.

노자는 '무위의 도를 닦으면 지식과 정욕은 오히려 감소되고, 또 감소되면서 무위의 경지에 이르고, 이 무위의 도로서 천하를 다스리면 성취되지 않는 것이 없다'고 한다. 여기에서 '무위의 도를 닦으면……'이라고 하는데, 닦는다는 것은 인위가 아닌가? 천하를 다스리는 일에 인위적인 재주를 부려서는 절대로 안 된다는 많은 모순이 보인다. 그

노자가 말하는 바가 전적으로 우리의 삶에 맞지 않는다는 것은 아니다. 잘 새겨서 들으면 도움이 될 말이 없다는 것은 아니다. 다만 그들이 너무도 사람이 살아가는 세상사에 눈감은 듯 자신들만 생각하는 잠꼬대 같은 소리를 아무런 책임감 없이 많이 한다는 것이 문제다. 또한 그들은 이 세상에 살고 있는 보통사람들의 삶에 지나치게 눈을 감고 외면하고 있다는 점이다. 처음부터 끝까지 책임감이나 자비심이 전혀 없다.

불교에서 하는 설명은 마치 어려운 수학문제를 깨끗이 풀어낸

것처럼 개운하게 가슴으로 다가오고, 상대방의 능력을 고려해서 설명해 주고자 하는 따뜻함이 구석구석 보이고, 그리고 대단히 과학적이기도 하다.

노자의 설명은 안개가 자욱이 낀 것처럼 어정쩡하고 두루뭉술하다. 시원스럽게 팍팍 던져주는 것이 없다.

열매가 충분히 익지 않으면 그 맛이 많이 떨어진다고 한다. 이것도 역시 자연의 절대적인 섭리이다.

노자의 무위라는 것은 인간의 작위를 그릇된 것이라 하여 부정하는 사상으로서, 인위의 잔재주를 버리고 있는 그대로 행동하여 무리하지 않는 것이다. 또한 자신의 본래적인 자세가 어떠한 것인가에 대하여 투철한 자각을 가지고 그 생활태도에 군더더기를 붙이지 않으며, 버릴 수 있는 모든 것을 버리라는 것이다. 즉, 일체의 허영이나 허식을 버리는 것을 의미한다. 사회의 현실을 사악이 충만한 것으로 보는 데에서 성립하는 사상으로서, 그 근저를 흐르고 있는 생각은 현재 이 세상에 있는 것에 대한 비판과 부정의 사상이다.

훌륭한 덕을 갖춘 사람은 아무런 작위도 없지만 억지로 일을 하지도 않는다. 그 일이 되어가는 결과에도 별 관심이 없고 그냥 눈앞에서 일이 이루어져가는 과정에 진심으로 모든 성의를 다해서 임해가는 것이다. 나만 일이 되어가는 과정이 좋아서 즐기듯 편한 마음으로 성실하게 일을 해 나아갈 뿐이다. 굳이 어려운 말로 표할 필요도 없다. 마음 편하게 웃는 얼굴로 내 앞에 놓인 일을 성심으로 해가다보면 모두가 제대로 이루어지는 것이다. 이런 걸 덕이 있다고 한다면, 그렇게 해갈 수 있는 것이 도의 길이다. 그래서 그 행동이 거침없고 힘차다.

노자는 유위의 사람으로서 인의 사람, 의의 사람, 예의 사람을 헐뜯는다. 안 했으면 좋았을 말을, 그는 꼭 가시가 박힌 소리를 하고야 만다.

'인, 의, 예'는 유가의 가르침에서 중심이라 할 수 있는 것이고, 우리의 삶에서도 절대 중요한 것이다.

노자가 이르기를, 무위자연의 도가 쇠퇴하면 무위자연의 덕이 주장되고, 무위자연의 덕이 쇠퇴하면 인위적인 인의 도덕이 주장되고, 의의 도덕이 쇠퇴하면 예의 도덕이 주장된다. 결국 예도라는 것은 인간의 진실성이 희박해진 것이며, 따라서 세상을 분란케 하는 시초이다.

대장부는 중후한 편(상덕)에 처하지 천박한 편(예)에 처하지 않으며, 착실한 쪽(상덕)에 처하지 부화한 쪽(예)에 처하지 않는다. 그리하여 예나 지를 버리고 도를 취하는 것이다. 노자의 '무위의 덕'이 유가에서 주장하는 인, 의, 예, 지 등의 유위의 덕보다 우월하다는 점을 주장한 것이다.

그러나 그것을 비교한다는 것 자체가 큰 모순이 있으며 우습기조차 하다. 왜냐하면 유교의 유위의 덕은 사람을 상대로 하는 덕이고 교훈이다. 노자의 무위의 덕은 천상의 선인이나 조금이라도 깨달은 자들의 수준을 놓고 말하는 것인데, 그것을 보통사람과 비교해서 상대를 헐뜯는다는 것은 큰 잘못이다. 우리는 단지 보통의 인간일 뿐이다. 그리고 이 세상은 우리 보통사람의 것이다.

대화란 상대를 두고, 상대에 맞추어 가면서 해가는 말이다. 맞추어 들어줄 상대 없는 대화는 대화라고 할 수 없겠다.

유가는 인간을 상대로 가르치는 설이다. 공자나 유가는 그 이상을 넘보지 않았고, 더욱이 자신들을 헐뜯고 깎아내리는 상대를 비방하지도 않았으며, 자신들이 정한 가르침의 목적에 충실했다.

동서고금을 막론하고, 우리가 말하는 성인이라든지 사상의 큰 스승들이 타의 설이나 교의를 내놓고 비방하고 깎아내리는 예는 거의 찾아보기 어렵다. 단지 노자와 장자만이 유난히도 유가와 공자를 깎아내리고 하대를 하는 것이 노골적으로 나타나는데, 듣고 보기가 오히려 애처로울 뿐이다.

나는 개인적으로 중국식의 뻥뻥거리며 큰소리를 치는 스타일을 좋아하지 않는다. 그러나 내가 읽은 불서佛書들이 한국 것이니 대부분 중국식 사고방식에서 벗어나지 못했다. 그래서 나는 차라리 중국을 거치지 않는 것이 낫다고 여겨 순수한 마음의 그 시초로, 즉 초기 부처님의 말씀으로 들어갔고, 거기서부터 내 마음의 고요를 찾게 되었다. 그렇게 해서 내 공부가 어지간하게 익어가면서 내 자리가 잡히니까, 그 후로는 전에 내가 읽기를 피했던 중국사상이 들어 있는 책들을 읽어도 무조건 받아들이는 것은 아니지만, 그 속에서 이해가 가고 수긍이 되는 것들만 내 방식으로 끄집어내고, 또 내 방식으로 해석을 해가면서 내 것으로 만들어간다. 도겐선사가 중국의 『원각경』을 덮어버렸다는 것을 보면서 중국선사들의 방식을 무조건 뒤따르지 않은 나의 건방을 위로한다.

불교에서는 '선오후수先悟後修'라는 분명한 가르침에 따라서 실천행을 이어가고 깨달음을 이루어 나간다.

'선오후수'는 종교를 공부하고자 하는 사람들에게 대단히 중요한 지침이다. 일단 본인이 작은 깨달음이라도 얻은 후에, 그때부터 수행에 전력을 기울이라는 것이다. 아무런 종교적인 변혁을 가져보지도 못하고 처음부터 무조건 '오늘부터 나는 수행을 시작한다'라고 하고 눈감고 다리를 꼬고 앉는다고 수행이 되는 것은 아니라는 말이다. 우선 교리를 마음속에서 받아들이는 과정이 있어야겠고, 배우고 이해하는 과정이 있어야겠고, 그리고 조그마한 깨달음이라도 가져본 후라야 기준을 놓고 스스로 수행을 할 수 있다는 말이다.

무엇보다도 스스로 깨달음을 얻은 후에 꾸준하게 수행을 이어가면서 그 가운데 또 새로이 얻어지고 다시 깨우치게 되는 그런 과정을 몇 번 거친 후 그것이 충분할 때에 남을 가르쳐도 가르치라는 것이다.

계속하여 밀고 나가는 수행의 길에서는 자비와 계행의 실천을 높이 산다.

그리고 불교의 가르침에서는 설령 나를 공격하는 논설이 나와도 거기에 대항하는 반론을 펴지 않는다. 하물며 상대의 사상을 공공연하게 공박하거나 비교 비판하는 짓은 결코 하지 않는다.

'쓸모 없음의 쓸모' 같은 것은 『논어』나 유가에서는 상관이 없는 생각이다.

공자와 그 제자들은 모두 세상에서 '쓸모 있기' 위해서 자신을 훈련했고, 세상에서 '쓸모 있는 그릇'으로 쓰이기 위해서 천하를 돌아다니며 군주들에게 자신들의 쓸모를 알렸다. 그러면서 공자도 "나라에 도가 있으면 쓰임을 받고, 도가 없으면 자신을 감추어 두는 것"이 군자다운 일이라 하였다.(『논어』)

공자가 가르치기를 "아는 것을 안다고 하고, 모르는 것을 모른다고 한다. 이것이 참으로 아는 것이다."라고 하였는데, 공자에게 있어서 참으로 안다는 것이란 자기가 알고 있는 것과 알지 못하는 것을 분명하게 구별하여 양자를 혼동하지 않는 것이다. 그러나 노자는 공자가 알고 있다고 할 때에 그 안다는 것이란 무엇이며, 또 참으로 알고 있다고 할 때의 그 참으로란 어떠한 것이냐고 반문하는 것이다. 이렇게 반문하는 노자에게는 '인간에게 가장 중요한 것(인생의 근원적인 진리)은 지식으로는 알 수 없는 것 아니냐?' 하는 의문과, '어중간하게 알기보다는 차라리 아무것도 모르는 것이 살아가는 데 있어서 가장 소중한 것을 상실하지 않게 되는 것 아니냐?' 하는 것이다.

공자의 지智는 박학을 전제로 하는 지이다. 그러나 노자는 그 박학의 지를 부정하고 도의 복귀를 주장하는 것이다. 그런데 문제는, 공자는 자신의 범위 내에서 끝까지 성실하고 충실했고, 항상 현실과 인간의 삶의 발전과 현실적인 덕에 관심을 두었고 그것을 실천하고자 최선의 노력을 했다는 것이다.

노자는 전혀 책임감이란 것이 없었다. 더불어 인간이 실지로 살아가는 이 세상에 대해서나 그 속에서 일어나는 희로애락에 대한 관심을 모두 잘라낸 가운데서 하는 소리다. 더 말하자면, 인간의 삶에 대해서는 전혀 관심이 없었던 자기만족에 들뜬 구름 같은 사상이라 보인다.

노자는 성인이라는 말을 자주 쓰지만, 이것은 노자의 이상인, 덕을 갖춘 인물임과 동시에 정치상의 지배자, 즉 군주를 의미하고 있는 경우가 많다. 즉, 『도덕경』이라는 책은 지배자인 군주의 입장에서 쓰인 글이고, 군주의 정치요령을 풀이한 글이라는 일면을 갖고 있는 것이다.

그런데 장자는 많이 다르다.

장자가 이상으로 하는 군주는 일체의 인위를 버리고 자연 그대로 사는 인간이다. 쉽게 말해서 신선이다. 물론 노자가 이상으로 하는 군주도 이것과 닮아 있지만, 무위의 정치를 한다는 점에선 역시 속세의 군주라는 점을 가지고 있다. 이에 비해 장자의 군주는 정치에 무관심한 인간이고 오히려 정신계의 왕자라 하겠다.

애당초 인간을 인위적인 굴레에서 해방시키고 본래의 소박한 모습으로 돌리려고 하는 것이 도가의 사상이다.

노자가 말하는 성인과는 전혀 다른 면에서, 장자가 말하는 성인은 감정을 넘어선 경지, 감정에 좌우되지 않는 경지이다. 그래야 정말로 싱싱하고 자유로운 사람이 될 수 있다.

또한 무정이란 감정이 없다는 것이 아니라, 보통의 감정을 넘어선 감정이라는 뜻이다.

육체적 조건이나 외적 환경에도 흔들리지 않는 무정의 경지, 어떤 고정관념이나 집착에서 벗어나 의연하게 마음의 참 자유를 누려야 한다는 뜻이다.

앎이 아는 것은 우리의 지성으로 이해되는 것이고, 앎이 알지 못하는 것은 자연의 깊은 이치이다.

도는 체험의 영역이지 말, 언어의 대상이 될 수는 없다. 단지 말로서는 도에 관한 설명이나, 도에 관한 의사소통은 불가능하다는 것이다.

교외별전, 이심전심 등의 말은 곧 문자나 말을 떠나 오로지 마음으로만 전해질 수 있는 것이다.

도는 자존인 셈이다. '스스로 함'이라는 뜻이다. 도가 모든 존재의 근원이요, 모든 존재가 지니고 있는 지금 '그러함'의 바탕이다. 도의 설명에서 노자는 그 입구를 설명해줄 수 있을 뿐이고, 그 속에 대해서는 한마디도 말을 할 수가 없었다고 본다. 짐작컨대 그는 도의 안에는 들어가 보지를 못한 것 같다. 들어가 본다는 것은 수행과 실천의 과정을 거쳐서 나와야 비로소 얻어지는 진짜의 맛, 또 다른 깨달음이다. 즉, 스스로 그러함을 완전히 이루어낸 후라야 이룰 수 있는 것이다. 노자는 스스로가 완전하게 경험하지 못했으니 사람들에게 참 가르침을 세세하게 설명을 해줄 수는 없었던 것이 아닐까 하는 생각이 든다.

불립문자라는 말과 같이 도가 문자에 갇혀 있을 수는 없지만, 반면에 문자가 우리에게 도를 터득할 계기를 마련해 준다는 의미에서 결코 문지를 무시할 수도 없다. '글을 읽되 거기, 그 문장에 매달리지 말고 읽어라. 맑은 눈으로 그 뜻을 살펴보고 소화한 다음 그 속에서 속삭이는 미세한 소리마저도 알아들을 수 있게 바로 깨닫고, 그 깨달은 바를 그대로 실천하라.'이다.

『장자』에서 마음을 거울에 비유한 것은 매우 의미 깊은 일이다. 이 '거울'의 비유는 나중에 불교 및 신유학에서도 즐겨 쓰는 아날로지analogy가 되었다.

『법구경』에서 "육중한 바위가 바람에 움직이지 않듯 지혜로운 사람은 남의 칭찬이나 비난에 흔들리지 않는다."고 하였다.

공자도 "남이 나를 알아주지 않는 것을 염려하지 말고, 내가 남을 알아주지 않는 일이 있나 염려하라."(『논어』)라고 하였다.

장자는 아무 데도 얽매이지 않는 허허로운 마음을 중요시한 것에 비해, 공자는 주어진 일에 최선을 다하는 충성심을 핵심으로 본 것이다. 이것이 바로 정확하게 도가와 유가의 시각 차이를 말해주는 예라 하겠다.

오색은 사람의 눈을 멀게 하고, 오이는 사람의 귀를 먹게 하고, 오미는 사람의 입을 상하게 하고, 말을 타고 달리며 사냥을 하는 것은 사람의 마음을 발광케 하고, 얻기 어려운 재화는 사람의 행동을 방해한다. 이와 같이 인간이 오관의 욕망에 사로잡히면 결국은 그 본성이 마비되어 버리는 것이다. 그러므로 성인은 배움을 충실히 하여 저력을 기르는 일에 힘쓰고 감각적인 욕망을 충족시키려는 천박한 행동은 하지 않는다.

인간의 판단을 흐려놓는 요물 가운데 제일 큰놈이 오관이라 하는데. 오관으로 감지하는 것은 대개 어딘가 삐딱해 있다. 거기엔 알게 모르게 욕심이 묻어 있기 때문이다.

에고이즘이랄까, 나름의 눈으로 세상을 보고, 제 나름의 기분에 의해 같은 소리라도 좋게도 들렸다 나쁘게도 들렸다 한다. 올바른 판단을 기대할 수가 없는 것이다. 올바른 판단을 위해서는 마음을 느긋하게 안정시키고 너무도 맑아서 시퍼렇게 젖어들 것 같은 맑은 마음이 되어야 한다. 고요히 명상을 하고 있으면 그리될 수가 있다고 한다. 하루에 한두 번만이라도 좋으니 또랑또랑한 정신으로 호흡을 센다든지 내쉬고 들이쉬는 숨을 다잡아 본다든지, 몸과 마음을 온통 한 가지 일에 몰두시켜 보자. 언제나 몸과 마음을 하나로 해서 움직여 나가야만 결실이 있을 수 있다.

흐려진 물이 가라앉기를 기다릴 수 있는 그런 마음의 느긋함을 생각해 보면서 그와 같은 자세를 자기의 것으로 할 수 있는 사람은 누구일까?

그와 같은 사람은 무위자연의 도를 체득한 자로서 진실로 훌륭한 선비이다.

인간이 살아가는 현실적인 면에서 가르침을 준 것이 공자라면, 현실을 떠난 이상 세계의 범위를 공부하는 것이 바로 노장이 말하는 세계인 것 같다.

이런 것을 두루 살펴볼 때, 석존의 출가 그 자체의 참뜻이 가슴속으로 진하게 전해온다.

나는 내가 부처님의 학생이 될 수 있었던 행운에 다시 한 번 더 깊은 감사를 느낀다. 부처님의 가르침 속에는 사상도 들어 있고, 철학도 들어 있고, 도의 세계도 들어 있을 뿐만 아니라 그런 쪽을 향하여 찾아나서야 하는 이유가 세세히 설명되어 있으며, 거기까지 갈 수 있는 길, 방법까지도 구체적으로 가르쳐준다.

불교가 가르쳐주는 그 길은 철학자와 사상가들만을 위한 것이 아니라 보통사람 모두가 갈 수 있는 곳이기에, 먼저 깨달은 자가 앞서서 보여주고 가르쳐주는 자비의 과정이 포함되어 있다는 점이 다른 사상가들에게서 볼 수 없는 대단히 중요한 대목이다.

깨우치는 것이 한 과정이라면, 이것을 정리하여 하나를 만들어내는 것이 또 하나이고, 그것을 타인들에게 가르치고 전하고자 하는 과제가 또 하나이다. 깨닫고 다듬고 가르치는 어려움까지도 겪어내어야 비로소 완전한 깨달음이라 할 수 있는 것이다.

그렇게 해서 완전한 하나가 제대로 이루어지는 것이라고 본다.

깨달음을 얻는 것은 나를 위한 것이고, 깨달은 그 진리를 잘 다듬고 정리하는 것도 역시 나의 공부를 복습하고 가다듬는 것이요, 동시에 후배들에게 길 밝힘을 준비해주는, 즉 나 아닌 남에게 가르침을 준다는 것 역시 나의 깨달음을 재점검해보는 것이니 이것 또한 나의 깨우침을 더욱 단단하게 내비치는 것이다.

나를 두 번 세 번 다시 다듬고 바로 세우고, 그리고 또한 따르는 사람들에게 빛을 전해주는 것이니 이 얼마나 대단한 일인가? 이러한 과정을 보여주지 못한다는 것은, 아직도 그 전체를 분명하게 파악할 수 있는 힘이 덜 차 있기 때문에 스스로 주저하게 되는 것이라고 생각된다.

자비를 앞세운 실천의 행에서 얻어진 지혜의 가르침은 인간이 살아가는 현실의 삶 역시 절대 소홀히 하지 않았고, 보다 충실하고 깨끗하게 전해주는 안심과 평안을 이루어 가는 것이 그렇게 빛나 보일 수가 없다.

다른 스승들의 모습에서는 뒤를 따라가는 보통 사람인 우리가, 그다지 현명하지 못한 우리가 따라나설 길이 잘 보이지 않는다.

어떤 이유에선지 아무리 훌륭한 노장이라도 그들의 도의 설명을 듣고 나면, 마치 잘 만든 음식에 양념이 빠진 듯하다.

우리 보통의 사람들에게 그래도 설명과 가르침을 주고자 열정을 기울여준 학풍은 유가인 것 같다. 그런데 유가에서는 현실에만 충실할 뿐, 현실을 넘어서서 인간이 찾아 나설 마음이나 정신의 평온에 대한 가르침은 약하다.

불교의 가르침

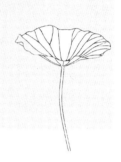

이 모든 것을 몽땅 싸서 하나하나 세세하게 설명해준 길이 바로 노장이나 공맹보다 여러 백 년 앞서 태어나신 석가모니 부처님의 가르침이다.

장자의 제물론齊物論은 "만물이 한 몸이고 평등"을 논리적으로 밝힌다는 뜻이다.

화엄종의 '일즉다一卽多'의 진리와 제물론이 이렇게 만났다. 혜명(531~568)은 만물일체 속에서 부처의 광명과 일즉다를 보았다. 담천(542~607)은 무심 가운데 불성이 나타남을 알았다. 이런 것들을 배경으로 하여 사상사의 전면에 나타난 사람이 화엄의 개조 두순이었다.

두순(557~607)이 젊었을 때에는 오직 두타행만 닦았다고 한다. 두타행은 걸식으로 떠돌아다니는 것이니 바리때 하나, 그 이상을 원하지 않는다.

이런 두순이기에 화엄이라는 복잡한 체계를 다룰 인물이 아니다. 백성과 섞여 살면서 병을 고쳐주는 일로 세월을 보냈을 따름이다. 화엄과의 관계는 다만 보현행을 닦았다는 사실 하나이다. 모든 백성의 고통을 덜어주겠다는 보현보살의 수행과 실천을 목표로 한 점에서 화엄과 연관된다. 그가 지었다는 『법계관문』이 남아 있다. 그 기본적인 사유는 공관이다. 공의 실천을 통한 다음 그 위에 일즉다의 이치를 깨달아가는, 즉 화엄의 실천을 꾀하라는 저술이다. 때마침 출현하는 선제동자라는 한 구도자의 이미지와 두순의 백성을 위한 보현행이 쉽사리 겹쳐졌다.

후에 두순을 화엄종의 제1조로 모시게 된 배후에는 혜명과 담천의 두 선구자가 있었음을 잊어서는 안 된다. 그들이 장자의 제물론적 사유에 화엄종의 일즉다, 그리고 사유방식을 결합시킨 공을 세웠던 것이다. 중국인들은 이들을 통해 화엄종이 장자의 세계와 다르지 않음을 알게 되었다. 그리고 몸으로 이것을 실천한 사람이 바로 두순이다. 두순의 삶에서 사람들은 화엄종을 보았으니, 화엄종의 개조라는 사격은 이로써 얻어진 것이다.

화엄종의 모태는 인도에서 형성되었다.

『화엄경』은 인간의 지혜와는 차원이 다른 부처의 지혜로 쓴 것이다. 그 부처의 지혜는, 공간적으로는 대우주의 넓이를 감당하고,

시간적으로는 무한을 포섭하고 있다. 대우주가 곧 『화엄경』인 것이다.

중국에서는 본시 우주적 시야에서 사람을 바라보는 장자의 철학이 있었다.

장자의 제물론은 만물일체의 사상을 펼치고 있다. 장자의 제물론의 사상과 인도적 사유의 전형인 『화엄경』의 사상이 훌륭하게 결합하여 맺은 결실이 중국의 화엄종이다.

'공'관만으로는 마음의 문제가 풀리기를 기대할 수 없다. 일체가 공이라고 하는 것만 가지고는 다양하고 복잡한 마음의 구조가 온전히 해명될 수 없는 까닭이다. 그래서 지엄(602~668)은 담천의 학문을 통해 『화엄경』을 받아들이게 된다. 마음의 문제를 다루는 유식학과 『화엄경』을 지엄이 통합하기에 이른다.

담천의 『무시비론亡是非論』의 결론은 무심이었다. 이 무심이 성기性起와 연결된다. 무심의 경지에서야 비로소 불성이 현현한다고 지엄은 이해했다. 불성이란 물건이 무심의 한복판에서 자태를 내보인다고 생각했던 것이다. 지엄의 나이 스물일곱에 썼다는 『수현기』는 제대로 다듬어지지는 않았지만, 유식학과 화엄종을 통합하려는 열정의 덩어리였다. 어떻게 스물일곱 나이에 그런 이론을 말할 수 있었고, 그런 책을 쓸 수 있었을까?

제1조 두순을 반야계화엄으로, 제2조 지엄을 유식계화엄으로 파악하고 나면, 제3조 법장(643~712)의 역할이 나타난다. 바로 유식계화엄과 반야계화엄의 통합이 법장의 사상사적 과제였던 것이다.

현장의 법상종은 당의 태종과 고종 시대에 비호를 받은 학문이다. 측천무후시대에 이르러 법상종을 넘어서는 학문이 요청되었다. 법상종을 껴안으면서 그를 넘어서는 새로운 사상이 필요했던 것이다.

제4조는 징관대사이다.

제5조 종밀은 선의 일파인 하택선을 배우다가 『원각경』으로 기울어졌기 때문에 선사라는 편이 더 맞겠으며, 화엄보다는 원각의 철학을 세운 사람이지만 화엄종에서는 그를 제5조로 받들고 있다.

두순은 애초에 신체의 사상으로 화엄을 파악한 바 있지만, 지엄은 유식학에 몰입하여 다만 철학, 형이상학에 그쳤다. 그 형이상학적 체계를 다시 법장이 볼품 있게 다듬었다. 하지만 그것만으로는 아무래도 종교적 생명을 갖기가 어려웠다. 징관이 선을 도입해서 신체를 부각시켰다. 거기에 종밀이 기의 철학을 끌어들임으로써 화엄을 철학에서 종교로 전화轉化시켰다.

실제로 지엄-법장의 화엄학과 징관-종밀의 화엄학이 꽤나 다르다는 문제가 있다고 한다. 법장의 경우 선의 영향이 전혀 없다. 그때는 아직 선종의 목소리가 낮았다. 달마가 아직 벽만 바라보고 있을 때였다.

『원각경』역시 마음의 본체를 밝히고자 하는 경전으로, 중국불교에서 중시되는 경전 중의 하나이다. 거울처럼 맑은 마음의 본체가 이깃임을 설하는 『원각경』은 선종에서는 일찍부터 『유마경』, 『수능엄경』과 함께 주목된 경전이었다. 『원각경』에 의해 중국불교의 주류가 형성되었기 때문에 『원각경』을 모르고서는 행세하기가 곤란해진다. 특히 주자학과 양명학은 『원각경』과 『수능엄경』의 공공연한 적대를 표명하면서도 그 영향을 섭취해 새로이 창조한 사상 체계이다.

한국불교는『화엄경』, 일본불교는『법화경』, 중국불교는『원각경』이라 할 정도로,『원각경』을 그만한 위치로 올려놓은 사람이 바로 종밀이다.

당시 불교를 폐하자는 사상이 종밀의 바로 앞 시대에 일어났었다.

인간은 인간, 동물은 동물, 벌레는 벌레라서 태어날 때부터 천분이 정해져 서로 넘나들 수가 없다고 유학은 생각한다. 최고지도자, 귀족, 지식인, 서민, 노예 등의 계급이 하늘의 명분으로 정해졌다는 생각에 입각해 있다. 그런데 불가에서는 불성을 가진 점에서 인간은 모두 평등하다고 말한다. 이렇게 발칙하고 맹랑한 소리를 하는 불교를 비판하지 않을 수가 없다.

종밀은 이에 대해 "인간의 본원을 묻는다."며 나선 것이다. 사람의 근본이 불성임을『화엄경』의 성기품에 힘입어 논증했다. 인간은 본질적으로 평등하니 차별이 태어날 때부터의 천분으로 정해졌다는 유가의 논리는 받아들일 수 없다는 반론을 폈다.

이것이 종밀이 써낸『원인론』이다.『원인론』은 불교에서 바라본 인간론이라 하겠다. 당시의 유학에 맞서 불교에 기반을 둔 인간론을 전개한 것이다.

종밀의 주된 일은『원각경』주석이었지만, 이따금 시대의 요망에 부응해서 논설도 써냈다. 그러자니 당시의 '기'론에 모르는 체할 수 없었고, 불교학자로서 '기의 철학'에 접했던 사람은 아마 종밀뿐이었을 것이다. 불교계에서는 유일하다. 그러나 그는 중국철학의 기본 개념인 '기'를 불교적으로 변용시켜 논하고 있다. 기를 중시하면 신체론을 토대로 사상을 구축하게 되는 장점이 있다. 구체적인 몸의 활동이 전면에 부각된다.

법장의 화엄학은 정교하지만 읽어도 도무지 '육신'을 느낄 수가 없다. 그런데 종밀의 경우 구체적으로 숨 쉬는 신체를 감지할 수 있다.

중국의 사상가들은 불교인 가운데서 가장 위대한 사람, 가장 큰 사상적 의미를 가지는 인물로 종밀을 든다. 종밀이 송학과 양명학에 끼친 영향을 감안한 평가이다. 법장이 대단했던 것도 사실이나 그는 화엄의 테두리 안에 머물렀다. 중국사상 전체를 둘러보면 아무래도 유교, 도교, 불교를 불교의 바탕에서 통합한 종밀에 못 미친다. 또한 송학에 사상적 기반을 제공한 업적도 빠뜨릴 수가 없다.

송대의 유학자들은 종밀의 철학을 논파하는 역사적 사명을 짊어지고 나섰다.

인도불교는 원시불교 → 소승불교 → 대승불교 → 밀교 순으로 발전했다. 그런데 중국에서의 경전 번역은 이런 순서를 밟지 않았다. 대승경전이 먼저 번역되고, 비슷한 시기에 소승경전이 번역되었다. 사태가 이리되니 어느 경전이 가장 낫고, 어느 소리가 진짜 부처의 뜻을 전하고 있는지가 문젯거리로 등장했다.

소승과 대승 가운데 어느 것이 우위가 되는지도 시비가 되었다.

이 문제는 진제삼장이 『세친 보살전』을 번역함으로써 타결을 본다. 중국인들은 세친이 처음에는 소승을 배우다가 형인 무착의 충고를 받아들여 대승으로 전향하는 것을 보고, 소승보다 대승이 훨씬 고원한 것이라 생각하게 된 것이다.

가르침을 받는 사람에 따라 능력이 모자라는 사람도 있고 뛰어난 사람도 있으며, 이미 오랫동안 수행을 해온 사람이 있는가 하면, 이제 막 시작한 사람도 있다. 이런 류의 차이가 있으니 처음에는 차원이 낮은 가르침을 방편으로 설해 불교의 기초를 이해시킨 다음 점차 높은 수준의 가르침으로 이끄는 것이 무난하다.

소승교는 여래가 임시로 베푼 가르침이다. 소승교가 아니면 이해하지 못할 사람들을 위해 방편을 쓴 것이다. 이런 생각을 『법화경』의 방편품에서 가장 특징적으로 잘 보여준다. 설법은 오직 일불승을 설하기 위함이고, 세존의 설법과 제불의 설법은 한 치도 다름이 없는 소식을 전하고 있음을 강조한다. 부처가 깨달은 자리는 둘이 아니고 셋도 아닌 유일 절대의 진리라는 것이다. 그렇지만 가르침을 듣는 중생의 자질에서 깊고 낮음이 있으므로 여러 종류의 방편을 설정하여 가르침으로 이끈다.

성문·연각·보살승의 삼승을 구별하여 가르친 것은 방편이고, 일승의 가르침이야말로 진짜배기인 것이다. 한 점 의혹도 없이 신뢰할 때 마음에는 커다란 환희가 생긴다. 그것은 인생을 '앓아 본' 사람만이 아는 기쁨이다.

경이란 꼭 글자로 쓰여야 하는 것은 아니다.

천지는 늘 경을 되풀어 설하고 있는 것이라고 한다. 하긴 우주자연의 모습이야말로 경전이 아닌가? 이 글 없는 경전을 보면서 어떻게 해야 할까?

우주의 진리와 다름없는 그것을 보자면 우선 외계를 향하여 더듬던 육체의 눈을 닫고 마음의 눈으로 대상을 바라보아야 한다. 마음의 눈은 아무리 미세한 이치도 다 밝혀낸다. 육안으로 보는 데는 한계가 있지만 심안에는 그런 걸림이 없다.

무한을 보려면 마음의 눈이 아니고서는 안 된다. 마음의 눈을 찾는 방법은 내 자신의 안을 들여다볼 수 있는 힘을 길러내는 데서 시작이 된다. 나를 보되, 나의 안을 들여다볼 줄을 알아 안에서 일어나는 그 시작에서부터 나를 잡을 수 있게 될 때 그때부터 마음의 눈이 겨우 떠지게 되는 것이다. 우선 나 자신의 안을 볼 수 있어야 한다.

열반은 번뇌를 털고 떠나서가 아니라 번뇌를 그대로 '껴안아야' 들 수 있는 자리다.

대승불교의 경전 가운데서 가장 먼저 이루어진 것이 『반야경』이다. 이것은 '공'의 가르침을 드러낸 것으로, 모든 존재는 연기에 의해 성립된 것인 까닭에 공이라고 하였다.

반면, 모든 사람이 구원 받을 수 있다는 가능성을 말한 대승경전은 『법화경』이다. 누구나 성불할 수 있고, 나 혼자만의 구제가 아니라 모든 사람이 함께 손을 잡고 성불하는 것이 바른 불법이라는 것을 주장했다.

실척한 번뇌와 오탁 가운데서 꽃을 피워 올리듯 진리를 보자는 것이 『법화경』이다. 『법화경』의 경우는 구원되지 못한 인간이 대상이다. 어떻게 하든 그 인간을 구원하겠다는 보살심으로 올바른 진리를 설하는 것이 기본 발상이다.

『법화경』은 현실에서 구원을 받지 못한 인간에게 빛을 주려고 진리를 설하고 있다.

현실적으로 인생이란 괴로움과 슬픔과 기쁨을 되풀이해 가면서 살아가는 것이지만, 그런 인생을 꿰뚫고 있는 신앙이라는 중심이 우리를 굳세게 지켜주고 있는 것이다. 그러면서 우리는 부처님의 경지로 가까이 다가서고 있다는 자신감이 커가면서, 그 어떤 어려움이 내 앞에 닥쳐와도 나는 그 속에서 일어설 수 있다는 마음이 일어나게 된다. 그리되면 두려운 대상도 별로 무섭지 않고 결국에는 내가 해결해 낼 수 있다는 마음으로 삶을 후회 없이 살 수 있고 안락하게 죽어갈 수 있을 것이다.

모든 중생에게 불성이 갖추어져 있음을 설하는 대표적 경전은 『열반경』인데, 『법화경』도 마찬가지다.

진여란 이 우주의 궁극적인 실상을 말하며, 곧 공을 말하는 것이다. 이것을 인간에게 적용해 본다면, 그 본래적인 모습은 '불성'을 말하는 것이 된다. 즉, 불성은 이상적인 것이라기보다는 현실적인 우리 자신 속에 있는 것이다. 불성이란 부처가 될 수 있는 가능성이다. 그러나 실재는 어둡다. 인간은 어떤 의미에서는 악마의 성질을 본래부터 지니고 있다고 생각할 정도로 어둠에 싸여 있다. 그러나 그 어둠은 거죽일 뿐이라고 『화엄경』은 말한다. 우리 인간의 중심은 마음·정신이라고 보는데, 인간이 갖고 있는 '정신'이라는 것은 손으로 만질 수도 없고 눈으로 볼 수도 없는 것이지만, 사람에게는 절대적으로 필요하고도 중요한 것이다. 우리 인간이 이 정신을 어떻게 사용하느냐에 따라서 훌륭한 사람도 되고 아주 악독한 악마도 될 수 있는 것이다. 인간의 최고의 목적은 머리에 있는 것, 즉 정신의 고도화에 있다. 그 최종적인 목적은 바로 성불을 하는 것이다.

선재의 구도 이야기는 일종의 수행과정을 그리고 있다. 끝 대목에 이르러 선재는 성불을 한다. 그러기 위해서는 선재가 수행자라는 인因의 단계에서 이미 부처가 될 소질을 가지고 있어야 한다. 누구나 부처가 될 가능성을 가지고 있으나 그것은 서서히 수행을 통해 드러난다.

선재동자는 55개의 장소에서 53인의 선지식을 방문하게 된다.

그들 53인 가운데는 보살도 있고, 장자·현자·바라문·외도·야신·비구니 등등 별의별 직업과 신분을 가진 선지식들이 섞여 있었다. 선재는 이들을 하나하나 찾아가 도를 묻는다. 특정 분야의 전문가만 찾아 다녀서는 소득이 별로 없다. 남자, 여자를 가리지 않고 모두 만나보고 심지어는 불도를 반대하는 외도까지도 만나보았다. 그런 사람들은 누구나 일생동안 한 가지 일에만 몰두하다 보면 나름대로 '한마디의 말'을 할 것이 있다. 설령 악마라고 해도 그는 그의 나쁜 짓을 이루기 위해서 고심하고 노력하며 그 나름대로 열심히 외곬으로의 길을 걸어온 것이다. 악마가 갖고 있는 악마의 철학을 통해서도 끄집어 낼 무엇이 있다는 것이다. 그에게도 역시 예의를 정중히 갖추어서 그의 가르침을 받으라고 문수보살은 일러준다.

"네가 나선 여행길에서는 여러 종류의 사람을 만나게 될 터인데,

그들은 각자의 삶을 살아가면서 닦고 얻어 가지게 된 그들의 깨우침에서 무엇인가를 하나씩 가지고 있다. 그것을 네 것으로 얻어 깨우쳐야 한다."고 일러 주었다. 이렇게 하여 선재동자는 그 길을 떠난 것이다.

나는 여기서 선재가 만나야 할 53인의 선지식을 우리가 살아가면서 부딪쳐야 할 난관들로 비추어 본다. 느닷없이 우리 앞에 닥친 난관들을 헤쳐 나올 때마다 우리는 거기서 무엇인가를 아주 조금이라도 느끼고 깨닫게 된다. 삶의 선지식 하나를 만나본 것이라 생각한다. 이렇게 53가지의 난관을 뚫고 나오다보면 거기서 얻어진 지혜가 선지식을 만나서 배우고 얻은 것과 다를 바가 없다고 본다.

그래서 우리의 삶은 바로 수행의 길이요, 배움의 길이라 할 수 있다. 이렇게 삶의 과정에서 승리를 할 수 있다면 굳이 선지식을 찾아 나설 필요는 없을 것이다.

당唐의 법장은 "선재와 선지식은 두 몸이 아니다. 선재 밖에 선지식이 없고, 선지식 밖에 선재가 없다. 선재와 선지식은 둘이 아니다."라고 말한다.

선재의 구도 이야기는 일종의 수도과정을 그리고 있다.

십지품이 추상적으로 깨달음의 단계를 말하는 데 비해, 선재는 구체적으로 한 사람 한 사람 거쳐 가면서 몸으로 배워간 것이다. 그리고 선재는 성불을 하게 된다.

불성이 드러난다는 것이 성기품인데, 여기서 성기性起란 불성현기佛性顯起의 준말이다.

『화엄경』에서도 '불성'에 대해서 말하는데, 『열반경』이나 『법화경』이 불성의 현실성 쪽에 초점을 맞추는 데 비해『화엄경』의 경우에는 불성의 본래성의 측면에 강조점을 둔다.

현실성에 중점을 두면, 당장은 범부라서 불성이 갖추어져 있다는 사실에서 출발하게 된다. 이런 경우에는 자연히 수행이 두드러지게 강조되는 것이다.

그러나『화엄경』은 본래성에 중점을 두기 때문에 낙관적이다. 일체는 불성의 드러남이어서 빛을 발하고 있고, 거기엔 악이나 미혹이 있을 수가 없겠다. 보통의 사고방식을 한 차례 뒤엎은 것이『화엄경』으로, 철학용어를 쓴다면 선험적인 입장에 서 있다. 무엇이나 불성의 현현으로 보고, 모든 것이 부처의 광명에 싸여 있다고 여기는 것이다. 그러나 실재는 그렇지 않다. 인간에게는 악마의 성질도 얼마쯤 있고, 현실이라는 어두운 쪽이 더 크게 차지하고 있다. 그런데도『화엄경』은 그 어둠이란 그냥 길일 뿐이라고 한다.

『화엄경』에서는 악이 진정으로 존재하는 것이 아니며, 모든 것은 불성에 의해 생명을 얻고 있다고 가르친다. 그러니까 화엄의 경우, 악성·번뇌·오탁을 거죽으로만 보아 모든 것을 부처 안에 포함시켜 녹여버렸다. 이렇게 되니 '수행'이란 것이 설 자리가 좁아져 버린 것이다.『화엄경』이 종교로서의 생명을 가질 수 없었던 까닭이 여기에 있다. 철학으로서는 이해가 가는 교리이지만, 실재 인간을 구원하는 힘을 행사하지 못한다. 인간의 구제가 빠진 것이라면 종교적인 인정을 받기가 어려워진다.

측천무후가 지배하던 당나라 전성기에는 화엄을 지배적 철학으로 유지시켰어도 별 무리가 없었다. 그러나 통치권이 흔들리기 시작하자 이상주의의 화엄이 더 이상 손쓸 수 없는 상황이 되었다.

'한민족이 아닌 야만인들도 불성이 있는가?' 하는 문제가 새삼 제기되었다. 때로는 인도인이나 서역인들은 불성 가능성에 포함시켰지만, 이때까지는 한민족만 생각해 왔었다. 그런데 야만족까지도 등장해 문제가 새로이 제기되자 화엄으로서는 적절한 답을 내놓아 대처할 수가 없게 되었다.

그래서 남송의 혜능이 선을 일으켰다. 문화의 꽃이 아직은 덜 핀 광동에서 새로운 사상을 창조한 것이다. 선은 이렇게 문화 수준이 낮은 곳에서 태어났다.

화엄이 귀족의 불교라면, 선은 농민을 기반으로 한 평민의 불교이다.

『화엄경』의 '성기'는 모든 존재가 불성으로 빛을 발하고 있다는 것이다. 그래서 산도 물도 불성의 현기와 다름이 아니다. 이런 발상은 중국인이 예부터 갖고 있던 '자연 합일의 사유 방식'에 밀착되어 있다. 자연과의 일체로 나아가는 중국인 고유의 경향과 화엄의 교설이 잘 맞아 떨어지는 셈이다. 따라서 화엄은 산속으로 자연스럽게 흘러 들어갔다. 그래서 산천초목도 부처라는 믿음이 생겨났다. 사람이야 말할 것도 없이 부처이다. 모두가 부처인 것이다. 이래서 중국불교는 인간의 고뇌를 그다지 인정하지 않는 일종의 낙천주의적 세계관으로 이끌려 들어갔다.

뼈를 깎는 어려움을 겪고 나서 한 줄기의 빛을 얻어내 그 빛과 일체가 된 기쁨을 맛볼 적에 '내가 부처'라는 것을 실존적으로 자각할 수 있는 것이 안 되어 있다.

불교경전은 근본에 있어 모두 동일하다. 다만 중생의 요구에 따라 달리 표현하고 있을 뿐이다. 인간의 의지력이나 영적 능력은 무한하다. 오관으로 빠져나가는 것 없이, 감각작용을 무루無漏로 하면 보일 것이 온전하게 보이게 된다. 어떻게 하느냐 하면, 의지의 집중을 통하거나 무심을 통해서 그렇게 된다. 의지의 집중을 밀고 나가면 정토종에 이르고, 무심을 발전시켜 나가면 선에 다다른다. 물론 양자는 상호 연관되어 있다.

일본의 고승 도겐(道元: 1200~1253)이 지은 『정법안장』은 본래 난해하고도 난해한 책이다. 거기에서는 공간적으로는 이 '점', 시간적으로는 그 '상태'가 어떠한 것인가를 설하고 있다.

도겐은 "산은 산이다. 산은 산이 아니다. 역시 산은 산이다."라고 했다. '산은 산이다'에서의 산은 지금 눈앞의 산이고, '산이다'라고 할 때의 산은 설명이어서 현실이 아닌 개념상의 산이다. 그러므로 '산이다'라고 하는 것이 '거짓'의 세계라는 뜻에서 '산은 산이 아니다'라고 했다. 그리고 다시 한 번 '역시 산은 산이다'라고 함으로써 처음 눈앞에 현존했던 산을 다시 긍정한다. 도겐에게는 눈앞의 산만이 구체적 현실이었던 것이다.

『정법안장』은 보기에 따라서 화엄의 성기품을 멋지게 표현해낸 저술이다.

한편, 신라의 화엄은 독자적으로 발전해왔다.

화엄종의 계보는 마명-용수-두순-지엄-법장으로 이어진다. 제2조 지엄의 제자가 신라의 의상이다.

제3조 법장의 제자로서 심상이 있는데, 역시 신라 사람이다. 심

상은 일본 나라奈良지역에 있는 다이안사(大安寺)에 머물렀으며, 740년 일본 왕의 명을 받아『화엄경』을 강의하였고, 도다이사(東大寺) 료벤(良辯)을 제자로 두었다.

신라의 의상은 진평왕 47년(625)에 태어나 702년에 죽기까지 7세기 동아시아의 불교 문화권을 종횡으로 누비고 다닌 인물이다. 원효와 의상은 같은 시대에, 같은 나라에서 태어나 형제처럼 지내 온 사이다.

의상은 국왕의 뜻을 받들어 여러 가지 활동을 하였다. 그중에서 중요했던 일은 화엄십찰의 건립이었다. 이 십찰 가운데 부석사·해인사·화엄사 등이 지금도 남아 있는데, 모두 전략적 요충지에 위치하고 있다.

의상은 광대한 화엄사상을 210자로 요약한 '화엄일승법계도'를 짓고, 이것을 행도하면서 읊는 실천행으로 전환시켰다.『화엄경』의 실천을 목표로 했다는 점이 신라 화엄종의 특색이라 할 수 있고, 그래서 신라불교는 실천성이 강한 듯하다.

인간이 살아가는 데 있어서 깨어 있는 길이 불도佛道요, 이 길을 택해서 따라가는 사람이 바로 부처님의 길에 들어선 사람이다. 불교의 불佛이란 글자에 깨어 있음이란 뜻이 들어 있다. 불, 즉 깨어 있음, 여기에 팔정도가 모두 들어 있는 것이다.

삼학

①계戒: 계율이란 우리를 막는 것이 아니고 우리의 마음을 열게 하는 것으로, 습관화되고 고정화된 견해나 관습으로부터 벗어나게 하는 것이다. 몸과 마음에서 일어나는 모든 행위를 부드럽게 하도록 자신을 닦아 가면, 계의 깨달음이 계속 열리면서 자기의 주변을 부드럽게 만들어 간다. 정념을 동반하는 계는 삶을 외향적으로 부드럽게 하는 향을 내며, 계를 지킬 때 계의 향이 밖으로 드러나는 동시에 안에서도 생명의 향기 속에서 살게 된다.

부처님께서 말씀하신 삶의 궤도란 바로 계를 말하며, 하나의 마음을 향해 나아가는 길을 의미한다. 여러 가지로 얽히고설켜 있는 복잡한 현대사회에서 함께 어울려 같이 살아가려면 계율의 중요성은 어디서나 어느 때나 거의 절대적으로 필요하다 할 수 있겠다.

이 우주는 철저한 법칙의 세계이며, 법칙이 준수되지 않는 사회나 개인은 붕괴하게 되어 있다. 어디에도 질서와 계율이 필수적이라 안 할 수 없다.

불교가 추구하는 깨달음의 길은 계를 통한 길일 수밖에 없고, 계는 불도수행 그 자체라 할 수도 있겠으니, 불교는 지식의 추구만을 과제로 삼지 않는다. 깨달음의 길이란 마음의 개혁을 통한 대전환의 길이기에 청정한 몸가짐과 생활이 전제되어야 한다.

부처님께서는 "불국토를 이루려면 계를 받고 수행하라. 계를 어기지 않으면 능히 멀고 험한 길을 온전히 갈 수 있다."라고 하셨다. 계를 지켜나간다는 것은 자기 자신을 올바르게 보호하는 길이요,

수행의 길에서 온전하고 영원성을 회복시켜 가는 길이다. 계는 평화의 길이고, 성불의 길이고, 무량복덕의 길이기에 그 길로 가도록 당부하신 것이다.

②정定: 정의 힘이 강해졌을 때, 생각의 처음 일어남을 알아차리게 한다.

정의 힘이 강해질수록 생명의 본질로 들어가며, 본질은 말이 나오려는 그 순간을 알아챈다. 말이란 밖으로 나오면 다스리기가 어렵고, 바로 내뱉으려는 그 순간에는 다스리기가 쉽다.

'정진, 정어' 등의 힘이 커질수록 바로 마음, 그 깊은 곳에서 일어나는 모습을 헤아리기 시작한다. 밖에서 완전히 드러나서 선악의 시비로 흘러가는 것을 다스리는 수행을 계라고 한다면, 그것이 나오려고 하는 마음속, 곧 구생기(태어남과 동시에 자연스럽게 생긴다는 뜻)가 일어나는 처음으로 들어가서 고요하게 하는 수행을 정이라고 한다. 정이 깊어진 만큼 삶이 조용해지며, 정념이 한순간에 살아 있으면 내 속에 들어 있던 자아의 벽이 없어진다.

자아의 벽이 없어져서 삶이 참다운 모습으로 되어 진여(우주만유에 항상 변함이 없는 본체)로 변한다. 진여의 흐름이 일어나게 되면 사랑과 자비와 이해의 행동이 끊임없이 일어나면서 '계, 정, 혜'의 삼학이 이루어지는 것이다. 이때야 비로소 본래적인 진실한 삶을 왜곡시키는 소지장所知障, 즉 번뇌의 장애와 소지의 장애가 없어진다.

③혜慧: 무엇을 안다는 말이 아니고, 나와 상대방과의 사이에서 나의 범주로만 상대방을 파악하던 벽이 궁극적으로 없어져서 부드

럽고 따스함 속에서 함께 살아간다는 말이다. 그것이 정견이고 지혜이고 사랑이고 자비이며, 이때야 비로소 삶을 바로 알게 된다. 우리 사이에 흐르고 있는 삶의 내용을 밑바닥까지 볼 수 있는 힘이 지혜로, 삶을 살아가는 데 있어서 자비와 이해가 함께해야 하는 것이다.

부처님의 다섯 가지 향

불교에서 말하는 오분향이란 계향, 정향, 혜향, 해탈향, 해탈지견향, 이 다섯 가지로, 부처님의 진리의 몸에서 발하는 향을 말한다.

①계향戒香: 어느 때, 어떤 장소에서도 조금의 허물을 찾을 수 없었던 부처님의 참 존재에서 발하는 향기이다. 부처님의 모든 행은 그대로 계행이다. 부처님의 행들은 모두가 자타의 마음을 평안으로 이끌어주고 업장을 녹여준다. 바로 계의 행이다.

②정향定香: 부처님의 마음은 언제나 부동의 고요함 속에 있다. 완전한 적정 가운데에 있다. 언제나 한결같이 생사를 초월하여 고요하고 편안한 마음이 바로 부처님의 정향이다. 이것이 사실은 본래의 우리의 마음자리로서, 우리가 수행을 한다는 것은 바로 이 본래의 마음으로 돌아가서 지혜와 광명을 거리낌 없이 드러나게 하는 것이다.

③혜향慧香: 부처님은 일체지자(세상의 모든 것, 즉 과거, 현재, 미래의 모든 것을 알고 계신 분)이시고, 일체종지(모든 존재에 관해 평등의 상에 즉하여 그 차별의 상을 상세히 아는 지혜)를 꿰뚫으신 진실한 전지자이시다. 혜향은 그러한 대지혜로부터 발하는 향기다. 이 혜향이 자타를 구하는 것이고, 우리도 이러한 반야지를 깨닫기 위해서 수행을 해나가야 하는 것이다. 결국 혜를 통해서 괴로움으로부터 벗어나 열반에 이르는 것이니, 수행은 궁극적으로 혜를 얻기 위한 것이지만, 혜는 계와 정으로부터 비롯되며, 계와 정은 혜 없이는 바르게 정립되지 않는다.

④해탈향解脫香: 열반이란 삼계의 모든 속박으로부터 벗어나 해탈한 것이다.

⑤해탈지견향解脫知見香: 우리 중생은 고를 벗어나지 못하고 살아가간다. 그러나 부처님은 일체의 고액을 다 벗어나고, 모든 인연을 다 넘어버리고, 절대의 큰 자유를 증득하신 분이다. 그분의 향기가 해탈향이다. 해탈이야말로 모든 유무를 떠난 그 자리, 중도의 자리, 영원한 근원의 자리에서 언제나 시간 밖에 존재하게 되는 것이다. 이러한 상주불멸의 자리에서 스스로 해탈한 존재임을 알고 법계의 실상을 지견으로 알아야 한다. 바로 마지막의 해탈지견향이다.

팔정도 八正道

①정견正見: 바른 견해를 갖는 것을 말한다. 바른 견해란 독단적인 견해와 무견해의 중도에 있으며, 보통사람의 생각으로는 도저히 이해할 수 없는 데까지 이해하게 되는 마음으로, 이 가운데서 용서도 미움도 저절로 없어져 버린다.

'나'로부터 원인을 분석하고 관찰을 시작한다. 나로부터가 참으로 꿈같은 것임을 보면서 무아의 경지, 즉 연기실상을 알게 된다.

바르게 보는 것, 이때부터 삶의 근거를 보게 되며 정견에 선다.

정견이란 아집과 법집의 삶으로부터 벗어나려는 노력으로, 구생기의 수상(행동으로 옮겨지기 바로 직전까지의 생각)이 행동으로 흐르는 것을 면밀히 관찰하고 있는 상태이다. 행온의 흐름이 공, 무아, 무상의 힘으로 바뀌면서 아집과 법집이 없어져 개인과 집단의 구별의 사유가 없어진다. 이것이 선이고, 공의 세계이고, 열린 마음이다.

②정념正念: '깨어 있음, 알아차림'으로, 팔정도의 중심이다.

한 발짝 뒤로 물러서서 자기와 상대방, 자기와 환경 속에서 일어나는 관계를 관찰하는 것을 정념이라 한다. 정념의 흐름은 현존하는 생활 속에서 나와야 하며, 한 생각이 일어나고 한 동작이 일어날 때 바로 거기에 속하지 않고, 고요히 흐르게 하는 힘을 정념이라 한다. 곧 바른 마음챙김이다.

염은 원이다. 바라는 것이 없는 인생은 있을 수가 없다. 염도 조화라는 중도에 따르는 것이라야 하며, 욕심을 억제하고 만족할 줄을 알아야 하고, 인생의 바른 목적을 자각한 염원이라야 한다. 정념 수행을 한다는 것은 무엇을 안다는 것이 아니며, 나의 삶을 삶답게, 그리고 나의 이웃과 자연과 지구와 어울려서 살아가는 것이다.

③정어正語: 나만을 보는 언어의 세계로부터 벗어나려면 언어에 대해서 명확하게 관찰해야 한다. 언어를 바르게 관찰하는 것을 정어라 하고, 정어 속에는 반드시 정념이 들어 있어야 한다. 말은 마음을 담는 그릇이다. 그릇이 움직이면 담겨 있는 물은 더욱 심하게 흔들린다. 말을 올바르고 겸손하게 구사하는 것은 인간의 삶을 살아가는 데 있어서 반드시 필요한 요소이다.

④정업正業: 활동과 생각이 일어나고 살아가게 되는 과정에서 정념을 동반한 명확한 활동을 정업이라 한다. 바른 행위로 생명을 해치는 것을 삼가고, 주어지지 않은 것을 갖지 않으며, 감각적 쾌락을 누리고자 하지 않는다. 건강한 몸으로 즐겁게 일하기 위해서는 감사한 마음을 가져야 한다. 일은 생활의 윤기를 더하여 준다.

⑤정명正命: 구생기에서 분별기로 흘러가는 한 시점에 있을 때 정념으로 정업, 정어할 수 있는 곳에 내 몸을 두는 것이 정명이다. 직장이나 사회에서 활동을 하면서 몸과 마음을 진실한 생명의 흐름에 두어, 그 속에서 일어나는 활동을 명확히 관찰하는 것이 정명과 정념을 같이 하는 것이다. 바른 생계를 말한다.

⑥정정진正精進: 한 생각이 일어날 때마다 그것을 명확히 보는 정념이 있어 비로소 계의 내용인 정어, 정업, 정명이 일어난다. 정념이 집중되어가는 과정과 관찰을 정정진이라 한다. 즉, 바른 노력이다. 사람과 사람이 서로 조화를 이루는 것을 말한다.

⑦정정正定: 바른 정진이 계속되어 고요함 속에서 말이 나오고 행위가 나오게 되는 것을 정정이라고 한다. 건전하고 유익한 사실과 상태, 그리고 과정에 마음을 집중하는 것이다. 정정은 바른 집중이다.

⑧정사유正思惟: 생명의 끝을 보게 되며 중도실상으로 사유케 하는 것이 정사유이다.

깨어 있음은 정념으로부터 시작이 되나, 정념의 내용인 정견·정사유·정업·정명·정정진은 정정과 함께한다. 정견인 이해와 사랑과 자비가 자신의 내부에서 일어난다. 삶을 지속적으로(정정진) 지켜보아(정념) 고요하게(정정) 하는 것이 '정'에 속한다.

팔정도는 모든 수행법을 포괄한 것으로, 경전은 팔정도 수행에 의해서 열반에 이른다는 것을 강조한다. 특히 팔정도는 다른 어떤 수행보다도 명백하게 올바른 인식을 전제로 하는데, 팔정도는 이 세계와 존재의 올바른 이해와 실천이기 때문이다.

팔정도의 수행법을 담고 있는 사성제 또한 핵심교설의 하나인 연기설이나 오온설의 다른 표현이기 때문에 사성제, 팔정도는 불교세계의 이해방법과 수행법을 거의 모두 표현하고 있다.

육바라밀

보살이 행해야 하는 여섯 가지 길인 육바라밀 보시바라밀, 지계바라밀, 인욕바라밀, 정진바라밀, 선정바라밀, 지혜(반야)바라밀이다.

보시란 우리의 몸과 마음의 소유를 줄이는 것으로, 일상생활에서는 자기의 견해로부터 자유로워지는 것, 재물로부터 자유로워지는 것에서 출발한다.

몸과 마음을 극도로 간소화시키는 것이 보시이다. 무아, 무소유인 보시의 바탕이 무상, 무아, 공인 연기실상이기에 줄이고 버림을 통하여 넉넉한 마음자리가 이루어진다.

반야바라밀은 앞서 다섯 바라밀이 완성되어 나타나는 것이라고 생각하기 쉬운데, 그렇지는 않다.

관이 깊어지면 처음에 일어나는 것을 보는데, 처음과 끝을 여실히 보는 것이 반야지혜이다. 깨어 있음(정념)이 살아 있는 순간을 반야라 한다. 삶을 꿰뚫어 보는 힘이 있느냐에 따라서 반야바라밀이 얼마만큼 되고 있느냐가 결정된다. 반야바라밀은 몸과 마음의 활동을 잘 들여다보아 마음이 바뀌어가는 것으로, 이는 정념수행의 공덕이다. 따라서 보시가 이루어지는 가운데 반드시 정념이 전제되어야만 청정한 보시가 된다.

이해와 자비가 동반되는 정념수행을 한다는 것은 무엇을 안다는 것이 아니고, '이웃의 모든 것과 서로 얽히고 어울려서야 존재하는 나의 참 삶을 제대로 알고 삶답게 살 수 있다'는 것이다.

우리의 삶은 연기실상인 총체적인 앎에 의해서 유지되면서 흘러

간다. 바로 우리의 주관과 객관이 하나가 된 상태가 연기실상의 청정한 흐름이다. 삶을 통해서 지켜보는 수행을 계속해 나가다 보면 우리가 여러 생에서부터 습관이 되어 온 고정된 틀로부터 자신을 자유롭게 할 수 있다. 이러한 수행을 지켜보는 것으로서 사념처가 있다. 몸의 느낌, 느낌의 흐름, 기뻐하고 슬퍼하고 믿고 뉘우치고 하는 등의 마음의 흐름, 이것이다 저것이다 하는 인간의 논리의 근거가 그것이다. 이상의 네 가지를 매일 매일의 생활 속에서 잘 지켜보아서 그 특징을 알고 법과 아我의 분별로부터 자유로워지면 참된 삶, 고요하고 밝고 고통 없는 삶을 살게 된다.

연기란 총체적인 삶의 흐르는 모습, 모두가 어울려서 함께 살아가는 세계를 말함이다.

불교의 특수한 수행방법인 정념수행에는 한 현상에 대한 명확한 관찰(사마타)과 현상의 흐름에 대한 관찰(위빠사나), 이 두 가지가 있다.

위빠사나는 현상의 흐름에 대한 관찰이기 때문에 흐름을 보기 시작하면, '나'가 없어져서 아예 무아가 되어버린다.

나와 나의 소유로부터 자유로워져서 보시가 완전하게 이루어지는 것이다.

이와 같이 관수행으로서 삶의 흐름을 명확하게 보아 무아, 무상, 고에 대해 확실히 아는 것을 정견이라 한다. 바른 이해로 모든 것을 넉넉히 받아들일 수 있는 공간이 생긴 것이다.

인과법

불교에서는 세상과 중생의 생로병사를 지배하는 법을 '인과법'이라고 한다.

인연으로 맺어지는 생과 사의 세상이다. 그런 속에서 근본 무명에 덮인 마음이 스스로 꿈꾸어 내는 환의 세계를 우리는 만들었다 허물었다 하면서 살고 있는 것이다. 불자들은 인과를 믿는다.

인과를 믿는다는 것은 단지 이론으로만 믿는 것이 아니라, 그렇게 살아가야 하고 또 그것을 스스로 증험해 가는 것이다.

인과란 모든 것이 인연에 따라 생겨나고 인연에 따라 소멸한다는 인연법이고, 부처님께서 깨달아 증험하신 진리 곧 다르마이며 공이고, 궁극의 근원이고 존재의 실상이다. 그냥 따라다니며 믿는 것이 아니라 스스로 바르고 궁극적인 진리를 찾아 나서서 그것을 증득하겠다는 서원이 있어야 한다. 그러한 힘으로 이 세상을 당당하고 의젓하게 살아가야 한다.

불교의 인과법은 일종의 숙명론처럼 아주 결정된 것은 아니다.

과거에 내가 지은 업에 따라 그 결과로 생겨난 것들이 내게로 오는 것은 사실이지만, 그것을 지금의 내가 어떻게 받아들이느냐에 따라서 얼마든지 좋은 쪽으로 돌이켜서 방향을 바꾸어 갈 수도 있다는 인연법이다. 그러니 지금 이 자리에서 내가 잡아드는 마음가짐의 방향타를, 내가 주인이 되어 그 방향을 나 자신이 직접 잡고 나가는 것이다. 생각해볼수록 스스로 너무도 당당해질 수 있는 법이다.

세상사 모두가 인과의 소산일 뿐, 일심이 만들어낸 한바탕의 꿈과 같은 것이다.

꿈의 연장 속에서 살고 있는 우리 중생은 이것이 꿈인 것을 모르는 채 살고 있다. 이러한 꿈속에서 스스로 깨어 나올 수 있는 깨달음의 길을 가르쳐주는 것이 종교의 힘인 것이다.

불교는 그냥 이러이러하니 이리로 따라오라고 하는 것이 아니라, 무엇보다도 우선 이해를 잘 시키고 가르치는 노력을 성실히 기울여 주는 자비의 종교다.

그렇다. 가장 중요한 것은 바로 자비가 앞서는 종교라는 점이다. 만약 자비가 빠져 있다면 아무리 훌륭한 사상이라도 우리 인생사에는 별 도움이 될 수가 없을 것이다.

불교는 그냥 교리의 이론만을 믿는 종교가 아니다. 교리를 이해하는 것이 반이고, 또 다른 반도 반드시 이루어져야만 참다운 불교인이 되는 것이다. 처음의 반은, 불교를 배우는 데는 반드시 수행의 길이 따라야 한다. 대단히 인위적인 노력을 정신을 바짝 차리고 이어가야 한다. 그 길을 걸으며 스스로 자기 변화를, 자기의 마음이 달라지는 변화를 체험할 수 있고, 자기 안에 지혜가 열리는 것을 스스로 느끼게 되기 때문에 믿는 것이다. 깨닫게 된다면 그것이 바로 자기의 정체를 바르게 아는 것이고, 부처님을 만나는 일이 되는 길이다. 또 다른 반이란 이렇게 깨달은 마음을 잘 사용하는 것이다. 자비의 실천을 이행해 가는 것이니, 실천이 없는 깨달음은 죽은 것이나 마찬가지다. 그렇게 실천을 통해서 또 다른 깨우침을 몇 번이고 더하게 되면서 비로소 부처님의 위치로 가깝게 다가서게 되는 것이다.

경전을 통해 깨달은 것을 반드시 실천에 옮겨 바르게 사용해 가면서 다시 또 얻어지는 것까지도 찾아내야 한다는 말이다.

경전을 많이 읽는 것도 좋지만, 경전에 쓰인 것을 단 한 가지라도 실행하는 것, 실천을 통해 내 것으로 하는 것이 보다 중요하다. 경전을 통해 이해된 것은, 반드시 실천을 통해서 스스로 느끼고 깨달아지는 것이 일어나야만 제대로 내 것으로 만들어낸 것이다.

불교공부라 하면 마음공부요, 마음공부라 하면 마음수행이라고 한다. 우리가 수행을 한다는 것은 '닦아 나가는 행'이다. 그것도 마음을 닦아 나가는 것이다. 다시 말하면 수행이란 자기 마음의 주인이 되는 것이고, 자기 마음을 길들여가는 과정이다. 묵은 업력을 제어하고 고쳐가며 닦아서 좋은 쪽으로 나가는 것이다.

지혜

깨달음의 지혜를 사회에서 실천해 가는 방편이 불교의 중심된 축이라고 하겠다.

불교의 지혜는, 공을 비롯한 불교의 진리에 입각하여 수행함으로써 얻어지는 것으로, 사물을 올바로 인식하고 판단하는 능력을 말한다. 자타의 구별 없이 공덕을 베푸는 지혜를 가짐으로써 집착이나 애증 같은 번뇌를 소멸시켜 갈 수 있다.

지혜는 보살이 열반의 경지에 이르기 위해 수행하는 육바라밀 중의 하나로, 반야라고도 한다.

우리 인간들이 지혜를 회복할 수 있는 것은 철학이 아니다. 철학은 단지 세계를 해석할 뿐이다. 그래서 석존은 해석의 철학을 부정하고 그것들을 전부 초월한 실천의 형태를 만들고자 했다. 법에 대한 새로운 이해도, 상가의 사회원리도 그러한 도전에서 태어난 것이다.

나란자나 강가에서 수자타의 우유죽을 마신 후로부터 석존은 자신의 육체를 부정하지도 않았고, 그렇다고 육체의 기쁨에 몰입해 정신의 깨달음을 흐리게 하지도 않았다. 이것이 불교의 묘한 점이다.

가사 한 벌에 맨발로 탁발을 하며 숲속에서 거처하고, 그러면서도 쉼 없이 중생을 가르치고 지도해오신 부처님의 자비의 가르침을 익히는 학생이 된 나는, 부처님의 충만하신 자비와 정성에 진심으로 존경하고 사랑하는 마음 가득하다.

그토록 절실하셨던 부처님의 가르침의 중심은 실천행이다. 즉, 불교의 생명은 그 진여의 참뜻을 우리의 삶 속에서 실천을 이루어 가는 데에 있다고 본다. 배운 것이 있으면 실천을 해야 그것이 살아 있는 것이 된다. 책만 읽고 교리만 외우는 것이 아니라, 그중의 하나라도 실생활에서 실천을 하고 사용을 해서 그 결과를 이루어내는 것이다. 실생활에서 그 가치가 빛을 이루어낼 수 있을 때 그 가르침은 살아 있는 것이 된다.

불교에서는 윤회를 벗어나 사는 존재 외에는 신, 인간, 동물, 아수라와 지옥의 거주자들을 포함한 모두가 윤회의 틀 속에 똑같이 포함된다. 모두가 동등하다. 다만 시간 감각만 다르다고 한다. 신과 인간은 생명의 길이가 다르니까 시간 감각이 다를 뿐, 상호간의 본질적인 차이는 별로 없는 셈이다.

그리고 윤회를 벗어나는 존재들이란 바로 깨달음을 이룬 사람들이다. 깨달으면 부처이고, 미혹하면 중생이다. 마음이 흔들리면 중생이고, 제대로 닦아서 깨달으면 부처이다. 마음이 어떤 상태에 있느냐가 중요한 문제일 수밖에 없다. 마음가짐에 따라 부처도 되고 중생도 된다. 심하면 야차로도 되고 마는 것이 마음이다. 마음이란 참으로 요상한 물건이다

『법화경』에서는 인간의 번뇌(즉, 탐욕, 성냄, 어리석음)를 독에 비유하고, 이 삼독三毒을 불난 집으로 비유하여 설하고 있다. 이렇게 『법화경』은 실제적 성격을 가지는 까닭에 배움이 없는 사람도 들으면 무엇인가 깨치는 바가 있지만, 『화엄경』은 꽤나 철학적인 말로 설해서 난해하게 보인다.

불교는 심리를 중요시한다.

생사윤회가 펼쳐지는 여섯 갈래의 중생계(천신, 인간, 축생, 아수라, 아귀, 지옥)는 모두가 환이요, 꿈과 같은 것이다. 중생들이 스스로 지어낸 몽환의 경계일 뿐이라고 한다.

부처님께서 중생을 이끄는 길은 중생 스스로가 자신의 마음을 지배하고 있는 무지와, 자기존재와 대상 경계에 대한 탐착과 증오심으로부터 벗어나 생사윤회의 괴로움을 이겨내는 일이다. 탐·진·치의 덮개와 윤회의 속박에서 벗어나는 것이므로 해탈이라 하고, 영원하고 완전한 평온을 자기 마음의 근본자리에서 깨달아 증득하는 것이니 열반이라고 한다.

불교는 원래 여성원리가 강하고, 그런 점에서도 기독교와 불교는 커다란 차이가 있다. 보통 여성원리가 우위를 차지하는 경우는, 이른바 자연조화 같은 형태를 취하는 것으로 설명하지만, 불교는 매우 지적이고 세련된 형태로 다듬어져 있다. 단어도 많고, 경전도 많고, 또 철학도 있다.

불교에서는 우리 인간의 아집 때문에 내면의 마음이 비뚤어지거나 고뇌를 갖게 된다고 한다. 그래서 자신의 욕심이나 고집을 내려놓으면 '안락'한 상태에 도달하게 되고, 모든 생명체는 바로 이러한 안락한 상태를 이상으로 하는 것이다.

Happy나 Bonheur로서의 행복보다는 '안락', '안심', '대락'으로서의 불교적 용어가 훨씬 더 현대인에게 깊은 편안함을 안겨준다고 생각된다. 편안해지고 싶은 인간의 마음에 잘 맞아 들어가는 '안락'이라는 어휘가 훨씬 순수하게 다가온다는 말이다. 불교는 진정으로 안락해지기 위한 올바른 길을 가르치는 것이다.

죽으면 모든 것을 놓아버리게 되는 것은 분명하다. 그러나 죽는 순간에는 이제껏 살아오면서 카르마를 만들어 오던 여러 가지의 매듭이 풀어진다. 그래서 아주 짧은 순간에 매우 멋진 체험을 하게 된다고 한다.

죽음 바로 뒤에 따라오는 명가冥加를 생각해야 한다. 명가란 생전에 살면서 쌓아둔 선의 창고 속 보물 같은 것이다. 이것이 사망 직후에 활동을 시작해서 사후의식이 거쳐 가는 궤도를 결정한다. 즉, 사망 직후에는 누구나 극락상태를 잠시 엿보게 되는데, 그 짧은 순간에 본 것의 의미를 미처 이해하지 못하고 어정쩡한 상태에서 곧바로 다음 세상에 태어나기 위한 궤도로 들어가 버린다는 것이다. 그때 그 짧은 순간에 그 의미를 이해할 수 있는 지혜가 잘 축적되어 있었다면 바로 거기서 극락에 머물러 앉을 수가 있다. 하지만 대부분의 사람들은 명가가 부족해서 허둥거리는 사이에 다음 궤도로 끌려가게 되어 진정한 안락을 놓쳐버리게 되는 것이다.

여기서 꼭 알아야 할 것은, 만약 자살을 하면 그것은 신에게 죄를 짓는 것이 아니라 본인이 대단히 큰 손해를 본다는 점이다. 고통스럽다는 이유로 자살을 하면 고통의 근본 원인을 소멸할 수 없게 됨은 물론이고 또다시 카르마가 더 가해져서 전보다 더욱 고통스러운 생명으로 태어나게 된다는 것이다. 선악의 기준을 적용시키는 것이 아니라 자신의 선택에 책임이 있다는 것을 말한다. 이러한 법칙에 의해 모든 것이 진행되므로 그 법칙을 잘 이해하고 손해를 보지 않게끔 노력하여 우리 모두 대락에 도달하도록 하자는 것이다.

명상과 선

명상을 할 때 몸과 마음이 고요히 안정된 상태, 집중된 상태를 유지하라고 하는데, 이것을 산스크리트어로 '사마타'라고 한다. 그러면 거기에서 사물에 대한 직관과 통찰이 생기게 되는데, 이것은 '비파사나'라고 한다. 마음과 몸이 완전하게 조용하게 가라앉은 것이 정이고, 그렇게 되어 눈이 밝아진 것이 혜이므로 이를 '정혜'라고 한다. 이른바 삼매와 반야이다.

명상을 제대로 된 방법으로 하기 위해서는, 방해되는 자극을 피하기 적당한 고요하고 조금은 어두운 방이 좋다. 춥지도 않고 덥지도 않은 곳이며, 가능하면 본인에게 편안한 곳이 좋겠다.

이미 5,000여 년이 훨씬 넘는 그 시대에 이미 명상을 즐기면서 자신을 뒤돌아보고 높은 뜻을 펼쳐나간 사람들이 있었으니, 바로 요기들로서 숲속의 고행자라 하였다.

기독교나 회교 등이 명상을 즐기고 있다 해도 명상이 중심은 아니다. 그러나 불교나 힌두교에 있어서는 명상이 근본적인 수행법이다. 물론 불교와 힌두교의 명상은 그 질에 있어서 많은 차이가 있기는 하다. 신의 도움만 받고자 하는 종교가 아니고, 명상을 통해 깊이 성찰하여 자기 속에 있는 신성을 발견하는 체험을 하게 된다면 인간은 자기 안에서 신을 볼 수 있고, 내가 신과 다름이 없음을 보게 되는 것이니, 오늘날 명상을 중심으로 하는 종교가 가장 고차원적인 종교라고 말해지는 이유가 여기에 있다.

종교란 인류의 정신생활에 있어서 가장 근원적인 문제를 해결하는 문화현상이다. 특히 명상 속에서는 서로 다른 종교가 대립하지 않는다. 종교적인 본질은 하나이기 때문이다. 인간이 가지고 있는 우주적인 능력 중에서 가장 중요한 것은 종교성의 발휘이다. 종교성이란 종교적인 소질이다.

불교의 가르침에서 수행법으로 화두를 잡고 고요히 앉아 그것을 캐어 나가기도 하고, 자기 몸에서 일어나는 호흡을 지켜보면서 마침내 호흡의 정체를 알게 되고, 호흡을 다룰 수 있게 되고, 그 호흡의 주인이자 마음의 주인이 되기도 한다. 또는 걸어가는 걸음걸음을 지켜보아도 그 지켜보는 힘이 점점 커져서 자신의 모든 움직임을 다룰 수 있게 되고, 결국 주인이 될 수 있는 것이다. 어느 방법이든 마음이 한길로 들어서서 고요히 일심이 되는 삼매에 이르게 되면 바로 느낄 수 있게 된다. 이렇게 고요하게 어느 것에 철두철미하게 되었을 때, 그 속에서 지혜가 일어나게 된다.

지혜란 마음의 근원에서 일어나는 힘이다. 잡다한 마음의 움직임에 휩쓸려 같이 흘러가지 말고 그 중심으로 들어가야 한다. 이렇게할 수 있는 길이 정념, 마음챙김, 즉 스스로 정신을 차려 마음을 고요히 쉬게 하는 것이다. 그런데도 마음은 늘 바쁘다. 강한 업력 때문이다. 이런 때는 마음과 억지로 씨름을 하지 말고 어떤 한 가지 다른 일, 즉 전념할 수 있는 일을 찾아 그것을 몰고 가는 것이 좋은 방법이다.

나는 대단히 강한 업력을 갖고 태어난 사람이다. 그래서 오로지 업력을 바로잡는 것에만 정성을 기울이고 살아가는 중인데도 잠시만 한눈을 팔거나 게으름을 피우면, 어느새 옛 버릇이 냉큼 내 머리

위에 올라 앉아 있다. 때문에 그 옛 버릇을 다시 잡아들여서 또다시 길들여 가야 하는 경우가 대부분이다. 그렇게 거듭해 가면서 앞으로 조금씩 나아가고 있는 중이다.

숨쉬기 수행방법에는 몇 가지가 더 있다. 힌두교의 방법, 단전법 등이다.

겉으로 보기에는 조금씩만 다른 것 같지만 실제로 행해보면 다른 점이 너무도 많다. 내가 특별히 잘 알지는 못하지만 아는 만큼만 설명을 해보면, 고요하게 정좌하고 앉아서 숨쉬기를 시작하는데, 숨을 크게 들이쉴 때에 아랫배를 불룩하게 부풀리면서 그 속으로 공기를 쑥 들어가게 한다. 계속해서 단전까지 내려가게 한다. 그때 마음이 중간에서 멈추지 않고 공기와 함께 단전까지 쑥 내려간다. 그리고 숨을 내뱉을 때에는 배를 가볍게 안으로 잡아당기면서 공기가 밖으로 빠져 나가는 것이 느껴질 만큼 고요하게, 그때에도 마음은 단전에 그대로 두면서 함께 한다. 내뱉을 때에는 들이마실 때보다 두 배 더 길게 천천히 내뱉는다.

그렇게 계속해 가다 보면 우리의 에너지 센터가 밑으로 내려간다. 이러한 숨쉬기를 계속해 가면 나의 기가, 에너지가 어디에서 막혀 있는지를 느끼게 된다. 그러면 바로 그 마음을 그 막혀 있는 포인트에 주고 함께 하나가 되어서 천천히 그 단전자리로까지 밀고 내려가는 것이다. 이렇게 몇 번을 계속해 가면 늘 막혀 있던 그 기가 어느 날 스르르 내려가는 경험을 하게 된다. 그런데 이상한 것은 그 결과를 목적으로 바라면서, 즉 그 목적하는 바에 욕심을 두고 하면 안 된다는 것이다. 그냥 물 흐르듯이 무심하게 하는 것이다. 그냥 자연스럽게 습관처럼 해가는 것이어야 한다.

부처님께서 가르쳐주신 호흡법은 특별히 기를 만들어내는 것이 아니라 본래의 자연스러운 그 자리로 되돌리는 가르침이다. 그래서 본래의 단전호흡이란 극히 자연스러운 호흡법에 불과한 것인데, 우리가 만들어낸 습이나 욕구 때문에 그 호흡방법이 틀어지고 불편해진 것이다. 어떤 때는 단전호흡을 하다가 어지럽거나 열이 날 때가 있다고 한다. 그런 때는 멈추고 습관이 된 숨쉬기를 하다가 진정이 되면 다시 계속해 나간다. 그냥 긴장을 풀고 쉬었다 계속했다 이어가면서 하는 것이다.

수행해 가는 동안에는 좋은 것이냐 나쁜 것이냐를 마음속에서 만들지 말아야 한다. 타인이나 자신에 관해서도 아무것도 만들지 않는다. 그냥 하고 또 하고 그렇게 할 뿐이다.

명상은 나를 사랑하는 데서 비롯된다. 명상할 때 나오는 호르몬은 다이돌핀didorphin이다. 엔돌핀의 4,000배의 효과를 지닌 좋은 호르몬이라고 한다.

어떤 환경에 처해서도 나 자신의 순수한 실체를 마주하고 내 존재 가치의 소중함을 볼 수 있으면 오래도록 자유스러운 생활을 해갈 수 있을 것이다.

인간이 다른 동물들과 구별되어 인간다운 삶을 영위하게 된 것은, 인간에게는 조용하게 생각하는 힘이 있기 때문이다. 인간이 창조해낸 문화요소는 모두가 생각해내는 데서 이루어진 것이다. 굳이 파스칼을 내세울 것도 없이 본래부터 인간은 생각하는 동물이다.

명상이라는 것은 끝없이 생각해서 어떤 진리를 찾아내는 것이라 하겠다.

서구적인 개념에서는 명상이 일종의 meditation으로, 종교적으로 비약시켜서 묵상으로 여기기도 한다. 그런데 명상이라는 것을 제일 먼저 체계화하고 실천해온 민족은 인도민족이었다. 이들은 명상을 고요히 생각하는 것에만 그치지 않고 생각을 끊는 데까지 심화시켰다. 여기에 이르러서 명상은 보다 높은 경지를 얻는 것이 되었으니 바로 '요가'라 하거나 '다나'라고 하였다. 이를 『요기수트라』에서는 마음이 한 대상에 집중되어 주관과 객관이 하나가 된 경지라 하였다. 이때에 주관인 마음이 완전히 없어져서 객관적인 대상으로 통일된 상태를 말하기도 한다. 그러므로 요가라 하는 것은 마음을 통일하여 깊이 생각하면서 고요하게 된 나머지 그 생각이 끊어진 것이다.

서양 사람들이 메디테이션meditation이라고 하는 것은 어떤 절대자인 신을 생각하여 그것과 합일하려고 하는 종교적인 묵상에 가까운 뜻을 가지고 있으므로, 여기에는 신비주의적인 내용이 있는 것이다.

그러나 인도의 자나jhāna는 그러한 내용만이 아니라 또 다른 내용까지도 가지고 있다.

불교에서는 이것을 '사유수'라고 하거나, '정려'라고 하는 말로서 이해하고 있다. 자나는 마음을 고요히 가지고 헤아려서 깊이 들어가 어떤 결론을 얻는 것을 말한다. 정려란 마음을 고요히 하여 대상을 진실 그대로 알기 위한 것이니, 사물의 진실을 있는 그대로 안다고 하는 것은 그것이 바로 종교적인 깨달음이 되는 것이므로, 정려의 수행은 종교적인 수행이요, 종교적인 실천이다.

대상을 사유하여 악함이나 선함을 없애는 수행이 바로 사유수이니, 사유는 방법이요, 수는 결과요 공덕이다. 그러므로 사유수, 곧 자나는 마음을 오직 한 대상에 쏟아서 고요히 헤아려 목적을 향해서 닦는 수행인 동시에, 그것이 이루어진 경지도 되는 것이다.

요가의 역사가 얼마나 되는지는 확실히 알 수 없지만, 학자들의 견해에 따르면 B.C. 5,000년 이전으로 올라가게 된다고 한다. 그때부터 수행자들에 의해서 전해져 종교적인 목적을 달성하고, 인격의 완성을 기하기 위해서는 누구나 행해야 할 유일한 방법이었다.

요가의 일부로 알려진 명상은, 인간이 취해야 할 가장 기본적인 것이다. 인간의 생활 속에서 정신이 차지하는 부분이 중심을 이루고 있는 것과 같은 것이다. 그리하여 요가에서도 육체 단련과 정신수련을 빠뜨리지 않고 있다.

명상에 의해서 종교의 목적을 이루는 종교는 매우 높은 수준의 종교이다.

명상을 주로 하는 종교에 있어서는 자기 속에서 자기의 진실한 본질을 찾는 것이요, 자기 속에 있는 신성을 발견하여 자기가 신이 되는 것이기도 하다. 신을 내 속에서 찾아내는 것이다.

요가는 신과의 합일, 심신의 합일, 마음의 집중, 마음작용의 지멸 등으로 정의될 수 있다. 오늘날에는 종교적으로 인간이 완전하게 되는 길이라고도 말해지고, 또한 철학적으로는 자아를 발견하는 길이라고도 말해진다.

여하튼 요가는 명상을 통해서 최고의 경지, 이른바 삼매라는 경지에 이르면 우주와 내가 하나라고 하는 자각을 가지게 하고 특히 자기 마음의 본래의 모습을 알게 하며, 따라서 모든 사람의 마음을 알게 하는 것이다. 우주가 내 속에 있고 내가 우주 속에 있다는 자각을 갖게 된다는 것으로, 드디어 일체 속에서 나를 보고 내 속에서 일체를 볼 수 있음으로써 더없이 행복함을 갖게 된다는 것이다.

특히 동북아시아에서는 예부터 명상법이 두 가지 성질로 나누어졌는데, 그 하나는 불교의 정적 명상법이고, 다른 하나는 더 북쪽으로 가면 볼 수 있는 샤먼의 트랜스Trance이다.

불교의 명상도 트랜스로 번역되기도 하지만, 이 둘 사이에는 미묘한 차이가 있다. 즉, 호흡법을 가다듬으며 하는 불교의 명상법과 샤먼의 망아적 명상법 사이에는 분명하고도 커다란 차이가 있다. 불교에서는 아무리 깊은 명상에 빠져들어도 사고를 완전히 버리지 않는, 사고라는 표현이 적합하지 않다면, 트랜스상태에 아무리 깊이 빠져들어도 '우주적 지성'의 활동에 대한 관찰을 멈추지 않는다. 망아상태에 빠져서 일상의 사고는 멈추더라도 그것을 초월한 지성의 활동만은 계속하는 셈이다. 만약 그것을 멈춘다면 이는 불교적 명상이 아니다. '우주적 지성'이 통과하는 존재로서의 자아를 망아상태에서도 버리지 않는다. 바로 이 점이 불교와 샤머니즘 명상의 차이이다.

샤머니즘 부분을 확대해 가면 망아상태에서 개인의 책임을 포기하는 지경에 이르기도 하는데, 불교는 그런 책임을 포기하는 상태가 발생하는 것을 거절한다. 왜냐하면 망아상태는 이미 윤리의 영역을 벗어난 상태이기 때문이다.

보통 때 무심코 내가 하는 행위는 과거의 경험에 의해 잠재의식 속에 들어와 있었던 인상이 겉으로 나타나는 것이다. 자기의 무의식적인 행위를 통해서 자기의 전생을 알 수 있고, 또한 이런 것을 통해서 자기의 미래의 생을 예측할 수 있다. 행위에 대한 명상은 과거와 현재와 미래를 꿰뚫어 보는 힘을 갖게 하고, 정신만 똑바로 차리고 있으면 미래의 생을 내가 원하는 뜻에 따라 나 스스로 이루어 갈 수 있게 되는 것이다.

오직 마음으로 그 마음을 꿰뚫어 보아야 한다.

화두나 호흡, 또는 매사에 정신을 집중할 수 있는 사람이 되면, 그날그날의 삶이 알차고 시간의 낭비나 정력의 낭비가 없이 자기 정신을 제대로 가지고 살아가게 된다.

처음에는 단지 숨을 들이쉬고 내쉬는 것에만 정신을 집중하여 시작하면 된다. 숨을 들이쉴 때에는 우리의 신경 중에서 교감신경이 흥분을 하고, 숨을 내쉴 때에는 부교감신경에 자극을 준다. 교감신경이 자극을 받으면 신경이 긴장하고, 부교감신경이 자극을 받으면 신경이 안정된다.

걸음걸이에도 정신을 집중하거나 호흡에 맞추어서 발걸음을 옮긴다면, 나와 그것이 조화를 이루어 하나가 된다. 아무런 생각도 하지 말고 발걸음에 정신을 집중시켜서 그저 뛰고 싶어서 뛰고, 재미있고 기분이 좋아서 뛴다면, 오직 한 걸음 한 걸음에 감각이 집중되면서 그 보행이 명상이 되어 주는 것이다.

명상은 마음이 물 흐르듯이 인연에 따라서 끊임없이 이어지는 움직임이다. 막힘이 없고 텅 빈 상태이기 때문에 걸림이 없다.

인생은 그날그날의 일을 쉬지 않고 행하면서 아무것도 생각하지 않는 마음을 가질 때에 모든 일을 해 나가게 된다고 한다. 이것은 바로 진실한 무위의 행이다. 하루의 생활 속에서 무심으로, 즉 아무런 욕심이 들어가지 않은 채 부지런히 움직이는 것이 생활 속의 명상이다.

이미 지나간 일에 매달리지 말고, 아직 오지 않은 일에 집착할 것도 없이 오직 이 순간 오늘에 성실한 것이 나의 보람이고 행복인 것이다. 이것은 무소유의 소유이기도 하다.

선정은 고와 낙의 두 극단을 떠난 중도의 생활방법이나 수행방법을 말한다. 이러한 중도적인 수행이 선정이라면, 격렬한 수행의 방법은 요가이다.

간혹 선을 명상(meditation)의 일종이라고 말하는 사람도 있으나, 분명히 명상하고는 다른 것이다.

'선'은 '선정'의 줄임말이며, 선정은 선dhyāna과 정Samādhi을 합친 말이다. 선이란 말을 자세하게 설명하기는 매우 어렵다. 흔히 선을 불립문자라고 한다. 학문적인 궁리나 생각을 떠난 것이다. 선은 단순한 지식이 아닌, 우주생명이나 참된 자기의 체득이기 때문에 학문의 영역을 떠나 있는 것이다. 선은 깊이 사유하여 그 사유를 넘어선 곳에서 얻어지는 어떤 세계에 도달하려는 수행이다.

선은 수도의 길이기 때문에, 그 수도를 이루신 부처님의 가르침에 따라서 수행하면 보다 수월할 것이다.

석가모니 부처님이 성도하셨을 때에 취한 수행방법은 선정이라고 하여 요가와 구별된다.

선은 마음을 고요히 하고, 생각을 깊게 하며 진리에 도달하는 길이다. 흔히 선은 정과 합쳐서 선정이라고 한다. 엄밀히 말하면, 선은 고요히 사유하는 것이고, 정은 삼매로서 선이 도달한 경지이다.

석존의 깨달음은 무아를 내용으로 한 삼매, 곧 정에 의해서 우주의 근본진리인 '절대 공'에 도달한 것이다.

우파니샤드 사상과 같이 주체와 객체가 합일된 어떤 하나의 절대가 아니고, 개아를 떠난 동시에 또한 개아를 초월한 우주적인 실체까지도 초월하여 일체의 대상을 멸한 경지인 것이다. 이것을 멸진정滅盡定이라 한다.

일체의 장애로부터 벗어난 사람은, 있는 그대로인 여러 존재의 참다운 모습을 여실히 보고, 자기가 자연 그대로인 진리 속에서 진리대로 살고, 또 남도 그렇게 살게 하는 사람이다.

불교의 선을 지관쌍수·정혜겸수라고 하는데, 지라고 하는 것은 모든 생각을 끊고 밖으로 달리는 심의식을 자기 속으로 들어오게 하는 것이다. 따라서 마음의 움직임을 억제하여 고요한 상태로 있게 하기 위해서는 마음을 어떠한 대상에 집중하지 않으면 안 된다. 그러나 관은 대상을 올바르게 보는 것이므로, 참된 도리를 지혜에 비추어 보고, 그것을 올바르게 사용하는 것이기도 하다. 모든 존재가 주와 객이 대립된 상태에서 분별되고 있는 한 그 존재의 참된 모습은 알 수가 없다. 그러므로 먼저 주와 객의 대립이 없는 세계로 가는 것이 '지止'다. 그러나 이 주와 객이 하나가 되는 것에 그치면,

사물이 나타난 묘리를 알 수 없다. 여기에서 다시 더 나아가서 모든 존재의 근본도리에 입각한 모습과 다시 나타나게 되는 묘리를 모두 알지 않으면 안 된다. 이러한 것을 아는 것을 '관觀'이라 한다.

불교의 선정이란 이러한 지와 관이 원만하게 이루어진 것이다.

선이라고 하는 것은 마음을 어떤 대상에 매이지 않게 하여 모든 사물을 올바르게 보고, 올바르게 생각하고, 올바르게 행하는 사람이 되는 마음의 수행인 것이다.

선을 통해서 반야의 경지를 깨달으면 그것은 반야경의 세계요, 선을 통해서 실유불성과 법신상주의 세계를 체득하면 법화경의 세계다.

선의 근원은 석존께서 성불하는 찰나에 있었던 그 정신 속에서 찾아야 하고, 그것이 구체적으로 나타난 것이 부처님의 인격과 생활이다.

부처님으로부터 진리를 전해 받은 가섭존자가 제1조가 되고, 제2조 아난존자를 이어서 제28조에 해당하는 사람이 보리달마이다.

부처님의 깨달음의 근본 성품은 우주의 근본진리이다. 그것은 일체의 존재들과 다를 것이 없다는 것이다.

종교수행의 길에서 절대 피해야 할 것으로 '방일'이란 것이 있다.

방일은 생사의 길이요, 정념은 열반의 길이다.
정념을 닦는 자는 죽어도 죽지 않지만,
방일한 자는 이미 죽은 것과 마찬가지다. (『법구경』)

방일이란 마음을 그냥 방치하고 생각 없이 끌려 다니는 것이다. 오늘은 이 친구들과, 내일은 저 모임으로 공연히 바쁘게 돌아다니다 들어와서 고단하다고만 할 것이 아니라 가만히 자기 자신을 되돌아보기를 바란다. 내가 오늘 바쁘게 다닌 것은 꼭 필요한 의무가 있었는가, 아니면 값어치가 있었는가 하고 돌아보면, 대개는 그렇게 내세울 것이 없는데 어울려 다니며 쓸데없는 말만 늘어놓고 온 것이다. 특별한 목표도 없고, 바른 방향으로 가고 있는지를 주의 깊게 살펴보지도 않고, 마음챙김에 전혀 신경을 쓰지 않고 그냥 그렇게 살아가는 것이다. 현대의 보통사람들이 산다고 하는 것이 이런 식이다. 그러다보면 마음을 다쳐 괴로워하기도 하고, 분해서 열을 내기도 하고, 아니면 내가 실없이 한 소리에 상대가 마음을 다쳐 울고 화내고 분해하는 기회를 만들기도 한다. 그 모든 것은 맥없이 나돌아 다니기만 한 결과이다. 나의 귀한 시간, 절대로 다시 되돌려 받을 수 없는 그 귀한 시간을 쓸데없이 망쳐버린 셈이다. 귀한 것을 찾아나서야 할 시간을 방일한 것이다. 그래서 한 번 더 생각해보는 습성을 찾아보자. 한 번 더 생각해보고, 그리고 결정을 해도 늦지 않는다. 이것이 마음을 챙겨간다는 뜻이다.

또는 세상을 잘 살아갈 생각이나 실천의 열의도 없이 술이나 퍼마시고 원망과 한탄이나 하다가 소리나 질러대고 공연히 싸움질이나 하면서 조상 탓이나 하는 인생도 방일의 대표 격이라 하겠다. 모든 것을 팽개쳐 버리듯이 하는 인생에 무슨 빛이 보이겠는가?

수행자가 가는 길은 마음을 챙겨가며 사는 길이다. 마음챙김을 잘해가는 사람은 죽어도 죽는 것이 아니라고 한다.

한평생 살아가는 길에서 힘들고 어려운 일이 닥쳐오자, 지치고 두려워 그 자리에서 그냥 두 손을 놓고 주저앉아 "아이고, 나는 이제 죽었구나." 하고 울기만 한다면 이것은 완전한 방일이다. 내 앞에 놓인, 내가 정신 차려서 밀어붙이고 일어서야 할 일을 제쳐놓고 뒤로 나자빠져 한탄이나 원망만 하고 있음은 분명한 방일이다. 그럴수록 정신을 놓지 않고 마음챙김을 반듯하게 하고 "다시 한 번 더…" 하면서 나아갈 수 있다면 거기서 얻어지는 큰 힘을 나중에라도 스스로 느끼게 된다. 이렇게 삶의 실천에서 얻은 지혜의 힘이야말로 나의 영원한 바탕이 되어 준다.

진정한 종교란, 악업이나 죄업에서 해탈하는 길을 가르쳐주어야지 어떤 죄의식을 심어놓고 심판이다 종말이다 하면서 불안과 공포 속으로 몰아넣고 위협을 해서는 안 된다.

지금이 어떤 시대인가? 지금은 피조물인 인간의 힘이 하나님의 나라보다 더 높은 그 위로 쌩~ 하고 날아 올라가고 내려오는 우주의 시대이다.

누가 신이고, 누가 주인인가?

바로 그 마음이 주인이고, 때에 따라서는 신보다 더 큰 역할도 해낼 수 있다.

불교에서 말하는 진리, 다르마를 깨달아야 한다는 것은 무엇을 믿는 것만도 아니고, 무엇을 안다는 것만도 아니며, 오직 수행을 통해 실천을 행함으로써 거기서 자기 스스로 깨달음을 얻어야 하는 존재의 실상이다. 이런 것은 단순히 어떤 사실이나 정보를 안다든지, 특별히 배우고 얻은 것을 기억해내는 차원을 벗어나 모든 것의 존재나 그 본질과 계합이 되는, 그보다도 더 깊은 차원의 '앎'이어야 하며, 그것을 '깨달음'이라고 한다. 진정으로 내가 나의 자존을 가지고 반듯하게 일어설 수 있는 그러한 참 자세를 찾아 세움이다.

진리란 우리가 전혀 깨닫지 못하고 있을 때에도 여전히 법계에서 작용하고 있었고, 항상 불변의 모습 그대로이다.

모든 허황되고 삿된 노력을 놓아 버리고 본래의 자기로 존재할 수 있을 때 비로소 진리와 하나가 될 수 있다. 진리에 이르는 길은 보통의 앎을 포기하고 그 앎을 넘어서는 일이지만, 모든 것을 비추어 아는 지혜는 그로부터 저절로 생겨나는 것이며, 우리로 하여금 해탈과 열반을 체험하게 해준다.

불교는 근대과학과 일신교, 이 둘의 한계를 초월하는 성격을 갖고 있다.

유대교·천주교·기독교·이슬람교에서는 신 앞에서의 평등을 말하기는 하지만, 신과 인간 사이의 엄청난 비대칭을 전제로 한 대칭인 셈이다. 역사적으로 종교는 어떻게 하면 인간과 신 사이에 엄청난 비대칭의 관계를 형성할 것인지에 전력을 쏟아 왔는데, 오로지 불교만이 대규모의 종교이면서도 신과 인간, 인간과 동물의 대칭적 관계를 중요시해 왔다.

진정한 자비는 비대칭적 관계에서는 이루어지지 않는다.

내가 진정한 신의 자식이라면, 부모와 자식 사이가 주종관계가 될 수는 없다. 용서받고 용서를 내리는 관계가 아니라, 사랑을 주고 사랑을 나누는 그러한 대칭관계가 되어야만 한다고 본다. 비대칭적인 관계라면 거기에는 사랑보다는 주종의 관계가 있을 것이다.

세계의 사상가들은 종교의 신비주의 형태에 관심을 보여 왔다. 이유는 신비주의 단계에서는 어떤 종교를 통해서 들어가도 비대칭성이 해소된다는 점에 있다. 특히 불교는 신비주의화 하지 않은 상태에서도 처음부터 대칭성의 실현방법을 말해 왔다.

　현명한 사람이나 생각이 깊은 학자들, 세계적인 사상가들이 점점 더 불교의 가르침과 깨달음의 지혜에 관심을 보이지만, 그 명석한 머리로도 부처님의 세계에 덥석 뛰어들지 못하는 것은, 바로 수행과 실천을 통해서만 얻어낼 수 있는 지혜이기 때문이다. 그 명석한 머리로 불교의 교리야 금방 익히고 외울 수 있다 하더라도 그 다음으로 더 깊이 깨우침을 얻어내야 하는 그 과정은 단지 천재의 머리만으로는 어림도 없는, 인간의 정신과 결심과 자비와 인내가 섞여 있는 따뜻한 마음으로 실천을 통해야만 얻어낼 수 있는, 자비와 희생의 세계를 통할 수가 없어서인 것이다.

　석가모니 부처님처럼 온전하게 모든 것을 다 버리고 자기 자신을 다 바쳐서 평생을 투자하고 노력할 수 있는 자비와 희생이 따라야만 찾아낼 수 있는 것이기 때문이다.

사성제

고苦, 집集, 멸滅, 도道의 사성제(四聖諦, 四諦)를 니체의 입장에서 본다면, 고제는 병자에게 나타난 질병의 진단이고, 집제는 병의 원인론이다. 멸제는 질병이 치료되어 건강이 회복되는 상태이고, 대승불교에서는 이 멸제를 인간으로서 이상적인 건강체를 확립한 보살의 모습으로 그려낸다. 멸제는 병자에게 있어서는 보살이며, 열반의 경지이다.

도제는 치료방법이다. 불교에서는 이상적인 건강상을 유지하기 위한 다채로운 치료방법에 대해서 가르치고 있다. 그러므로 사성제는 병자에 대한 병 치료의 방법을 명확하게 나타낸 것이다. 병의 진단, 병의 원인을 추적, 건강체를 얻기 위한 치료의 실천에 이르는 것이다. 그러나 고장이 난 기계를 수리하듯이 병든 인간의 몸을 치료하는 것이 아니라, 불교에서는 인간의 생명을 육체와 마음의 조화체, 통일체로 보고 그 통일된 상태를 오온의 화합으로 표현한다. 오온五蘊이란 색色·수受·상想·행行·식識 다섯 개의 요소로서, 색온은 물질적 요소이고, 수·상·행·식 각각의 온은 정신적 요소에 해당한다.

니체가 불교에 대해서 생리학이란 말을 쓴 것은 육체의 기능에 초점을 두어, 오온 가운데 색온의 작용이 중심이 됨을 말한다. 우리의 신체를 구성하는 색온은 물리적 요소이므로 궁극적으로는 아주 작게 분해될 수 있으며, 그렇게 하나하나로 나눈 성질에 따라 지(땅)·수(물)·화(불)·풍(바람)의 사대로 나눈다.

지地의 성격에 굳고 단단한 성질, 수水의 성격에 습기, 화火의 성격에 불의 성질, 풍風의 성격에 행동성·유동성이 갖추어져 있다. 따라서 실체의 사대는 견성, 습성, 열성, 행동성이라는 성질 자체가 된다. 이것은 물질적 에너지로 볼 수도 있다. 실체의 사대가 우리의 몸속에서 조화를 하느냐 못 하느냐에 따라서 우리의 건강이 좌우되는 것이다. 지대는 모든 것을 보유 유지하며, 수대는 섭취하고 침투하며, 화대는 성숙시키고, 풍대는 증대시키는 기능을 갖는다. 지대의 부분은 뼈, 근육, 내장 등의 고체 부분이고, 수대는 액체를 포함하는 부분이다. 화대의 이상은 발열 및 소화 작용의 변조를 가져오고, 풍대의 이상은 호흡 및 신진대사의 병을 가져온다. 이러한 사대의 신체 내의 불균형은 섭취하는 음식의 무절제와 생활의 무정제에서 온다. 니체가 석존이 말한 호흡법이나 좌선이 건강의 기본임을 말한 것도 이 점 때문이다. 석존은 호흡을 비롯하여 이와 관련된 일상생활의 건강법을 가르치셨다.

병은 현세의 병으로는 육체의 병과 마음의 병이 있고, 그 외에 전생에서 오는 업병이 있다.

니체가 말하는 '불교의 가르침에 따르는 생리학'에 있어서 중요한 영역은 오근五根과 오경五境에 관한 것이다. 실제의 사대는 색온이 되어 나타날 때 외부세계와 관련되는 눈, 코, 귀, 혀, 몸의 다섯 개의 근根과, 그 대경으로서 색, 소리, 향기, 미각, 촉각의 다섯 개의 경境을 형성한다. 우리의 육체에는 오근과 오경이 포함되어 있다. 그것은 외계도 생명체와 관련해서 주체적으로 파악하려는 불교의 신체론에 뿌리를 두고 있다. 우리 몸의 정상적인 리듬이 무너질 때

몸에 여러 가지 질병이 생기게 된다. 색온을 제외한 사온은 모두가 마음의 작용으로 우리의 건강과 밀접한 관계에 있다. 인간의 모든 병은 번뇌와 집착에서 오는 것이다. 번뇌에 의한 생사의 괴로움의 발생을, 생명의 유전에 바탕을 두고 하나하나 설명해 가는 것이 십이연기설이다.

십이연기설은 식이 생기는 근거를 더듬는 단계로 심리, 생리의 표면적 영역을 뚫고 생명의 내부로 향한다. 식이 생겨나는 속에는 업과 업력이 있는 것이다.

불교는 업력이 생겨나는 근원에 무명이라는 근원적 번뇌를 말하고 있다. 무명은 자와 타의 생명파괴로 향하는 맹목적 번뇌로 생명 유전과 질병의 근원이다. 무명이 축적되는 것은 고와 집이 축적되는 것으로 생사유전이며, 이는 모든 질병의 근원이다.

이상에서 볼 때 니체는 『법구경』을 중심으로 자기의 초인사상을 이룩했으며, 특히 도를 깨닫는 것은 건강관리의 기본이 된다는 것을 불교에서 받아 강조하였다.

십이인연설

존재는 무명이라고 하는 전혀 분명치 못한 곳에서 생겨난다. 이윽고 생명으로 태어나며, 태어난 이상 병들고 노쇠하고 죽는다.

죽으면 다시 무명으로 돌아가 그 무명에서 다시 윤회한다. 이처럼 빙빙 돌고 도는 생의 방식을 올바르게 이해할 때 비로소 이 윤회로부터 해탈할 수 있다는 것이 십이인연의 가르침이다.

십이인연법에서 설명하는 무명無明, 행行, 식識, 명색名色, 육입六入, 촉觸, 수受, 애愛, 취取, 유有, 생生, 노사老死는 여러 면에서 연구할 수 있지만, 그 골자는 과거·현재·미래의 삼세에 걸친 인과를 설명한 것이다.

무명으로 인하여 번뇌가 생기고, 무명으로 행하는 것이 업을 만든다. 즉, 무명과 행은 과거로서의 원인이 된다. 이러한 행으로 인하여 식이 생기고, 식으로 인하여 명색이 생기고, 명색으로 인하여 육입이 생기고, 육입으로 인하여 촉이 생기고, 촉으로 인하여 수가 생긴다. 식, 명색, 육입, 촉, 수는 앞의 무명과 행을 인으로 하여 생긴 과로서 현재의 삶이다. 수에서 애가 생기고 애로 인하여 취가 생기는데, 애와 취는 현생에서의 번뇌이다. 취로 인하여 유가 생기는데, 바로 이 유가 현생에서 짓는 업으로, 애·취·유는 미래의 인이 된다. 유로 인해 생이 생기고, 생으로 인하여 늙고 죽음이 생긴다. 여기에서 생, 노사는 애. 취, 유의 인으로 된 과로서의 생이다.

무명이라는 번뇌가 간접 원인, 행이라는 업이 직접 원인이 되어 자기(식으로부터 수로 인하여 애까지)가 형성되고, 현재에는 애와 취라는 번뇌가 간접 원인, 유라는 업이 직접 원인이 되어 미래의 자기 (생과 사)가 형성되는 것이다. 번뇌가 무명을 근본으로 하는 갖가지 정신적인 오염이고, 업은 그러한 정신적인 오염에서 비롯된 정신적, 신체적, 언어적인 행위이다. 이 두 가지에 의한 행위가 미래의 자기를 형성하는 원인 내지 힘이다.

여기서부터 거꾸로 돌아가서 노사를 없앰은 생이 없음으로 인하고, 생을 없앰은 유가 없음으로 인하고, 유를 없앰은 취가 없음으로 인하고, 취를 없앰은 애가 없음으로 인하고, 애를 없앰은 수가 없음으로 인하고, 수를 없앰은 촉이 없음으로 인하고, 촉을 없앰은 육처 (육입과 같은 것. 정신활동이 그것을 통해 일어나는 여섯 가지 영역)가 없음으로 인하고, 육처를 없앰은 명색이 없음으로 인하고, 명색을 없앰은 식이 없음으로 인하고, 식을 없앰은 행이 없음으로 인하고, 행을 없앰은 무명이 없음으로 인한다.

무명에서 시작해서 늙고 죽음에 이르는 생존을 유전연기(고락의 결과를 초래하는 연기)라고 하며, 거꾸로 늙고 죽는 것으로부터 무명의 극복까지를 환멸연기(번뇌를 끊고 깨달음을 얻는 연기)라고 한다. 즉, 마음가짐의 태도에 따라 독창적인 삶을 누릴 수 있다고 보는 것이 십이연기의 근본정신이다.

십이연기법(십이인연법)은 자연의 인과율처럼 원인에서 결과로 기계적으로만 더듬는 것이 아니라, 구제론적 개념에서 어떻게 번뇌를 끊고 깨달음에 이르는가를 근본적인 관점에서 설하고 있다. 거기에서 분명하게 밝혀진 것이 마음의 실태이다.

①무명: 생사윤회의 근본이 되는 어리석은 마음으로, 아득한 과

거로부터 지어온 번뇌, 진실을 모르는 것.

②행: 무명으로 행하는 것, 이것으로 업이 생긴다. 이것은 과거로서의 원인이 되며, 식에서 수까지는 무명과 행을 인으로 하여 생긴 과로 현재의 생이다.

③식: 모태에 심어진 그 마음은 이름만 있고 모양은 없다.

④명색: 몸뚱이는 눈, 코, 귀, 혀 등의 모양이 있기에 색이라 부르는데, 모태에서 생명체의 모양을 갖출 때 가장 먼저 생기는 것이 콧구멍이다.

⑤육입: 육입은 눈, 코, 귀, 혀, 몸, 뜻의 여섯 감각기관을 말한다. 이 육근이 제대로 갖추어져 있을 때 비로소 세상으로 나오지만, 네 살까지는 감촉만 있고, 괴로움에 대한 분별능력이 없다.

⑥촉: 사람은 보통 일곱 살 전후로 철이 나기 시작하며, 사물을 대할 때 고락을 식별하는 정신작용이 발달한다.

⑦수: 촉으로 인해 느끼는 감수작용이며, 애와 취는 현생에서의 번뇌이다.

⑧애: 열네댓 살 때부터 시작되는 사춘기의 여러 가지 애욕을 강렬하게 느끼는 때이다.

⑨취: 성인이 되어 애욕이 성장하여 욕심을 구하는 때를 말한다.

⑩유: 한 생에서 짓는 업으로, 애와 취와 유는 미래의 인이다.

⑪생: 유로 인하여 미래의 새로운 존재로 태어난다.

⑫노사: 생이 있으면 반드시 늙음과 죽음이 있다. 생, 노사는 애, 취, 유의 인으로 된 미래의 생이다.

이상이 십이연기설의 대략적인 설명이다.

불교와 서양의 학자들

칸트

독일의 철학자 칸트는 우리 인간의 인식이라는 것이 인식의 주체인 내 주관을 떠나서는 성립될 수 없다는 것을 파헤쳐 다루었다. 즉, '모든 인식은 우리들의 주관에 의존해 있다'는 것이 바로 칸트의 인식론의 대요이다.

'내 관념, 내 주관이 그렇게 봄으로써 그렇게 인식되고, 결국 내 마음의 결정에 따르는 것이다'라는 것이다. 이 말을 해놓고 칸트 자신이 스스로에게 말하기를 "이것은 마치 코페르니쿠스가 말한 지동설과 같은 것이다."라고 할 정도였다.

칸트는 독일인 가운데 가장 상세하게 인도를 연구한 최초의 철학자이다. 물론 그것은 철학자로서가 아니라 지질학자로서다.

칸트가 본 인도인의 종교관은 결코 남에게 자기의 종교를 강요하지 않는다. 그들은 기독교 선교사의 설교를 열심히 듣는다. 그리고 그 후에 인도인은 자기의 종교 이야기를 한다. 복음을 전하는데 왜 따르지 않느냐고 기독교 선교사가 화를 내면, 인도인은 조용히 대답한다. "당신의 말이 옳다는 것을 당신이 증명하지 못했어도, 나는 낭신의 밀을 다 들었습니다. 그런데 당신은 왜 우리의 말을 듣지 않습니까?"

이 말에 칸트는 크게 감화를 받았다고 한다.

그 시대의 기독교는 실질적으로도 역사적으로도 비기독교인이나 비기독교적인 것에 대해서 전혀 관심도 사랑도 구원도 없는 냉정과 잔혹뿐이었다.

하지만 불교는 아무런 차별 없이 모든 사람에게 골고루 나누는 자비 실천을 말하였다. 특히 칸트의 마음을 사로잡은 것은 영혼의 윤회에 대한 것이다. 윤회야말로 동양이 가진 아름다운 개념으로, 동양인의 몽상적 근원은 바로 여기에 있다고 지적한다. 아울러 인간의 사후에 대하여 서양인의 식견이 너무 좁은 데 대해 놀라지 않을 수 없다고 말한다.

불교나 힌두교는 근본에 있어서 다른 종교에서 볼 수 없는 위대한 순수성을 지니고 있다는 점을 칸트는 높이 평가하고 있다.

1785년 영국인 찰스 윌킨스가 『바가바드 기타Bhagavad Gītā』를 산스크리트어에서 영어로 번역했고, 1789년에는 영국인 윌리엄 존스가 『샤쿤탈라Sacontala』와 『마누법전(Institutes of Manu)』을 산스크리트어에서 영어로 번역했으며, 그 후 고대 인도의 여러 분야의 논문들이 발표됨에 따라 불교에 대한 본격적인 연구가 시작되었다. 이러한 업적은 특히 독일에서 문화적인 개화가 이루어졌으니, 괴테는 『샤쿤탈라』의 영향을 받아 그 형식을 본떠서 『파우스트』를 썼고, 헬더는 『바그바드 기타』의 시행을 자유롭게 자기 시에 응용했다.

칸트에서 시작해서 슈펭글러, 셸러, 슈바이처, 야스퍼스, 헤겔, 쇼펜하우어에 이르는 수많은 독일의 철학자들이 인도의 사상이나 불교에서 자기만의 양식을 끄집어 왔다.

가극 작곡가인 바그너는 쇼펜하우어와 니체의 영향으로 불교의 경전을 통독했으며, 특히 아난존자의 전생 이야기에 매혹된다. 바

그녀의 〈승리자〉가 석존에 대한 그의 신앙에서 나온 것은 말할 것도 없다. 특히 『법구경』에 심취한 바그너는 그 속에 나오는 "자기 자신을 극복하는 자가 가장 위대한 승리를 구하는 자이다."에서 감명을 받았다. 바그너는 불교의 윤회사상과 그의 음악세계를 연결함으로써 독창적 예술을 만들어냈다.

쇼펜하우어는 칸트나 헤겔처럼 철학의 한 '학파'를 수립하지는 않았지만, 그의 불교사상은 니체, 톨스토이, 베르그송, 샤르트르 등 그 이후의 많은 사상가와 예술가에게 지대한 영향을 주었다. 그중에서도 니체는 가장 큰 영향을 받았다고 하겠다.

독일의 근대 철학자인 니체는 목사의 아들로 태어났다. 니체는 일체 활동의 원천으로서 귀족적, 초인간적 도덕을 주장하였다. 즉, 신에게 의지하지 않고 스스로 부처의 경지까지 높이는 것이 그의 초인의 개념이다.

그는 희랍철학과 기독교는 서로 대립되는 것으로 파악하고 기독교를 극단적으로 증오한 나머지, 그 가치의 전환을 시도함에 있어서 불교에서 해결점을 얻었다고 한다.

니체에게 있어서 불교는 기독교와 비교할 때 보다 더 엄격하고 객관적이며, 진리에 가깝고 과학적으로도 뛰어난 것이었다. 그것은 종교라기보다는 위생학·건강학이고, 석존은 가장 위대한 인류의 의사이며 생리학자였다. 니체는 불교의 여러 경전을 읽었으며, 그중에도 불교 교리를 간단히 표현하고 생활과 밀접한 관계가 있는 『법구경』을 특히 좋아했다.

니체는 "이 세상에 있어서 원한은 원한을 가지고는 해결되지 않고 사랑으로 해결해야 한다. 이것은 영원불변의 원칙이다."라는 『법구경』의 구절에서 감명을 받았다고 한다.

원한의 감정에서 벗어나는 것, 원한의 감정을 아는 것, 이 점으로 인해 내가 나의 오랜 병을 이겨내는 데(실은 병과의 동행이지만) 얼마나 큰 덕을 입었는지 알 수가 없다.

내가 보기에 병이나 쇠약의 상태는 인간이 본래 가지고 있는 치료 본능, 즉 방위무장이 약해지는 것에 다름아니다. 그러면 아무 일도 되지 않는다. 모든 것이 상처를 입게 된다. 그렇게 되면 병이란 일종의 원한, 그 자체인 것이다. 원한의 감정만큼 급하게 인간을 태워버리는 것은 없다. 분노와 원한은 병자에게 있어서 치명상이다. 이것을 심오한 생리학자인 석존은 잘 알고 있었다. 그의 가르침을 기독교와 같은 무정의 사상과 혼합하지 않기 위해서 일종의 위생학이라 부르는 것이 좋으며, 그 효능은 원한의 정을 이겨내는 데 있다. 그리고 영혼을 자유롭게 해방하는 것, 이것이 쾌유에의 첫걸음이다.

"원한은 원한을 낳는다. 우정과 사랑으로 그것이 사라진다."는 말은 석존의 가르침의 근본이며, 이것은 도덕이 아니고 일종의 생리학이다. 이처럼 『법구경』의 구절을 인용하고 자기 경험에 비추어 니체는 자기 사상을 전개하였다.

톨스토이와 『열반경』

러시아의 사상가인 톨스토이는 기독교적 인도주의자로서 말년에 『열반경』을 읽고 그의 사상이 급변하게 되는데, 그것은 도망칠 수 없는 상태로부터 출구를 찾는 것, 이것이 그의 『참회록』이후의 저작에 일관되게 흐르고 있는 사상이다.

캄캄한 밤중에 산속에서 한 나그네가 길을 잃고 헤매던 중에 맹수를 만난다. 나그네는 정신없이 뛰고 또 뛰면서 맹수로부터 도망을 치는데, 캄캄한 산속의 밤길이라 그만 발을 헛디디고 깊은 우물 같은 웅덩이에 빠진다. 나그네는 떨어지면서 아무거나 휘어잡는데, 칡덩굴에 대롱대롱 매달린다. 그가 매달린 채 한숨을 돌리고 사방을 돌아보니, 웅덩이 바닥에서 커다란 구렁이가 군침을 삼키면서 자신을 올려다보고 있다. 웅덩이 밖에서는 맹수가 큰소리를 치면서 나그네가 올라오기를 기다리고 있다. 잡고 매달린 칡덩굴도 튼튼해 보이지 않는데 어디선가 검은 쥐 한 마리와 하얀 쥐 한 마리가 나타나서 나그네가 매달려 있는 칡덩굴을 갉기 시작한다. 나그네는 온몸에 진땀이 흐르고 어찌할 바를 모르고 있는데, 눈앞에 어디선가 꿀이 뚝뚝 떨어지고 있는 것이 아닌가? 순간 나그네는 자신이 처한 위치를 잊은 듯 열심히 그 꿀을 먹기 시작한다.

'독사와 쥐 두 마리, 그리고 꿀에 얽힌 나그네의 이야기'에서 그는 "무엇보다도 오랫동안 나의 잔인한 진리로부터 눈을 돌리게 한 몇 방울의 꿀, 가정에 대한 사랑과 내가 예술이라고 부르는 저작에 대한 사랑, 이것은 이미 나에게 있어 달콤한 것은 아니다."라고 말했다.

이 장면은 『열반경』에 나오는, 인간 생활의 어리석음을 말해주는 비유이다.

나그네는 우리 인간이고, 웅덩이는 가정이다. 맹수는 죽음이다.

죽음이 무서워 인간은 도망치려고 한다. 독사는 인간의 몸을 구성하는 지, 수, 화, 풍 사대이다. 벌꿀은 오욕향락과 애욕의 세계이다. 덩굴은 70여 년이라는 우리의 인생이다. 하얀 쥐와 검은 쥐는 밤과 낮을 가리킨다. 톨스토이는 그의 만년에 부처님의 가르침에 가장 큰 감동을 받았다고 그의 『참회록』에서 말하고 있는데, 특히 『열반경』에 나오는 이 우화가 그의 인생관을 근본적으로 바꾸어 놓은 것이다.

그때까지는 독실한 기독교 신자였던 톨스토이는 기독교의 지식 속에서 그 문제의 해답을 얻지 못하고 자기를 둘러싼 사람들 가운데서 해답을 추구했으며, 자신의 『참회록』에서 다음과 같이 말했다.

"내가 발견한 것은 우리가 빠져 있는 끔찍스러운 상황으로부터의 출구가 4개 있다는 사실이다.

제1출구는 무지라는 출구이다. 그것은 인생이 악이라든지 무의미하다는 것은 알지도 못하고 이해하지도 않는 것이다.

제2출구는 향락주의라는 출구이다. 그들은 인생이 허망하다는 것은 알고 있지만 잠시나마 눈앞에 놓인 행복을 누리며 독사나 쥐로부터 눈을 돌려 꿀이 있을 때 많이 빨아 먹으려는 사람들이다.

제3출구는 힘과 에너지에 의한 출구이다. 그것은 인생이 악이고 무의미한 것임을 이해하고 이생을 멸하도록 한다.

제4의 출구는 약함이라는 출구이다. 그것은 인생이 악이나 무의미함을 알고 있으면서, 또한 인생이 어쩔 수 없는 것임을 알고 있으면서도 인생을 연장코자 하는 일이다.

인생이란 나에게 대하여 연기하는 어리석은 연극임을 알고 있으면서도 그대로 나는 세수하고 밥 먹고 지껄이면서 글을 쓰고 있다. 이것은 내가 가슴이 막히는 듯한 고통을 받고 있는 일이지만 나는 이 경지에 머물러 있었다."(『참회록』제7장)

"그리고 나는 가난하고 소박하고 교육을 받지 못한 자들 중에서 신만을 가진 자들, 순례자, 수도승, 분리파교도 백성들과 친했다. 민중 출신인 그들의 교양은 기독교적인 것이었다. 허나 기독교의 진리에는 너무나 많은 미신이 있다."(『참회록』제10장)

"사활에 관한 문제와 교회와의 제2의 관계는 전쟁과 사형에 대한 관계였다. 그 당시 러시아인들은 기독교적인 사랑의 이름으로 자신들의 동포를 학살하기 시작했다. 이 문제에 대해서 생각하지 않을 수 없다. 살인이 모든 신앙의 제1원리로 되돌아가버린 악을 묵과할 수는 없었다.

그러나 이와 동시에 교회에서는 아군의 승리를 위한 기도를 올리고, 신앙의 지도자들은 이 살인을 신앙에서 나온 행위로서 인정한 것이다. 전쟁 중의 살인뿐만 아니라 전후에도 계속해서 혼란기 동안에 길을 잘못 들어 어쩔 수 없게 되어 버린 청년들의 학살 짓거리를 교회의 사람들, 교회의 전도사들, 수도승, 고해자가 시인하고 찬양하는 것을 보고 나는 놀라지 않을 수 없었다."(『참회록』제15장)

이처럼 톨스토이가 기독교로부터 이탈하여 시대의 위기를 거쳐 사상적으로 대전환기를 맞이한 것은 그의『참회록』을 발표한 이후의 일이다.

구원의 길은 우리의 마음속에 있는 것이다. 구원의 문을 밖에서 열려고 하면 할수록 문은 열리지 않는다. 한 걸음 뒤로 물러서서 안으로부터 문을 열려고 하면 구원의 문은 반드시 열리게 되어 있다. 모든 구원은 우리의 마음속에 있다. 마음의 눈을 뜨면 부처님의 자비가 인간의 마음속에 비쳐질 것이다. 비록 인생이 고뇌로 넘쳐 있다 해도 참된 자기의 생활을 발견하며 그 고뇌를 넘어섰을 때, 진실로 참된 인생이 자기 앞에 전개되는 것이다.

톨스토이의『참회록』에서 적나라하게 표현한 종교적 체험과 그 이후에 전개한 논쟁적인 종교 논의가 하나의 사상으로 굳어진 저작이『우리의 신앙은 무엇에 달려 있는가?』이다. 여기서 우리를 가장 놀라게 하는 것은 그리스도의 개인적인 부활, 죽지 않음을 철저히 부정한 점이다. 오히려 생사의 의의를 깨닫고, 편안한 마음으로 일하고, 고뇌를 견디어 내고, 허무한 인생에서 선을 추구하며 살다가는 소박한 민중의 모습에서 그는 위로를 찾았다.

우리에게 불성이 있다는 것은 우리로 하여금 언제나 의욕과 용기를 갖게 해주며, 또한 우리로 하여금 모든 잠재능력을 개발하도록 촉구하고 있는 것이다.

헤르만 헤세는 독일의 현대작가 가운데서 가장 긍정적인 세계관을 가진 작가로 알려졌다.

목사의 아들인 그의 전생은 인도의 수행자였다고 할 정도로 그는 인도의 정서에 심취해 있었다. 이러한 그의 독립성을 나타낸 작품으로 『싯다르타』가 있다. 불교사상의 심오한 경지를 추구한 이 작품은 단순히 불교사상의 복음서가 아닌, 헤세 자신의 세계관으로 이해해야 할 것이다.

칼 구스타프 융과 그노시스파

심리학자 융이 불교에 접근하는 계기가 된 것은 그노시스gnosis라고 할 수 있다.

그노시스는 지중해를 중심으로 하는 지역에서 1, 2세기경에 태어난 사상이다. 당시 로마나 그리스의 사고방식에 의하면 '세계는 존재하고 긍정해야 하는 것이며, 진과 선과 미로 가득 차 있다'라고 하는 식이었다. 그런데 그노시스는 '진과 선과 미로 가득 찬 세계'가 자신들을 짓누른다고 느끼고 그것에 대해서 '아니다'라고 말한 셈이다. 그때 그노시스 사상과 불교의 사상이 상당히 접근하게 되었던 것이다. 우선 불교가 그리스로 직접 전파되었다는 설도 있다. 그리스 철학의 스승들은 명쾌한 표현을 했지만, 그노시스의 스승들은 부정만 하고 '아니야, 그런 것이 아니야' 하는 표현을 썼다고 한다.

그노시스파 사람들이 불교와 직접적인 관계가 없었을 수도 있지만, 표현으로서는 그 구조가 같다고 할 수 있다. 하여간에 이 그노시스의 사고방식이 기독교에도 깊숙이 자리 잡게 되어 지중해 세계에서도 일종의 동양적인 '부정'의 사고가 생겨났다. 그것은 유럽의 정신사에서 사라지지 않고 아직까지도 지속되어 왔다.

융은 그노시스를 출발점으로 삼는다면 자신의 생각을 말할 수 있을 것이라고 판단한 것이다. 나중에는 그노시스와 결별하고 연금술 쪽으로 바뀌었지만 말이다.

석존은 그 어떤 명제를 긍정하거나 이거다 하고 단정하지를 않았다.

처음에 불교도와 논쟁을 벌인 상대는 주로 브라만 학자들이다. 하지만 불교 자체가 강성해지면서 대중화가 이루어졌을 때는 보통 사람들이 불교교리의 설명을 요구하기 시작했다. 그런 요구에 접하면서 대긍정이 등장하게 된 것이다.

석존께서 말씀하신 '공'은 언어화 하기에 불가능한 상태라는 것을 하나의 원칙으로 삼았다고 할 수 있지만, 『반야경』에도 "언어불능, 말로 표현 불가라 하지만 이것은 확실히 긍정적으로 존재한다."고 나와 있다. 글귀 상으로는 전부 부정하면서도, 마지막에 가서는 "아제아제 바라아제 바라승아제 모지 사바하"를 한다. 결국 만트라 하나로 경전의 의미 모두를 포함하는 셈이므로, 부정을 거듭한 다음에 그것을 긍정으로 전환해 보여주는 것이다. 우리가 할 수 있는 것은 고작해야 말을 가지고 그 근처를 맴도는 그 정도뿐이다.

중심의 말을 할 수 없는 그 영역에 대해서는 그저 침묵하고 있는 것이 방해는 안 된다.

다만 중심에 대해서는 침묵하라고 하는 인식, 침묵해야 한다는 인식을 갖게 하는 그 인간의 의식은 말에 의해서 만들어지는 것이라, 말로서 파악이 불가능한 것은 인간의 의식에는 떠오르지 않는다고 한다.

불교에서 논하는 무자성이란, 본래의 나라는 것은 없다는 것이다.

하지만 '나'는 모든 관계의 총화에 의해 규정된다. 바로 이 생각이 무자성이다. 그래서 만사를 생각할 때 관계가 우선되는 것이다. 인간은 개체를 생각하기 전에 관계가 존재하므로, 그래서 타인과의 관계가 매우 중요하다. 그렇다면 개체를 생각하기보다 관계를 우선해서 생각하는 편이 보다 과학적이라 할 수 있겠다. 그 옛날에 불교가 이런 것에 대해 철저하게 생각을 했으니 참말로 대단한 일이다.

불교적 세계관이나 불교식 관점은 근대과학을 초월한다는 점에서 놀랍다.

과학적으로 생각하는 경우에는 더 그렇다고 하겠다. '마음의 구조' 같은 것은 서양에서 의식이나 무의식에 대해서 거론하기 이전에 이미 불교에서는 상당히 오래 전부터 생각해 왔던 것이다. 유식 같은 것은 아주 좋은 예라고 하겠다. 이렇듯 불교에는 아무리 시대가 바뀌고 사상이 발전을 했다고 하는 오늘, 지금, 현대에도 거침없이 통하는 지혜가 많이 담겨 있다.

자연과학 분야에서도, 인문과학 분야에서도 불교적인 생각은 매우 중요하게 여겨지고 있다. 그 모두의 모체와도 같다고 보겠다.

원자물리학의 새로운 세계관은 우주를 서로 관련된 사건의 다이내믹한 직물로 본다.

한 부분은 다른 부분과 서로 연관되어 있어, 이 상호관계의 전체적 조화가 바로 세계의 진정한 모습이다. 개체 가운데 전체가 있고 (일즉다), 전체 속에 개체가 있다(다즉일)는 『화엄경』의 사상은 동양의 오랜 역사에서 면면히 이어져 왔다.

현대의 물리학으로 양자장의 이론을 이해하게 되니 비로소 이 우주의 본질이 2,500여 년 전에 석존께서 설파하신 순야(空, śūnya)와 연기의 법칙과 너무도 일치함에 놀라고들 있는 것이다.

서양의 온갖 학문을 이루어 온 아리스토텔레스Aristoteles의 이차원적인 합리론은 물질을 설명함에 있어서 논리성만을 고집하고, 나머지는 형이상학적인 비합리로 몰아세워 3차원과 4차원의 세계가 우리와는 전혀 관련이 없는 것으로 생각하게 하는 어리석음을 저질렀다.

석존께서는 "버려라. 버려라. 지식을 버려라. 지식이란 것은 분별을 낳을 뿐이어서 그 자체의 관념에 머무르고 마느니라."라고 말씀하셨다. 즉, 분별을 버리고 텅 빈 상태에서 오직 직관에 의해서만 사물을 판단하면 지혜의 눈이 열릴 수 있다는 것이다. 이 지혜에 의해 얻어진 원리가 바로 '불성의 평등'이다.

우리는 부처님의 생존 시가 아닌, 그로부터 2,500여 년이 지나간 시대에서 살고 있다. 그러나 부처님의 가르침을 받아들이는 데에는 그때나 지금이나 전혀 시대적인 차이가 있을 수 없다.

부처님께서는 "가르침을 바르게 전하는 한, 그 가르침을 누가 전하더라도 상관이 없으며, 그 가르침을 티 없이 받아들이는 한 아무리 무식한 사람이라도 모두 부처님의 깨달음을 얻을 수 있다."라고 말씀해주셨다.

오로지 순수하고도 청순한 마음으로 그 가르침을 바르게 받아들이면 되는 것이다.

천문학자 프레드 호일에 의하면, 오늘날 우주론의 진보는 다음과 같은 사실을 분명히 보여주고 있다. 즉, 우주의 저 너머가 없다면 일상적인 상황은 존속할 수 없으며, 공간이나 기하학적 형상의 개념은 전혀 의미를 갖지 못한다.

우리의 일상체험은 극히 미세한 곳까지 거대한 우주와 밀접하게 연결되어 있으며, 이 둘이 분리되어 있다고 생각하는 것은 이제는 불가능에 가깝다.

불교와 현대과학은 양자론에서 확실하게 서로 연결이 된다.

카프라(Fritjof Capra, 1939~)는 그의 저서『물리학의 도(The Tao of Physics)』에서 양자역학과 동양사상의 공통성을 논하였는데, 이 책은 서구인의 마음에 동양의 향기와 과학의 로망을 맺어준 걸작이다.

현대물리학에서 도출된 이러한 자연관은 화엄의 세계관과 적지 않게 닮아 있다.

모든 사상이 서로 연관되어 있는 불가분의 우주가 성립되자면 '자체조화'가 필연적으로 포함되어 있어야 한다. 화엄사상은 모든 현상의 합일성과 상호연관성을 강조하고 있다. 이런 점에 유사성이 있다. 과학의 첨단을 걷는 소립자물리학이 이끄는 자연관과 동양의 사상이 일치하는 것이다. 화엄사상에서 주장하는 '무애'의 체험이야말로 현대물리학의 자연관보다 한층 더 투명한, 더욱 철저한 세계관이라 하겠다.

『물리학의 도』의 언어에 의하면, 각각 저마다 나름대로 있다는 독립성과, 그럼에도 전체가 융화의 상태에 있다는 통일성의 양 측면을 포괄하고 있는 것이 융통무애라 하겠다. 무애는 걸림이 없다는 뜻이다.

전적으로 그 어떠한 걸림도 없는 세계, 뱃속이 툭 트이는 듯한 편한 세상을 이룩해 보자는 것이『화엄경』의 가르침이다.

『물리학의 도』는 자연 속의 상호연관성에 가장 큰 비중을 두지만,『화엄경』은 인간의 마음을 융통무애하게 하는 데 목표를 두고 있다. 이것이 둘 간의 기본적 차이이다.『물리학의 도』가 물질의 상호관련성, 상보성을 발견하는 데 주안점을 둔다면,『화엄경』은 인간과 사회의 융통무애를 구경처로 삼는다.

자연과학의 목적은 우주의 진리를 규명하는 데 있는 반면,『화엄경』은 인간의 해탈을 그 목표로 삼는 까닭에 초점은 인간의 구원에 있다 하겠다. 그럼에도 자연과학과『화엄경』의 세계관은 공통되는 측면을 지니고 있다.

여러 종교를 공부하면서 느낀 바에 의하면, 거의 모든 종교는 순조롭게 발달하다가 마지막 순간에는 신비주의의 단계에 이른다. 그리되면 기독교도 이슬람교도 불교도 전부 똑같은 소리를 하기 시작한다. 결국 통한다는 말이다.

왜 불교가 중요한가?

인간이 가지고 있는 사고의 가장 최초의 상태와 가장 발달한 상태를 하나로 결합할 수 있다는 장점이 있기 때문이다. 기독교는 상당히 완고한 편이라 인류의 자연스러운 예지에 순조롭게 도달하기가 어렵다. 신비주의 단계에 들어선 후에도 기독교는 무척 어설프다. 이슬람교에도 그런 약점이 있다.

일신교적 사고는 현대 과학 발달의 원동력이 되어 생산성을 높였지만, 한편으로는 많은 부작용을 일으켰다. 이제야 인류는 일신교적 사고에서 탈피해야 함을 서서히 느끼기 시작했다. 지구를 살리고 생명체를 유지시켜 가기 위해서 인류는 물질적인 욕심에서 떨어져 나와야 하는 시기에 도달했음을 알게 되었다. 그래서 현대 사회에서 불교의 역할이 더 필요해진 것이다.

사람에게 한평생 중에서 어느 때가 가장 중요할까? 아마도 죽기 직전이 아닐까 한다.

왜냐하면 그 다음에는 내생이라는 것이 이어지게 되니, 오히려 약간은 두렵기도 하다. 나는 내가 지금 하고 있는 이 공부, 부처님의 가르침에서 내 스스로 느끼고 깨닫고 하면서 다져가는 내 마음의 결심이 죽음과 함께 잊힐까봐 두렵다. 부디 이생에서 내가 애써 배우고 공부하고 닦아가는 이 마음과 정성이 흐트러지지 않고 그대로 다음 생으로 이어져서, 마치 한잠 자고 깨어난 것처럼 변함없이 계속하여 내생에서도 이 공부를 꾸준하게 이어갈 수 있기를 기원하면서 두 손을 꼭 잡는다.

사람이 죽는 마지막 순간에 생각하는 것이 다음 생으로 이어지는 데 대단히 중요한 역할을 한다고 하는데, 부디 부처님의 가르침을 공부하는 이 상태에서 이 마음을 잊지 않고 계속 이어갈 수 있다면 얼마나 다행일까.

마가 끼어들지 않고 계속 깨끗한 공부인으로 이어지기를, 나무석가모니불!

왜 머리 숙여 절을 하는가?

불교에서는 유독 절을 많이 한다. 불교의 절은 어떤 의미가 있는가?

첫째로 아상을 없애는 공부, 그것은 바로 머리를 숙이고 몸을 낮춰서 하는 절에서 시작된다. 그렇게 머리를 푹 숙여 절을 할 수 있는 사람이라면 자신의 잘난 마음을 미련 없이 내려놓을 수 있는 사람이다. 진실로 우러나오는 자비심도 갖고 있는 사람이고, 따라서 그것은 자신의 마음의 편안도 갖게 할 것이다.

둘째로 머리를 깊이 숙여 절을 해 나가는 데는 내 몸속에 쌓여 있는 업의 찌꺼기들을 흔들고 털어내고 하면서 깨끗하게 씻어낸다는 뜻도 있겠다.

불교에서 하는 절에는 모두 그런 뜻이 있다.

삼배를 하는 것은 삼보에 귀의하여 탐심, 진심, 치심의 삼독심을 끊고 삼학(계, 정, 혜)을 닦겠다는 의지의 포함이고, 53배는 참회53불에 대한 경배, 1천배는 지금 우리가 살고 있는 현겁의 1천 부처님께 1배씩 절을 올리는 것이다. 3천배는 과거, 현재, 미래의 3천 부처님께 1배씩 절을 올리는 것이라고 한다.

그렇다면 108배는 무엇인가?

번뇌의 소멸과 관련이 있음을 쉽게 짐작할 수 있다.

108번뇌는 중생의 근본번뇌이다. 이 108번뇌는 육근과 육진이 서로 만날 때 생겨난다. 눈, 귀, 코, 혀, 몸, 뜻의 육근이 색, 소리, 향기, 맛, 감촉, 법의 육진을 상대로 할 때 먼저 좋다, 나쁘다, 좋지도 나쁘지도 않다는 세 가지 인식작용을 일으킨다.

곧 육근과 육진의 하나하나가 부딪칠 때 좋고, 나쁘고, 평등하고, 괴롭고, 즐겁고, 버리는 여섯 가지 감각이 나타나기 때문에 6×6=36, 즉 서른여섯 가지의 번뇌가 생겨나게 된다. 이 36번뇌를 중생은 과거에도 했고, 현재에도 하고 있고, 미래에도 할 것이기 때문에 36에 과거, 현재, 미래의 3을 곱하면 108번뇌가 만들어지는 것이다.

108번뇌, 이것은 우리의 흐트러진 마음을 뜻한다. 바깥으로 흐트러진 마음을.

이와 같은 108번뇌와 깊이 결속되어 있는 삶이 중생의 삶이다.

108배로써 108번뇌를 끊는다.

이러한 108배 속에는 번뇌를 좇아 흘러 내려가는 삶을 일심의 원칙으로 돌리겠다는 의지가 숨겨져 있다. 번뇌 이전의 영원한 생명으로 돌아가고자 하는 삶, 곧 성불하겠다는 강한 의지가 담겨 있는 것이다.

그러나 번뇌는 끊는 것이 아니다. 마음을 하나로 모을 때 번뇌는 저절로 사라져버린다. 우리가 매일매일 108배의 정진을 통하여 삼매에 몰입할 때 우리의 모든 번뇌는 사라져버린다.

삼매와 환멸과 성불, 이것이 우리가 108배를 하는 까닭임을 분명히 알아야 할 것이다.

죽음을 어떻게 대할 것인가?

아무리 백세세상이라도 살아 있는 존재로서 우리는 언젠가는 죽음이라는 것을 만나야 한다. 대개는 죽음만은 피하고 싶고, 무서워하고 또 두려워하지만, 그런데 피해갈 수 있는 상대가 아니다. 아무리 피해가려고 해도 결국에는 반드시 만나게 되어 있고, 그리고 우리는 가까운 사람들의 곁을 떠나야 하는 것이다.

이제까지 사랑하고 가까이하던 것을 모두 다 놓아두고 알 수도 없는 길을 나 혼자서 떠나야 한다는 것이 두렵지 않을 수는 없다.

그러나 어쩌겠는가?

다행히 나는 너무도 큰 병을 30대부터 앓고 지내다 보니, 죽음이란 문제가 항상 내 옆에 붙은 채로 함께 지내온 기간이 꽤나 오래되었다. 그래서 다소 무뎌진 면도 없지는 않다. 원래는 어린 아들을 이 세상에 고아로 남겨둔 채 떠날 것이 제일 무서웠다. 그런데 어찌하다 보니 나는 아직도 빌빌대며 앓고는 있지만 살아 있고, 어린 아들은 중년의 가장이 되어 있으며, 이렇게 되고 보니 환경적으로도 죽음이란 걸 그리 무서워할 형편도 이유도 넘어선 것 같다. 하긴 사람은 아무리 나이가 많아도 죽으라면 싫어하고 무서워한다. 그런 중에도 부치님의 가르침에 열심히 매달려 공부를 하다 보니 삶이라는 이 옷을 벗고 갈아입는 것은 피할 수 없다는 것을 받아들임이 분명해진 것도 같다. 아직도 두근거리는 것이 없진 않지만 큰 두려움은 없어졌다. 남겨두고 가는 아들에 대해서도 그 아이의 업과 내 업이 다른 것임을 알게 되고, 그 아이의 몫은 그 자신이 책임겨야 함도 이해가 되니, 거기에 대한 마음도 염려는 되지만 내려놓을 수밖에 없다.

내가 지어놓은 업만큼은 받아들여야 한다는 것을 분명하게 인식하니 피할 생각도 없다. 다만 공부하는 이 마음을 잃지 않고 그대로 지니고 다음 생에 태어나기를 바란다. 무엇으로 태어나든 간에 이 공부하는 마음을 그대로 갖고 태어나서 계속하여 똑같이 이어갈 수 있기를 간절히 바라고 비는 마음뿐이다. 그래서 죽는 그 순간까지도 정신을 놓지 않고 마지막까지 '나무석가모니불'을 찾고 지니기를 원한다.

내가 나의 죽음을 바라보며 되뇌는 마지막 바람이다.

일본의 어느 스님이 70세에 쓴 어록을 보니, 50년의 수행을 거치고 나서야 비로소 망념이 일지 않는 상태가 지속될 수 있었다고 적혀 있었다. 이 글을 보면서 나는 위로를 받았다. '나는 이제 겨우 30년이 조금 넘는 정도의 공부이니 때때로 망념에 시달리더라도 그리 크게 괴로워하지 않아도 되겠구나' 하고 말이다. 물론 그 스님의 수행은, 늑대가 와서 뺨을 핥아도 꼼짝도 하지 않는 그러한 좌선이고 수행이었으니, 거기다 견준 것은 도둑 같은 마음이라고 반성한다.

그 스님의 좌선은 일념불생의 경지에 이른 것이다. 돈교라는 것이 그렇다. 일념불생을 가르치는 불교이다. 일념불생이란 달리 이름하여 부처라 할 수도 있다.

『대념처경』에 보면 부처님께서 마음챙김 수행의 이익에 대해서 설명을 해주신다. 불교의 신앙적인 측면, 윤리적인 측면, 도덕적인 측면, 실천적인 측면에 대해서 자세히 설명을 해주시는데, 여기서는 실천적인 측면에서의 예를 말하겠다.

불교의 실천적인 측면을 이루고 있는 두 가지 수행을 닦는다 함은, 하나는 깊은 마음 집중을 얻게 해주고, 다른 하나는 마음과 몸을 그 참된 본질에서 자각하게 해줌으로써 괴로움의 소멸을 얻게 해준다. 만일 우리가 마음과 몸의 모든 과정에 대해서 마음챙김을 지닌다면, 우리는 틀림없이 괴로움의 소멸을 얻을 수 있을 것이다.

부처님 시대에 파타차라라는 여인이 있었다. 그녀는 며칠 사이에 두 아들을 잃고 부모와 형제마저 죽는 일을 당하게 되자 정말로 제정신이 아닌 상태가 되어서 정처 없이 떠돌아다니게 되었다. 그러던 중 하루는 기원정사에 들어가서 부처님의 설법에 귀를 기울이고 있는 대중들을 보게 되었다.

거의 벌거벗은 모습의 그녀가 대중에게 다가가자 부처님께서 그녀에게 말씀하셨다.

"자매여, 마음을 챙기시오."

이 말을 듣는 순간 그녀는 제정신을 차리게 되었다.

부처님께서는 그녀가 정신을 차린 것을 알고 법문의 방향을 그녀에게로 맞추셨다. 그녀는 점차로 법문의 핵심으로 깊이 빠져들게 되었고, 법을 깨닫는 데 충분할 만큼 그녀의 마음이 준비되었을 때 부처님께서는 고귀한 사성제를 설해주셨다.

그녀의 마음챙김이 순간적인 마음집중을 이루었을 때, 그녀의 마음집중은 더욱 깊어지고 더욱 강해져서 마음과 몸에 대한 그녀의 지혜와 꿰뚫어보는 앎은 더욱 강력해지면서 정신적·육체적, 그리고 일반적인 특성을 모두 깨닫게 되었다. 이렇게 해서 그녀는 법문을 듣는 동안에 꿰뚫어보는 앎의 모든 단계를 차례로 경험해서 첫번째 도인 수다원도를 얻었다. 마음챙김 수행에 의해, 법에 대한 그녀 자신의 체험을 통해서 슬픔과 비탄과 근심은 그녀의 마음에서 완전히 없어져 새로운 사람이 되었다. 이와 같이 그녀는 마음챙김 수행으로 슬픔, 근심, 비탄을 극복하게 되었다.

부처님 당시의 사람들뿐만 아니라 지금 이 시대의 우리들도 또한 슬픔과 근심을 극복할 수 있다. 우리도 마음챙김의 수행을 닦아서 어느 정도 높은 단계의 꿰뚫어보는 앎을 얻게 된다면 말이다. 물론 우리들은 그렇게 할 수 있다. 진실로 우리 자신이 그렇게 되기를 원하고 닦는다면 말이다.

보통 정신의 집중력을 기르기 위해서는 적어도 10년 정도의 산중수행이 필요하다고 한다. 방법이야 다양하겠고. 또 각자에게 맞는 것을 택하면 되겠지만, 가능하면 감수성이 가장 예민한 청년기에 이 과정을 거칠 수 있으면 수준 높은 종교가가 되는 것이 보다 쉽다고 한다. 강렬한 자기 규제라는 자율 정신과 자연 그대로에 맡기는 자유의 정신과 보다 순수한 자연스러운 것이 있어서다.

일생불범(일생 동안 불계를 지켜 죄를 저지른 적이 없다)으로 일관한 명승으로 알려진 일본의 묘오에선사는 "우선 신심을 도의 한가운데 두어서, 아무 때나 내키는 대로 드러눕지 않고, 잡생각을 일으키지 않고, 자유롭게 흐름을 따르면서 좌상을 흩트려 놓지 않는다."라고 하였다.

도도 즐기지 않고, 예도 구하지 않고, 부처가 되려는 생각도 없고, 도를 이루겠다는 바람도 없고, 또한 사람들 속에서 뛰어나겠다는 욕구도 없이 진리를 공부하는 사람으로 살아가는 '진짜 큰 바람'을 세우라고 한다.

도겐도 시를 짓는 일이 그럴듯하고 다른 재주로 뽐내는 것이 좋기는 하나, 그로 인하여 본업인 불도수행에 방해가 되고 소홀히 하는 결과를 빚는다면 말려야 한다고 했다. 이 말에 나는 후딱 나 자신을 돌아보게 된다. 내가 쓴 책이 두세 권 되고 상이란 것도 받게 되니, 혹시 내가 여기에 매달리지 않는가?

다행히 나는 이 책들로 한 푼도 나의 주머니를 채우지 않았고 그냥 책으로 고스란히 받아서 필요하다는 친지들에게 나누어 주었기 때문에 그 면에서는 마음이 가볍다. 그래도 새삼스레 나 자신을 돌아보면서 '내 자리는 여기가 아니다. 나는 그저 한 사람의 늙은 공부인일 뿐이다'를 다시 잡아든다.

도겐은 "좌선이란 무소득이어야 한다."라고 말하고 있다.

구원받지 못한 인간을 대상으로 하여, 질척한 번뇌와 오탁 가운데서 꽃을 피워 올리듯 진리를 보자는 것이 『법화경』이다. 구원받지 못한 인간들을 어떻게든 구해야겠다는 보살심으로 진리를 설하는 것이 『법화경』의 기본 발상이다. 자기만 생각하고 나만 행복하면 그만이라고 생각하는 한, 구원은 까마득하다고 말한다. 『법화경』은 현실에서 구원받지 못한 사람들에게 빛을 주려고 진리를 설하고 있다.

『법화경』의 가르침대로 나를 제쳐두고 타인을 위한 말 한마디라도 부처님의 가르침에 따른 해설을 해주려고 한다면, 다음과 같이 한다.

첫째, 부처님의 가르침을 믿음으로써 받아서 계속하여 지켜나가는 생활이 되어 있어야 한다.

둘째, 그 가르침을 몇 번이고 되풀이하여 읽고, 스스로 복습하여 익혀가야 한다.

셋째, 그 가르침을 줄줄 외울 수 있도록 마음속에 새겨둔다. 마치 내 마음속에서부터 자연스레 우러나오듯이 표현해낼 수 있을 정도가 되어야 한다.

넷째, 타인에게 해석해 준다. 그 목적은 남을 위하는 것이 되지만, 실지로는 자기가 알고 있는 사실을 재확인해보는 기회가 될 뿐만 아니라, 지금까지 그저 그렇게 알고 있던 사실을 새로이 정리하면서 자신의 공부에 큰 도움이 된다. 이것은 내 자신이 글을 써가면서 절실하게 느끼고 감사하는 사항이기도 하다. '소크라테스의 산파술'과 같다 할 것이다.

다섯째, 강의를 한다거나 책을 출판한다거나 하면서 부처님의 가르침이 세상에 널리널리 퍼지고, 보다 많은 사람들이 접할 수 있는 기회를 만들어간다.

이처럼 수지, 독송, 해설, 서사 등 다섯 가지의 일을 수행하는 사람을 '오종법사'라 한다. 여기에 더 보태서 진실된 보살의 행을 하려면, 다음과 같은 마음가짐을 가져야 한다.

언제나 인욕의 경지에 있어 부드럽고 온화한 마음을 갖고 나를 주장치 말며, 바르고 차분하게 거동하고 물질적 현상은 근본적으로 '순야(공)'임을 관하여 눈앞의 현상에 사로잡혀 행동하는 실수가 없어야 한다. 또한 모든 현상은 인연 따라 나타나는 것임을 인식하여 사물을 보고 거기에 따라서 판단하고 대처해야 한다.

이러한 『법화경』에 비해 『화엄경』이 가장 중시하는 것은 부처님이다. 『화엄경』은 시간과 공간을 넘어선 위대한 부처를 설하는 가르침인 것이다.

그중 십지품은 보살이 밟는 십지의 체계를 논한 것이다. 보살이 궁극의 깨달음에 이르기 위한 수행의 과정을 10단계로 정리해 놓은 것이다.

제1 환희지(이것은 도를 본 자리라고 하는데, 종교적 환희가 처음으로 이해되는 단계다), 제2 이구지, 제3 발광지, 제4 염혜지, 제5 난승지, 제6 현전지가 있다.

제1 환희지에서 진전되어 나가다 제6 현전지에 이르면 반야의 지혜가 완성된다. 여기까지는 자리自利였고, 이 너머서부터 이타利他로 들어서는데, 최후의 법운지에 이르면 이타행도 완성된다. 바로 부처의 경지 앞에 놓인 것이다.

지혜가 완성되면 자비로 옮아가는 것은 당연한 귀결이다.

제6 현전지에서 완성되는 것은 지혜이고, 그 후로 제7 원행지, 제8 부동지, 제9 선혜지, 제10 법운지에서 완성되는 것은 구경의 지혜, 원만한 지혜이다.

지의 완성은 사랑에 이르고, 사랑의 완성은 지에 이른다. 사랑 즉 지혜인 것이다.

유럽식 사고로는 이성과 사랑이 별개이지만, 불교적 세계관은 지혜와 사랑이 반드시 하나로 된 후에야 온당한 자리에 이르렀다고 본다.

기독교의 개념에 의하면 지혜는 아가페(Agape: 신의 사랑)인데 비해, 사랑은 에로스(Eros: 인간의 사랑)에 그친다. 십지품 제6까지는 에로스의 사랑이었고, 제7부터는 아가페의 사랑이 펼쳐진다 하겠다.

제6현전지까지는 반야의 지혜를 닦는다. 그를 위해 선정을 행하고 지혜를 열어간다.

지혜가 원만해지면 이번에는 중생을 구제하겠다는 발원으로 옮겨가야만 한다.

그 완성이 참 지혜이다. 이런 지혜 가운데는 안타까워하는 마음이 들어 있어야 한다. 지를 다른 말로는 대비라고도 부른다.

불교는 지적 이해만 갖고는 어림도 없다. 그 바닥에는 큰 아픔의 철학이 깔려 있어야 하는데, 이는 대비관음으로 구체화된다.

인간의 삶은 지식만으로도 얘기할 수 없고, 사랑만으로도 충분하다고 볼 수 없다. 본질적으로 양자가 하나로 되어야 한다고 본다.

마음의 활동에서 지성은 아주 얕고 표면적인 역할을 한다. 보다 깊은 곳엔 '의지'가 있다. 지성만으로 참된 해결이 난감한 까닭이 여기에 있다.

10세기 이후의 중국불교를 바꾸어 놓은『원각경』은 마음의 본체를 밝히자는 경전으로, 중국불교에서 중요시되는 경전 가운데 하나이다. 원각은 일체의 근원이자 깨달음의 당체이다. 거울처럼 맑은 마음의 본체가 이것임을 설한다. 도겐은 그것이 다른 대승경전들과는 다른 내용을 담고 있다고 하여 물리쳤다.

한반도에서 『화엄경』은 불교사상의 근저에 흐르면서 오랜 기간 지배적 지위를 누렸다. 반면 일본은 오로지 법화일승의 나라다. 순종하든지 거역하든지 간에 모두 『법화경』을 근간으로 일본불교의 전통이 이어져 오고 있다.

현실의 세계는 연기에 의해 성립된다. '어디서부터 생기는가?'라는 발생론에 대해 불교는 관심이 없다. 무엇으로 일어나는가만 말할 따름이다.

불교에서는 오온이 화합하여 사람이 되었다고만 설명한다. 여건 또는 조건만을 따진다. 오온이 임시로 모여서 그렇게 되었다고 말하는 것이다. 그것이 인간의 육체이다. 그러한 조건을 모두 밖으로 밀쳐내 버리면 공만 남는다. 같은 소식을 안에서 바라보면 '공'이고, 바깥에서 파악하면 연기가 된다. 공과 연기는 결국 같은 말이다.

용수는 "연기를 보는 사람은 공을 본다."고 했다. 연기를 이해한 사람은 공을 볼 수 있다는 말이다.

중생이 깨달으면 부처요, 불성이 혼미하면 중생이니, 중생과 불성은 '무애'의 관계에 있는 셈이다.

우리는 왜 수행을 하는가?

참으로 궁금한 문제다.

옆에서 누가 강요한다고 되는 것은 절대 아니다.

다만 그것은 우리가 본래불의 소리를 들은 까닭이라고 한다.

살아 있는 부처의 음성을 들었기 때문에 수행을 닦아야겠다는 염이 생긴다는 것이다. 그전부터 내가 그렇게 하겠다는 생각이나 계획이 있었던 것은 아니었는데, 언제부턴가 저절로 그런 생각이 일어나고 내 자신의 가슴으로부터, 머리로부터 울려 나오는 소리를 듣고 자신도 모르게 벌떡 일어서는 그 힘에 의해서 참 수행은 시작되는 것이다. 수행이라니까 처음에는 너무도 엄숙하게 생각하여 주춤주춤하지만, 그럴 것까지는 없다.

그냥 일상생활에서의 수행이란, 예를 들면 모임에의 참석을 결정하는 것이라고 생각하면 된다. 모임에 참석하여 무엇을 할 것이며, 그 모임에 참석해야 할 분명한 이유가 있는지를 집을 나서기 전에 한 번만 돌려서 미리 생각해보고 결정하는 습관을 들이는 것이 일종의 수행이다.

일상생활에서 만나게 되는 모든 사항을 이처럼 한 번 더 생각해보는 습관은 우선 나의 실수를 덜어주고, 경우에 따라서는 상대가 실수를 범하지 않게 하여 원만한 관계를 이루어 가게 할 것이다. 매사에 이처럼 해가게 된다는 것은 일상생활에서의 수행이고, 이러한 습관은 자신의 그릇을 그만큼 넓히게 되는 것이니, 스스로가 모든 일에 넉넉한 마음씀씀이를 갖게 된다. 이렇게 생각을 되돌려보는 습관이 붙여졌으니 저절로 수행자의 모습을 이루어 갈 것이다.

부처 본래의 소리는 우리에게 불성이 있음으로써, 그리고 그 불성이 우리의 실존을 꿰고 있음으로써 들리게 된다. 이것을 성기품이 알리고 있다. 성기품이 아니면 수행할 기분이 나지 않는다. 아무리 닦아 나가도 헛수고이기 때문이다.

내게 닥친 이 고통을 나는 반드시 해결해 내리라 하는 다짐을 하고, 그 해결을 위한 노력을 계속하여 진심으로 해나가다 보면 어느새 문제가 서서히 해결되어 가는 것을 느끼게 된다. 이런 경험을 몇 번 해보게 되면 '끔찍하고 싫고 무섭긴 하지만 나는 해결해 낼 수 있을 것이다' 하는 보이지 않는 자신감이 저 밑바닥에 단단하게 깔려 있음을 느끼게 된다.

일종의 믿음이라 해도 좋겠다.

깨달음이란 본래 자기 의지의 연장일 따름이다. 심하게 말하자면 자기 욕망의 연장이다. 그런 욕망을 아무리 늘려 보아도 부처는 보이지 않는다. 옳고 바르게 노력하는 열의가 꾸준하게 모질게 지속되어 가면서 더 이상은 꼼짝도 할 수 없는 능력의 막바지에 이르렀을 때, 나에게 주어진 능력의 제일 마지막까지 다 쏟아 부어 이제는 손가락 하나 움직일 수가 없구나 할 때, 그래도 나의 모든 진심과 노력을 마음껏 기울일 수 있었구나, 후회는 없다 하고 축 늘어져 이제는 정말 끝이구나 하며 눈을 감으려고 할 때, 바로 그때에 부처의 편에서 소리를 보내준다. 저쪽에서 들려오는 소리를 들을 수 있는 그런 때, 이런 자각이 종교적인 회심인 것이다.

진심으로 전혀 다른 사심 없이 나의 모든 것을 기울여 노력한 것이라면 절대로 외면당하지 않으리라고 본다. 결과를 앞세우지 않고 진심으로 순수한 마음을 기울여온 그런 노력에 대해서만은.

우리가 수행을 하는 이유는, 첫째로 나의 마음이 편안해지기 위해서고, 둘째로 내 가족과 내 이웃이 다 함께 편안해지기 위해서다.

그리되면 우리 모두의 생각이나 처신의 수준도 훨씬 넓어지고 아름다워져 있을 것이다.

혼자서 조용하게 이어가는 이 수행이란 참으로 넓고도 아름다운 삶, 그것이다.

끝맺는 말

인생의 나이가 칠십이 넘어서서야 비로소 내가 쓴 책을 세상에 내놓을 수 있었다.

그것도 40년이 넘게 중병을 앓아온 환자로서 다섯 번째 책을 끝맺게 되었으니, 이제야 내가 한 인간으로서의 의무를 비슷하게나마 끝마칠 수 있는 것일까?

인생 팔십을 살았습니다.

나무석가모니불.

감사합니다.

이제 나는 다시 내 공부하는 자리로 돌아가야겠다. 그곳이 내 자리다.

얼마 동안 또 공부만 하다가, 그때도 내가 아직 살아 있다면, 그때에 또 내 공부의 보고서를 쓰듯이 내 글을 읽어 준 여러분에게 진심어린 새로운 보고서를 내놓을 것이다.

그것은 그때에도 내가 아직 살아 있다는 전제조건 하에서의 약속이다.

삶이란, 인생이란 아무리 어렵고 힘들어도 정말로 살 만한 값어치는 충분하다고 본다. 그리고 살아 있다는 것은 역시 신나는 일이다.

"La vie est belle"

나무석가모니불 나무석가모니불 나무석가모니불.

2017년 9월

홀로 사는 파리의 탑 속에서

죽림형 최혜자

죽림형竹林馨 최혜자

1938년생.

돈암초등학교와 경기여중·고, 고려대학교를 졸업하였다.

1973년 태국으로 이주했으며, 마하짜끄리시린톤 공주의 법구경 해설 시집 『불교 격언에 따른 시』를 번역·출판(86년)하면서 불교와 인연을 맺었다.

1988년 프랑스 파리로 이주해서 현재까지 살고 있다.

30대 말부터 질병으로 인해 정상적인 사회생활을 할 수 없어 불교 공부와 그림 작업에 매진하고 있으며, 그림 작품을 모은 『마음의 평온을 찾아』(2011), 붓다의 가르침을 담은 『아들에게 남기는 어머니의 마음공부』(올해의 불서 10), 몸과 마음이 아픈 이들을 위해 『아픔을 다스리는 마음공부』(세종우수도서)를 펴냈다.

아름답게 늙어가는 지혜

초판 1쇄 인쇄 2017년 11월 17일 | **초판 1쇄 발행** 2017년 11월 24일
지은이 최혜자 | **펴낸이** 김시열
펴낸곳 도서출판 운주사

(02832) 서울시 성북구 동소문로 67-1 성심빌딩 3층

전화 (02) 926-8361 | 팩스 0505-115-8361

ISBN 978-89-5746-500-4 03150   값 15,000원

http://cafe.daum.net/unjubooks 〈다음카페: 도서출판 운주사〉